DAS ALICE B. TOKLAS KOCHBUCH

Das Alice B. Toklas Kochbuch

AUS DEM AMERIKANISCHEN VON FRIEDA GRAFE

Alice B. Toklas

BYBLOS VERLAG BERLIN

DEUTSCHE ERSTAUSGABE
BYBLOS VERLAG GMBH, BERLIN 1994
DIE ORIGINALAUSGABE
ERSCHIEN 1954 UNTER DEM TITEL
»THE ALICE B. TOKLAS COOKBOOK«
IM VERLAG HARPER & BROTHERS, NEW YORK.

BUCHGESTALTUNG: GIJS SIERMAN
SATZ: LVD GMBH, BERLIN
DRUCK UND BINDEN: DRUKKERIJ BARIET, RUINEN
ISBN 3-929029-30-8

Inhalt

Wolfram Siebeck

Ein Rezept ist kein Rezept ist kein Rezept

Die Rue Christine im 6. Arrondissement von Paris hat vor vierzig Jahren kaum anders ausgesehen als heute. Nur die Fassaden der kurzen und engen Straße waren dunkler, als ich damals mit einem dicken Rosenstrauß das Haus Nummer 35 suchte. Dort wohnte Alice B. Toklas.

Ihre von Gertrude Stein fingierte Autobiographie beschrieb eine Zeit und Personen, die mir näher waren und mich mehr interessierten als die soeben zu Ende gegangene Epoche des Übermenschen.

Aus der Autobiographie hatte ich viel über die Moderne des zwanzigsten Jahrhunderts gelernt. Die Begegnungen mit den Heroen meiner Jugend, von Picasso bis Hemingway; die Versuche, den Kubismus in Prosa zu verwandeln; der Klatsch aus dem Milieu der damaligen Avantgarde – das alles bekam durch die Steinsche Diktion die Weihen moderner Literatur. Die träge Einsilbigkeit ihrer Texte mit den penetranten Wiederholungen prägte sich ein wie ein Ohrwurm.

In einer Ausstellung über Gertrude Stein und ihre Zeit hatte ich unter vielen Bildern und Dokumenten den Hinweis gelesen: *Collection Miss Toklas.*

Da begriff ich, daß sie noch lebte, diese Zeugin einer klassischen Epoche und Gefährtin der Schriftstellerin.

Ich reagierte spontan wie jeder Fan: ich mußte sie sehen, mit ihr reden. Also stand ich an jenem sonnigen Nachmittag vor ihrer Wohnungstür im zweiten Stock des Hauses in der Rue Christine und klingelte. Während ich wartete, hatte ich Gelegenheit, die fünf glänzend polierten Yaleschlösser in ihrer Tür zu bewundern. Vielleicht waren es auch nur drei. Jedenfalls mehr als üblich, worüber ich mich keineswegs wunderte. Denn ich wußte ja, welche Schätze an Kunstwerken und Zeugnissen sie aus ihrer Zeit in der Rue de Fleurus besaß.

Da stand ich also und wartete mit meinen Rosen. Wahrscheinlich habe ich dann noch mehrmals geklingelt, jedenfalls erschien bald die Concierge. Sie schüttelte bedauernd den Kopf. Nein, Madame empfinge keine Besucher ohne Anmeldung, es kämen zu viele.

Ich gab ihr die Blumen, kritzelte auf einen Zettel einen freundlichen Gruß, und das war es dann.

Daß zu jener Zeit ihr Kochbuch erschien, wußte ich nicht; damals interessierte ich mich noch nicht fürs Kulinarische. Frieda Patalas machte mich einige Jahre später, als die Beschaffenheit eines Gratins mir ebenso wichtig geworden war wie die Boheme vom Boulevard Montparnasse, darauf aufmerksam.

Jetzt hat sie es übersetzt.

Es wäre naiv, von Alice B. Toklas ein Kochbuch zu erwarten, das wie andere Kochbücher ist. Ein Rezept ist nicht einfach ein Rezept, das haben schon andere Autoren bewiesen.

Miss Toklas erzählt den Lesern, wie sie die in diesem Buch versammelten Rezepte gefunden hat, welche Personen daran beteiligt waren und unter welchen Umständen sie ausprobiert wurden.

Da wird sie noch einmal beschworen, die Zeit in Paris, vor, während und nach dem Ersten Weltkrieg. Köstliche Anekdoten über die verschiedenen Köchinnen im Hause der beiden Exzentrikerinnen leiten über zu den herzhaften Rezepten der kochenden Hilfen; Beschreibungen von gastronomischen Exkursionen, für die Alice B. Toklas und Gertrude Stein monatelang in ihrem offenen Zweisitzer auf Frankreichs staubigen Landstraßen unterwegs waren, beschwören eine Zeit ohne Hektik und ohne Kalorienzählerei. Die Nouvelle Cuisine lag noch in weiter Ferne, und ein Kilo Butter reichte nicht lange.

Die vorliegenden Rezepte sind denn auch für Anhänger der Magerküche eher abschreckend. Aber sie spiegeln den Geist einer Epoche, die kulinarischen Genüssen vorurteilslos zu Leibe ging; Gertrude Stein war massig.

Als dieses Buch 1954 erschien, mußte in der amerikanischen Fassung ein Rezept ausgelassen werden. Es war der Haschisch-Fudge, der sich fünfzehn Jahre später bei den Hippies großer Beliebtheit erfreute. Miss Toklas empfahl das Dessert als unterhaltsame Erfrischung für Bridge spielende Damen.

Den Zweiten Weltkrieg überlebten die beiden Freundinnen im Department Jura, wo sie schon vor dem Krieg mit großer Kaltblütigkeit und nicht geringer Tücke einen französischen Hauptmann aus einem Haus vertrieben hatten, das sie daraufhin mieteten. Auch angesichts der später auftauchenden deutschen Soldaten bewiesen sie gute Nerven und einen unverwüstlichen Appetit.

Es scheint mir unwichtig, ob Alice B. Toklas die Rezepte dieses Buches mit ihren unterhaltsamen Erinnerungen angereichert oder die Erinnerungen durch Rezepte ergänzt hat. Für den Leser ist es in jedem Fall ein doppelter Gewinn. Dem bemerkenswerten Duo der modernen Literatur auf ihren Wegen von Essen zu Essen zu folgen, macht, auch wenn dabei von Literatur keine Rede ist, nicht nur Appetit auf Madame Loubets Spargelspitzen oder das Huhn in Halbtrauer, es weckt ebenso die Neugier auf andere Texte. Vor allem auf die »Autobiographie der Alice B. Toklas«, geschrieben von Gertrude Stein.

Unter uns gesagt

Als Kochende wende ich mich an meinesgleichen und verhehle deshalb nicht, daß dieses Buch, das sich zusammensetzt aus Rezepten und Reminiszenzen, in den ersten drei Monaten einer hartnäckigen Gelbsucht zustande kam. Bestimmt verdankt es seine Entstehung in nicht geringem Maß dem Wunsch, der schmalen Kost und Einförmigkeit des Krankendaseins zu entfliehen, und vermutlich hat die Sehnsucht nach dem Leben in besseren Tagen, nach vergangenen Vergnügen und Wohlergehen, die vom Krankentisch verbannten, aber der Erinnerung wie im Traum vorschwebenden Gerichte und Speisefolgen in besonderem Glanz erscheinen lassen.

Krankheiten können einem den Kopf frei machen und die Gedanken wandern und spielen lassen. Ich bin in Amerika geboren, aber ich habe so lange in Frankreich gelebt, daß ich beide Länder als die meinen betrachte, und meine Kenntnis und Liebe beider ließen mich darüber nachdenken, worin sich die Eßgewohnheiten und die Einstellung zu Essen und Kochen in Frankreich und in den Vereinigten Staaten unterscheiden. Mir fiel auf, daß Essen und Trinken jeder Nation durch Klima, Boden und Temperament bedingte Eigenheiten haben. Und ich mußte an die Kriege und Eroberungen denken und wie Invasions- und Besatzungstruppen ihre Gewohnheiten mitbringen und so auf die Dauer nationale Küchen und Tafeln verändern.

Spekulationen dieser Art brachten mich dazu, in meiner riesigen Rezeptsammlung zu kramen und dieses Kochbuch zu kompilieren. Ich habe es für Amerika geschrieben, aber ich hätte nichts dagegen, wenn die Ideen darin nicht nur den Weg über den Atlantik fänden, sondern auch den Kanal überqueren und Aufnahme in britische Küchen fänden.

Paris, 1954
A. B. T.

I. KAPITEL

Klassisch Französisch

Wie Franzosen über Essen denken ist bezeichnend; sie begegnen ihm mit derselben Aufmerksamkeit, Wertschätzung und Intelligenz, mit demselben lebhaften Interesse wie den anderen Künsten, der Malerei, der Literatur, dem Theater. Mit Franzosen meine ich Männer wie Frauen, denn in Frankreich spielen die Männer in allem, was die Küche betrifft, eine sehr aktive Rolle. Ich habe in Paris Arbeiter darüber diskutieren hören, wie ihre Frauen Rindsragout nach Burgunderart zubereiten oder im Ofen überbackenes Weißkraut mit Speck schmoren. Auf dem Land können Frauen im Umkreis von Kilometern dafür bekannt sein, wie sie die verfeinerten Klöße namens *quenelles* zubereiten, wozu allerdings beachtliches Geschick gehört. Und auch in literarischen und politischen Salons können Speisen, Essen und Wein sehr wohl Gegenstand der Unterhaltung sein.

Franzosen betonen gern, daß ihre Küche aus ihrer Kultur hervorgegangen ist und ihre Entwicklung sich über Jahrhunderte erstreckt hat, welchem Umstand neben mildem Klima und fruchtbarem Boden sie ihren Weltruf verdankt.

Wir in Frankreich lebende Ausländer respektieren und schätzen diese Einstellung, doch uns stört das halsstarrige Beharren auf Überliefertem, das nicht die geringste Abweichung im Würzen oder das Weglassen einer einzigen Zutat gestattet. Ein einfaches Gericht wie beispielsweise Kartoffelsalat muß unbedingt mit Endivien garniert werden. Es mit irgendeinem anderen Salat zu servieren kommt nicht in Frage. Dennoch ist es andererseits diese streng konservative Haltung, die im Lauf der Zeit eine Anzahl wichtiger Prinzipien entstehen ließ, auf denen das Ansehen der französischen Küche gründet.

Weil Tiefkühlung unüblich ist, beschränken sich französische Märkte auf jahreszeitlich bedingte Produkte, allerdings von hervorragender Qualität, mit Ausnahme des Rindfleischs, der Milch und einiger Fruchtsorten. Sogar einfache Wurzelgemüse wie Karotten, Steckrüben, weiße Rübchen und Lauch – der Spargel der armen Leute – sind zart und wohlschmeckend; Butter und Olivenöl gibt es im Überfluß und hoher Qualität, und das Brot ist nahrhaft und köstlich.

Kriege verändern die Lebensart, die Gewohnheiten, die Märkte und somit auch das Kochen. Mehr als fünf Jahre mußten die Franzosen auf die meisten ihrer Nahrungsmittel verzichten und sich mit minderwertigen Ersatzprodukten begnügen, wenn sie zu beschaffen waren. Nach der Befreiung wurden die Märkte nur zögernd wieder beliefert, und das Angebot war begrenzt. Die Bevölkerung hatte zu lange gehungert, ihren geschulten Sinn für Essen verloren und ihre früheren kritischen Ansprüche vergessen oder aufgegeben, so daß auch heute französisches

Essen seinen alten Standard noch nicht wieder erreicht hat.

Der übervölkerte europäische Kontinent, auf dem es unausweichlich zu Kriegen kommt, ist Mangel gewöhnt. Im Gegensatz dazu haben Entbehrungen die amerikanische Findigkeit angestachelt; wir haben Kombinationen und Ergänzungen gefunden, die in neue Richtungen wiesen und ein waches und unermüdliches Interesse schufen für alles, was mit der Küche zusammenhängt.

Die Franzosen interessieren sich nicht für unsere Entdeckungen, für die wissenschaftliche Genauigkeit, mit der Kochen in Amerika betrieben wird, für unsere zeit- und arbeitssparenden Einrichtungen. Ebensowenig schmecken ihnen die Gerichte, die aus unseren modernen Küchen kommen. Sie finden sie entweder zu willkürlich oder zu exotisch. Von den Franzosen kann man sagen, was über die Bourbonenkönige gesagt wurde: Sie lernen nicht und vergessen nichts. Seit dem Krieg haben wir Amerikaner aus verschiedenen Quellen eine Menge gelernt, und da für uns das Belehren etwas Natürliches ist, möchten wir unser Wissen mitteilen.

Französisch zu kochen ist für amerikanische und englische Frauen keineswegs mit so viel unüberwindlichen Schwierigkeiten verbunden, wie die meisten von ihnen glauben. Wenn sie sich selbst gestatten, nationalen Vorurteilen zu frönen, dann sollten sie Franzosen dasselbe Privileg einräumen. Zum Beispiel benutzen die Franzosen Butter, und zwar in ausgezeichneter Qualität, für fast alle Gerichte, nicht nur wegen des Geschmacks, der durch kein anderes Produkt zu ersetzen ist, sondern auch, weil sie bindet – *vermählt*, wie sie sich ausdrücken –, und zwar sowohl die Geschmacksnuancen des Gerichts als auch die Sauce.

Womit wir gleich bei einem der grundlegenden Unterschiede zwischen französischer und amerikanischer Küche wären: Die berühmten fünf Basissaucen ändern nichts daran, daß die französische Küche eine trockene ist, wohingegen die amerikanische Küche auch ohne Saucen eine feuchte ist. Die Franzosen trinken Wein, sowohl zum Mittag- als auch zum Abendessen. Amerikaner trinken selten, wenn überhaupt, Wein zu den Mahlzeiten, aber man hat, wenn man will, die Auswahl zwischen mindestens einem Dutzend zum Essen passender Getränke. Vier der fünf Basissaucen sind einschließlich ihrer Namen der Hälfte der französischen Bevölkerung unbekannt. Fast jede Französin kann eine weiße Sauce zubereiten – von Amerikanern oft und fälschlich als Sahnesauce bezeichnet. Die Franzosen mit ihrem Realitätssinn sehen den Tatsachen ins Auge und nennen eine Sauce nur dann Sahnesauce, wenn sie auch mit Sahne gemacht ist. Einige französische Saucen haben einen kleinen Sahneanteil, aber das macht aus ihnen noch keine Sahnesauce.

Weder würzen die Franzosen nachträglich mit Tabasco, Ketchup oder Worcestersauce, noch essen sie zum Fleischgang irgendeines der zahllosen Essiggemüse oder Radieschen, Oliven und gesalzene Nüsse. Der Respekt vor der Eigenart und dem Eigengeschmack einer jeden Zutat kennzeichnet das Verhältnis der Franzosen zum Essen und macht ihre Küche delikat und unverwechselbar. Ihre sparsame Verwendung von Kräutern ist auffallend. Solche Zurückhaltung, *le juste milieu*, wie sie es nennen, die goldene Mitte, macht aus ihnen nicht nur gute Köche, sondern auch gute Kochkritiker.

Die französische Küche basiert auf Entdeckungen des 17. Jahrhunderts, als plötzlich jeder, der es sich leisten konnte, sich für das Kochen als schöne Kunst interessierte. Es war ein Jahrhundert, das der Lebenskunst besonders förderlich war; die Kochkunst wurde außerordentlich verfeinert und fand weite Verbreitung. Als Ausdruck ihrer Zeit, wie es jede eigenständige Aktivität ist, wurde die französische Küche geprägt durch das verschwenderische

Alice B. Toklas, 1906.

Avenue du Bois de Boulogne, Paris

18. Jahrhundert und die Extravaganzen des 19. Jahrhunderts. Die erste Hälfte des 20. ist mit zwei großen Kriegen zu unruhig gewesen, als daß sich schon ein Gesicht hätte abzeichnen können.

Um zu kochen wie in Frankreich, muß man die Eigenart und den Eigengeschmack der Zutaten respektieren. Übertreibung ist unzulässig. Nicht alles schmeckt zu allem. Dies setzt ein Gespür voraus, das man nicht kaufen, wohl aber entwickeln kann. Die *haute cuisine* hat den beneidenswerten Stand erreicht, wo sie instinktiv diese anerkannten Prinzipien berücksichtigt.

Eine Sauce, die der Gans recht ist, mag auch dem Gänserich billig sein, aber nicht unbedingt dem Huhn oder der Ente, dem Truthahn oder dem Perlhuhn.

Bœuf Bourguignon (1)

Rindsragout Burgunderart

1 kg Rinderschulter ohne Knochen in Würfeln von ca. 5 cm Breite
3 El. Schmalz
100 g gesalzener Speck, kleingehackt
12 kleine Zwiebeln
1 El. Mehl
½ l trockener alter Burgunder
1 Knoblauchzehe
1 Kräuterbündchen aus Orangenschale (etwa 5 cm)
1 Lorbeerblatt
1 kleiner Zweig Thymian, etwas Muskatnuß, Salz, (keinen Pfeffer)

Schmalz in einem *Dutch oven** heiß werden lassen; die Speckwürfel darin anbräunen und herausnehmen, danach die Zwiebeln anbräunen und herausnehmen. Dann die Fleischstücke, die nicht übereinander liegen sollten, von allen Seiten anbraten. Den Speck und das Mehl hinzufügen und mit einem Holzlöffel verrühren.

Mit dem gut angewärmten Wein aufgießen und sorgfältig verrühren. Das Kräuterbündchen dazutun. Mit einem schweren Deckel luftdicht zudecken und bei schwacher Hitze 3½ Std. kochen lassen. Falls Wein und Saft verdunsten, kochendes Wasser in jeweils geringer Menge nachfüllen. Die kleinen Zwiebeln hinzufügen und noch weitere 15 Min. kochen lassen. Das Kräuterbündchen entfernen. Das Fleisch in seiner Sauce, mit feingehackter Petersilie bestäubt, servieren.

Eine Variante dieses großartigen Gerichts findet man im Kapitel 9.

Quenelles

(Kurzfassung)

¼ l konzentrierte Hühnerbrühe
100 g Butter
200 g gesiebtes Mehl
Salz, Pfeffer, 1 Prise Muskatnuß
5 Eigelb

Die Hühnerbrühe mit der Butter im Topf zum Kochen bringen, vom Feuer nehmen und das Mehl auf einmal einrühren. Mit dem Holzlöffel schnell verrühren, bis die Masse ganz glatt ist. Dann auf sehr kleiner Flamme ständig rühren, bis sie sich von der Topfwand und vom Boden löst und an der Oberfläche Perlchen erscheinen. Vom Feuer nehmen und etwa 10 Min. abkühlen lassen. Dann nacheinander

* *Ein* Dutch oven *ist ein tiefer, runder Topf mit einem festschließenden Deckel; verwendet wird er im Ofen, über schwacher Flamme oder auf einer Wärmplatte.*

die 5 Eigelb hinzufügen, dabei die Masse lockern, damit möglichst viel Luft eindringt. Das nimmt etwa 20 Min. in Anspruch. Zudecken und 2 bis 3 Std. an einem kühlen Ort, aber nicht im Eisschrank, ziehen lassen. ½ Std. vor dem Servieren Wasser in einem großen Topf zum Kochen bringen. Auf einer gut mit Mehl bestreuten Fläche kleine Mengen Teig zu fingerlangen Röllchen formen, sie vorsichtig ins Wasser legen und auf kleiner Flamme nicht kochen, nur ziehen lassen. Wenn sie hochsteigen und sich drehen, den Topf vom Feuer nehmen und zudecken. Sie gehen dann auf. Das dauert nur ein paar Minuten. Mit einem flachen Schaumlöffel die *quenelles* herausnehmen. In einer Sahne- oder Pilzsauce oder einer Kombination aus beiden servieren oder um ein Hühnerfrikasse oder einen Kalbsbraten herum garnieren.

Von den Franzosen übernommene Empfehlungen

Zur Verwendung von Wein beim Kochen: Rotwein für Rind, Weißwein für Huhn, Kalb und Schwein. Weißwein an sahnehaltige Saucen. Zwei Eßlöffel flambierter Cognac geben Rind und Lamm ein gewisses Etwas. Lamm, mit Portwein gebraten und begossen, entzieht sich überhaupt jeglicher Beschreibung. Versuchen Sie es.

Sahne sollte Saucen im letzten Moment hinzugefügt werden, gerade rechtzeitig, um heiß zu werden – sie darf nicht aufkochen. Sie wird im Topf geschwenkt und nicht eingerührt. Ein im letzten Moment der Sauce hinzugefügtes Stück Butter, ebenfalls geschwenkt und nicht gerührt, macht sie sämig und dickt sie leicht ein.

2. KAPITEL

Zu Tisch bei Franzosen

Essen ist in Frankreich abwechslungsreicher als in den Vereinigten Staaten, nicht nur von Tag zu Tag, auch in der Auswahl der Gerichte im Hinblick auf diejenigen, denen es serviert wird. In den Vereinigten Staaten wird weniger Unterschied gemacht zwischen dem Essen für die Familie und einem Essen für Gäste als in Frankreich. Hier zum Beispiel die Speisefolge bei einem Mittagessen, zu dem wir in ein Haus eingeladen waren, dessen Herrin als Gastgeberin bekannt und dessen Küche berühmt war.

Gänseleber in Aspik
Lachs mit Sauce Hollandaise
Hase à la Royale
Artischockenherzen à la Isman Bavaldy
Gebratener getrüffelter Fasan
Hummer à la Française
Eis Singapour
Käse
Beeren und Früchte

Dieses opulente Mahl begleiteten die passenden ausgesuchten Weine. Anwesend waren zehn Gäste und sechs Familienmitglieder. Die feine Tischwäsche, das wunderschöne Kristall, Porzellan und Silber waren von der gleichen Qualität wie das Menü.

Artischockenherzen à la Isman Bavaldy

12 Artischocken vorbereiten, indem man die Blätter bis auf 5 cm vom Boden abschneidet. Die Böden sofort in ein Gefäß mit kaltem Wasser tun, dem man den Saft von 1 Zitrone beigemischt hat. Alle Böden kräftig unter fließendem Wasser abspülen, dann in einen großen Topf mit kochendem Wasser geben, dem man 1 El. Salz, ½ El. ungemahlenen Kardamom und den Saft von 2 Zitronen hinzugeben hat. Zudecken. In so viel Wasser, daß sie darin schwimmen, die Artischocken weich kochen. Das dauert je nach Größe etwa 25 Min. Sobald die Blattreste sich leicht herausziehen lassen, die Artischocken abgießen und in ein Gefäß mit Wasser unter den laufenden Wasserhahn stellen. Wenn das Wasser lau ist, abgießen und vorsichtig Blätter und Bart von den Artischokken entfernen. Die Böden, wenn nötig, zurechtschneiden. Man kann die Blattenden mit einem Silberlöffel abkratzen und das so Gewonnene mit etwas Sahne vermischt in ein Omelett geben oder unter Spiegeleier. 3 Pfd. dünnen Spargel gebündelt in Salzwasser zugedeckt 15 Min., oder bis er weich ist, kochen lassen. Achtgeben, daß er nicht zu lange kocht.

1 Pfd. Bries 1 Std. lang kalt wässern, dann 20 Min.

in einem Sud aus Wasser, ½ Tl. Salz, 2 Schalotten und 6 Korianderkörnern zugedeckt kochen lassen. In kaltes Wasser tauchen, abgekühlt von Äderchen und Haut befreien. Mit dem Kartoffelstampfer durch ein Haarsieb treiben. 2 El. Butter in einer Pfanne erhitzen, wenn sie zu brutzeln beginnt, die Flamme kleinstellen. Das Bries einlegen und wenden, bis es die Butter gut aufgenommen hat. Mit 2 El. Mehl bestäuben. Kräftig durchrühren. Langsam ½ l trokkenen Champagner hinzufügen. Langsam köcheln lassen, bis die Sauce eindickt.

Die Spargelspitzen in 5 cm lange Stücke schneiden. Mit der linken Hand ein Spargelstengelchen auf einen Artischockenboden stellen, während die rechte einen Sockel aus Sauce herumgießt. Die Spargelspitze sollte 1 ½ cm aus der Sauce herausragen. Die Sauce mit einer dicken Schicht gebräunter Semmelbrösel bedecken. Spargelspitze und Brösel mit je 1 El. geschmolzener Butter begießen. Die gefüllten Böden in eine gut gebutterte feuerfeste Form setzen und im vorgeheizten Ofen bei 220° (Thermostat 6) 15 Min. überbacken.

Dieses Gericht zuzubereiten dauert nicht so lange, wie es den Anschein hat. Zitronen, Champagner und Koriander geben ihm ein unbeschreibliches Aroma.

Eis Singapur

350 g Zucker mit 12 Eigelb verrühren, bis die Masse hellgelb und steif wird. 1 l erhitzte Sahne, in der man eine der Länge nach aufgeschlitzte Vanilleschote hat ziehen lassen, langsam hinzufügen. Gut vermengen und in einen Topf geben. Über möglichst schwacher Hitze mit einem Holzlöffel ständig rühren, bis die Sauce den Löffel dick überzieht. Vom Feuer nehmen und durch ein Haarsieb in eine Schüssel treiben. Die Vanilleschote herausnehmen und unter kaltem Wasser gut abwaschen. Man kann sie noch einmal verwenden. Man kann auch statt der Schote 1 El. Vanilleextrakt nehmen. Die Creme von Zeit zu Zeit umrühren, bis sie kalt ist. Ehe man sie einfriert, 1 Tasse Ingwer, gewürfelt und möglichst ohne Sirup, und 1 Tasse nicht zu fein gehackte blanchierte Pistazien hinzugeben. Dann noch 2 Tassen geschlagene Sahne unterheben. Gefrieren lassen; man braucht währenddessen nicht durchzurühren. Die gefrorene Creme aus der Form nehmen und mit 1 Tasse Schlagsahne, der man 2 El. Ingwersirup zusetzt, garnieren.

Wir waren sechzehn am Tisch, und aus diesen beiden Gerichten ist unschwer zu ersehen, welchen Arbeitsaufwand und welche Ausgaben diese Einladung erforderte. So kann man sich unsere Überraschung über das Menü vorstellen, als wir eines Abends ganz formlos gebeten wurden, zum Essen zu bleiben.

Linsensuppe
Spiegeleier
Kalter Schinken mit grünem Salat
Spinatpüree mit Croûtons
Käse
Beeren und Früchte

Der Tisch war kunstvoll mit Treibhausblumen geschmückt, Tischwäsche, Kristall, Porzellan und Silber waren schön, wenn auch nicht so kostbar wie bei jenem Mittagessen, und serviert wurde untadelig. Die Teller wurden für jeden der sechs Gänge gewechselt, Messer und Gabeln aber nur einmal für den Käse und nochmals für das Obst. Zwischen den Gängen legte man Messer und Gabel auf silbernen Messerbänkchen ab. Zwei der Familienmitglieder – wir waren die einzigen Gäste –, meine Tischnach-

Von links: Michael und Sarah Stein, Henri Matisse, Allan Stein und Hans Purrmann, 1907.

barn, wischten das Besteck zwischen den Gängen systematisch mit einem Stück Brot ab. Der Unterschied zwischen den beiden Essen offenbarte etwas von der Lebensart einer französischen Familie von Welt.

Den Franzosen fehlt jedes Verständnis für die amerikanische Sitte, Küchen so reizvoll auszustatten und einzurichten, daß es nicht nur möglich, sondern sogar ein Vergnügen ist, darin die Mahlzeiten einzunehmen. Für sie ist die Küche ein Raum, in dem ein großer Teil der Vorbereitungen zum Kochen und das Kochen selbst stattfindet. Die Küchenwände sind daher bedeckt mit aufgehängten Töpfen und Pfannen und Kücheninstrumenten, und auf den Tischen stehen mindestens zwei Mörser und Stampfer und zahllose Näpfe, Reiben und Siebe, alles offen sichtbar. Und durchaus nicht in Unordnung, aber ohne den Geschmack, der in den anderen Räumen des Hauses herrscht. Fraglos gibt es auch da Geschmack – den kulinarisch-gastronomisch-küchentechnischen. Zur Verwunderung der Amerikaner.

Eine alte Freundin, die seit mehreren Jahren unter Umständen lebt, die strengste Sparsamkeit erfordern, war schließlich soweit, ihren Haushalt moderner zu organisieren. So ist jetzt ein Vergnügen, was lange Quälerei war. Sie pflegte das von ihr zubereitete Essen von der Küche auf den schön gedeckten Tisch im Eßzimmer zu tragen, und zwar jeden Gang einzeln. Jetzt ißt sie nicht nur in der Küche, sondern auch noch, wie sie sagt, auf angelsächsische Art. Der Fleischgang wird zusammen mit den Gemüsen, den Kartoffeln und dem Salat serviert. Sie hat einen schönen Geschirrschrank – 17. Jahrhundert – in die Küche geschafft, in dem alles untergebracht ist, was man für ein Essen von vier Personen benötigt. Selten genug hat sie mehr als vier Gäste. In ihrer Küche, wo sie nun in einem der beiden schönen Lehnstühle liest, näht und Briefe schreibt, aß ich einen

Birkhahn, geschmort

Den Birkhahn säubern, ausnehmen und innen mit etwas Milch auswaschen. Die Milch abtropfen lassen. Den Vogel in einer Schüssel mit ¼ l Milch begießen. Ihn mindestens 1 Std. in der Milch stehenlassen und von Zeit zu Zeit wenden. Dann den Birkhahn abtrocknen und so dressieren, daß Flügel und Schenkel beim Servieren angelegt sind. Von 1 Scheibe fettem Speck, groß genug, um den Birkhahn darin einzuwickeln, die Schwarte abschneiden. Den Speck gut festbinden. 1 El. Butter in einer Kasserolle oder einem gußeisernen Bräter schmelzen. Darin den Birkhahn etwa ¼ Std. über mittlerer Flamme von allen Seiten anbraten. Etwas Fett abschütten. Salz, Pfeffer und ¼ l Sahne hinzugeben und zugedeckt 20 Min. köcheln lassen. Dann den Saft von ½ Zitrone zufügen. Danach nicht mehr aufkochen lassen. Den Vogel auf die Servierplatte legen und mit der Sauce übergießen.

Das ist eine für Birkhahn köstliche Zubereitungsart; der Eigengeschmack bleibt erhalten, zumal meine Freundin ihn auch noch selbst geschossen hatte. Sie legte ohne zu zögern Kilometer mit dem Fahrrad zurück, um einen Vogel zu schießen oder einen Fisch zu angeln. Diese Sparmaßnahmen und Vergnügen gestatteten es ihr, einen kleinen, aber ausgezeichneten Weinkeller zu unterhalten. Zum Birkhahn machte sie ein originelles und leckeres Püree.

Sellerie-Kartoffel-Püree

Eine Sellerieknolle* von etwa 1 Pfd. waschen und schälen; nur die festen Teile verwenden, in grobe Würfel schneiden. In Salzwasser kochen, bis der Zinken einer Gabel leicht in sie eindringt. ¾ Pfd.

Kartoffeln waschen und im Dampf ungeschält garen. Den gleichen Test wie beim Sellerie machen. Die Kartoffeln pellen und 4 von ihnen mit 1 hartgekochten Ei und dem Sellerie durch ein Sieb treiben. 3 El. Butter, ½ Tl. Salz, 1 Prise Pfeffer dazugeben und im Topf erhitzen. Gut umrühren, um das Anbrennen zu verhindern.

Aus diesem Püree läßt sich ein ähnlich origineller Salat machen. Statt es mit Butter zu erhitzen, 4 El. Sahne untermengen. Auf einer flachen Schüssel zu einer Pyramide auftürmen und mit einer dicken Mayonnaise, der man 1 Tl. Zitronensaft hinzugefügt hat, bedecken. Mit Salatherzen garniert servieren.

Es ist in Frankreich durchaus üblich, daß ein männliches Familienmitglied sich nicht nur für Speisefolge und Zubereitung interessiert, sondern sie gelegentlich auch überwacht und selbst Hand anlegt. Das hebt den häuslichen Kochstandard, und für die Hausfrau ist es ein Ansporn, ständig einer wohlwollend-kritischen Beurteilung ausgesetzt zu sein. Von Frauen erwartet man in Frankreich nicht, daß sie *gourmets* sind. Selten begegnet man einer Frau, deren Weinkennerschaft so ausgebildet und nuanciert ist wie bei Männern. Natürlich gibt es Ausnahmen wie den Fall, in dem eine Tochter statt des Sohnes den berühmten Weinkeller des Vaters erbte. Dieser Dame zeigte der *maître d'hôtel* jedes Gericht, ehe es den Gästen gereicht wurde. Bei einem festlichen Mittagessen wies sie zu meiner Überraschung nach sorgfältiger Prüfung die Gänseleber in Aspik mit einer schroffen Geste zurück. Was auf den ersten Blick ihre Unzufriedenheit erregt haben mag, ist eine Frage, die mich bis heute quält. Sie hatte keine männliche Kritik nötig, um ihr kulinarisches Gespür auf einem fast unerreichbar hohen Niveau zu halten.

Eine meiner Freundinnen, die ihr Haus vorzüglich führt, widmet der Küche nicht allzuviel Aufmerksamkeit, und die Zubereitung der Speisen kümmert sie nicht sonderlich. Ihr Ehemann ist ein *gourmet*, er gibt sich dem Studium der Gastronomie hin. Er sitzt ständig über Büchern, um in Erfahrung zu bringen, wie, wann und warum die Küche sich entwickelte und zu dem wurde, was sie ist. Dadurch wurde indirekt das Kochen beeinflußt, das von seiner Frau überwacht wird. Bei einem Essen in ihrem Haus kann ein Rezept aus dem *Schatz der Gesundheit* von 1607 mit einem Vorwort von Jean-Antoine Huguetan Verwendung finden. Das Rezept ist kein anderes als unser heutiges für Seezunge Müllerin Art, nur heißt es anders.

Die Forelle

Eine kleine Forelle schuppen und ausnehmen. Vom Kopf zum Schwanz auf beiden Seiten aufschlitzen und von der Gräte lösen. Mit etwas Salz einreiben und 2 Std. stehenlassen. Danach das restliche Salz von den filets entfernen und sie mit Mehl bestäuben. In Butter braten.

Dies ist ein Rezept, das sich über 350 Jahre hinweg nicht verändert hat, so daß es eigentlich kein Gericht gibt, das nicht darauf folgen könnte. Bei unserem Mittagessen war der Salat, der serviert wurde, ausgezeichnet und originell.

Blumenkohlsalat mit Garnelen

Einen großen Blumenkohl in Salzwasser kochen, bis er gar, aber nicht weich ist. Abgießen und mit dem

* *Die Sorte* Sellerie, *die ausschließlich der Eßbarkeit ihrer Wurzel wegen gezüchtet wird, heißt Knollensellerie.*

Kopf nach unten, solange er noch heiß ist, in eine Schüssel drücken, so daß er erkaltet die Form der Schüssel angenommen hat. Den Blumenkohl dann mit der flachen Seite auf eine runde Schüssel legen. 1 Pfd. ausgelöste Riesengarnelen, die Schwänze hängend, zwischen die Blumenkohlröschen stecken. Dazu serviert man getrennt

Sauce Mousseline

Ein Gefäß mit 3 Eigelb, ¼ Tl. Salz, jeweils einer Prise Pfeffer und Muskat in ein sehr heißes, aber nicht kochendes Wasserbad stellen. Ständig mit dem Holzlöffel rühren, vor allem an der Topfwand entlang und über den Boden streichen. ¼ Pfd. Butter in ganz kleinen Stückchen hinzufügen, und zwar immer erst dann, wenn sich das vorhergehende vollends aufgelöst hat. Wenn alle Butter eingerührt und die Sauce dick geworden ist, vom Feuer nehmen und sehr langsam 1 El. Zitronensaft unterrühren. Wenn die Sauce abgekühlt ist, 100 g geschlagene Sahne vorsichtig darunterheben und servieren.

Diese Sauce paßt zu Fisch, Spargel und Salaten mit Schalentieren.

Im Haus einer Freundin, der Frau eines damals unbekannten Malers – und folglich in bescheidenen Verhältnissen lebend –, wurde einfach und schmackhaft gekocht. Sie war eine der wenigen Französinnen, die keinen besonderen Aufwand trieben, wenn sie Gäste hatten. Der Tisch wurde sorgfältig gedeckt, weiße Tischwäsche statt der üblichen bunten, das Familiensilber wurde hervorgeholt, die Gläser waren aus Kristall, und auf das übliche Essen folgte ein einfaches Dessert. Die Gäste verstanden, daß diese Dinge ihnen zu Ehren geschahen. Eins ihrer sehr hübschen Desserts, das indes nichts mit unserer gleichnamigen Süßspeise gemein hat, war

Schwimmende Insel

6 Eiweiß steif schlagen. Eine Prise Tragant hinzufügen, ein Puder, das man bei jedem guten Drogisten bekommt und das hilft, Eiweiß zu kochen und steif zu halten. Nach und nach 5 El. Zucker hinzufügen. Die Masse in eine Form füllen, die man zuvor mit Karamel aus 5 El. Zucker vollständig eingelassen hat. Wenn man das Eiweiß hineingibt, sanft klopfen, damit keine Luftlöcher bleiben. Die Form in einen Topf mit heißem Wasser über niedriger flamme stellen. Das Wasser sollte sieden, aber nicht kochen. Wenn man eine dicke Stopfnadel – die man zu diesem Zweck in der Küche bereithalten sollte – mitten hineinsticht und sie sauber herauskommt, den Topf vom Feuer und die Form aus dem Wasser nehmen. Wenn der Inhalt gekühlt ist, die Form sorgsam auf eine tiefe Schüssel stürzen. Das Gelb der 6 Eier mit 100 g Zucker schlagen, bis es zitronenfarben ist. Langsam ½ l heiße Milch dazugießen. In einem Topf bei sehr schwacher Hitze so lange rühren, bis die Sauce den Löffel überzieht. Vom Feuer nehmen und 1 Tl. Vanilleextrakt und ein paar Tropfen Bittermandelöl hinzufügen. Während des Abkühlens von Zeit zu Zeit umrühren. Kurz vor dem Servieren um das karamelisierte Eiweiß gießen.

Freunde von Freunden luden uns einmal zu einem ihrer berühmten Sonntagmittagessen ein, berühmt wegen der Qualität der Speisen und der dort versammelten Gäste. Allerdings waren wir eine zahlreiche und heterogene Gesellschaft – der Gastgeber, ein bekannter internationaler Anwalt, eine berühmte italienische Filmschauspielerin und ihr Agent, ein berühmter Porträtmaler, ein amerikanischer Verleger und schließlich wir weniger Prominenten. Das Haus war eine ehemalige königliche Jagdhütte auf einem riesigen Besitz, etwa fünfzig Kilometer vor

Venedig, 1908.

Paris. Essen und Küche waren ebenso beeindrukkend wie die Schönheit der Umgebung. Die Rebhühner waren vom Gastgeber und seinen Hausgästen geschossen worden. Gemüse, Früchte und Blumen kamen aus dem eigenen Treibhaus, Butter, Eier, Sahne aus der Meierei, der Kaviar aus Rußland – der Eiserne Vorhang begann sich gerade erst zu senken – und der Wein aus Frankreich, Deutschland und Ungarn. Aber das Fischgericht war französisch.

Seezungenfilets in Hummersauce

Die Filets von 2 Seezungen – jede etwa ¾ Pfd. schwer – waschen. Die abgeschnittenen Köpfe, Schwänze, Flossen und die kleinen Seitengräten aufheben. Die Filets rollen und mit kleinen Holzspießchen feststecken. 12 schöne Austern im eigenen Saft zum Kochen bringen. Vom Feuer nehmen und den Saft aufheben. 1 l Muscheln ohne Wasser und zugedeckt zum Kochen bringen. Wenn sie aufgehen, vom Feuer nehmen, auslösen, und den Saft aufheben. In einem kleinen Topf ½ Pfd. frische Champignons zugedeckt in 1 El. Butter, 1 El. Wasser, 1 El. Zitronensaft zum Kochen bringen. 10 Min. kochen lassen, den Saft aufheben. 1 mittelgroße Karotte, 1 mittelgroße Zwiebel und ein Kräuterbündchen aus 1 Stange Sellerie, 1 Zweig Thymian, 1 Lorbeerblatt, 1 Nelke in ¼ l trockenem Weißwein und ¼ l Wasser zum Kochen bringen. Salz, Pfeffer, die Fischreste und den Saft von Muscheln, Austern und Champignons hinzugeben. ½ Std. köcheln lassen. Von der Flamme nehmen und durchseihen. Das ist eine *court-bouillon.*

½ Pfd. Krabben auslösen und zu den Muscheln, Austern und Champignons geben. Die *court-bouillon* zugedeckt zum Kochen bringen. Die gerollten Filets hineingeben und 10 Min. köcheln lassen. 3 El. Butter in einen Topf tun, dazu 2 El. zerdrücktes, durch ein Haarsieb getriebenes Hummercorail. Mit etwas *court-bouillon,* in der die Filets gekocht haben, anfeuchten. Unter Schlagen mit dem Schneebesen in die *court-bouillon* gießen. 3 Eigelb verrühren, 1 Tasse erhitze Sahne hinzugeben. In die *court-bouillon* einrühren und auf kleiner Flamme heiß werden, aber nicht kochen lassen. Die Austern, Muscheln, Champignons und Krabben dazutun. In sehr kleinen Mengen ¼ Pfd. Butter dazugeben, nicht rühren, sondern den Topf in alle Richtungen schwenken. Vom Feuer nehmen, mit etwas Zitrone beträufeln und servieren.

Das ist ein königliches Gericht. Es war ein denkwürdiges Mittagessen.

Ein andermal wurden wir von Freunden eines Freundes zu einem Essen auf einem Berg in der Nähe von Lyon eingeladen. Diesmal war es ein altes befestigtes Bauerngehöft. Die Gesellschaft war größer als bei dem oben beschriebenen Mittagessen, aber homogener. Das Essen bestand ausschließlich aus Lyoner Spezialitäten. Der Fleischgang war

Rindsrouladen in Sahnesauce

¼ Pfd. Sardellen entgräten. 3 Stengel Petersilie und 1 mittelgroße Zwiebel sehr fein zerhacken, 1 Knoblauchzehe zerdrücken. Diese Zutaten zu einer Paste vermengen. 1 ½ Pfd. Rindsfilet in 4 Scheiben schneiden, mit der Paste bestreichen, einrollen und festbinden. 4 El. Butter in einem Gußeisentopf bei mittlerer Hitze zum Schmelzen bringen. Wenn sie heiß genug ist, die Rouladen darin von allen Seiten leicht anbräunen, ½ l heiße Kalbsbrühe angießen, pfeffern und auf kleiner Flamme 1 Std. köcheln lassen. Nach ¾ Std. 150 g Sahne, in die man 1 El. Zitrone gerührt hat, hinzufügen und noch ¼ Std. köcheln lassen. Die Fäden abnehmen und servieren mit

Gourmet-Kartoffeln

1 kg Kartoffeln schälen und wie für Strohkartoffeln in dünne Scheiben schneiden. Eine Form mit fest schließendem Deckel kräftig einbuttern. Ein Stück Fettpapier, das man auf die Größe des Topfbodens zuschneidet, gleichfalls mit Butter einschmieren. Eine Lage Kartoffeln daraufgeben, mit Salz und gehackten, zuvor in Weißwein gekochten Trüffeln – 2 braucht man für ein Gericht – bestreuen. 150 g Butter zergehen lassen, reichlich über jede Lage gießen. Die Form bis oben ausfüllen mit Lagen aus Kartoffeln, Trüffeln, Salz, Butter. Den Deckel der Form gut mit Butter einstreichen. 1 Std. bei mittlerer Hitze in einem vorgeheizten Ofen garen. Nach ½ Std. den Deckel abnehmen und prüfen, ob die Kartoffeln trocken sind. Wenn ja, 2 bis 3 El. geschmolzener Butter nachfüllen. Weiter aufpassen, daß die Kartoffeln nicht trocken werden, bis sie fertig sind. Vorsichtig aus der Form nehmen.

Wir haben in französischen Häusern nicht immer so gut gegessen. Eine Bekannte von uns hatte einen Offizier geheiratet, der an St. Cyr, einer der traditionsreichsten Militärakademien, Kartographie unterrichtete. Sie lebten in einem einfachen kleinen Haus, das jedoch mit unbezahlbaren Erbstücken möbliert war. Ihr Anblick war ein seltener Genuß – was man von dem Mittagessen nicht sagen konnte. Es war ohne Sorgfalt und lieblos dargeboten, und eine schöne alte Sèvres-Platte, die zum Service gehörte, ging zu Bruch. Das Omelett war angebrannt – in der Tat ein einzigartiges Omelett –, die Lammkeule durchgebraten und die Sahne im Nachtisch sauer. Die Unterhaltung und der Wein, der ebenfalls ererbt war, entschädigten für das jämmerliche Mahl. Viele Jahre später trafen wir zufällig den Paten unseres jungen Gastgebers von St. Cyr. Er und seine Frau luden uns zum Essen ein, um die Erinnerung an jenes Desaster auszulöschen; es war anspruchslos, aber vorzüglich gekocht. Er war in Damaskus stationiert gewesen, wo seine Frau einige der nationalen Gerichte kochen gelernt hatte. Wir aßen

Kobbé

800 g mageres Hammelfleisch dreimal durch den Fleischwolf drehen. 1 Tl. Safran, 1 Tl. Pfeffer, 1 Tl. Salz und 1 ¼ kg Maisgrieß hinzugeben. Diese Zutaten mit ⅛ l Sesamöl* oder einem anderen milden Öl erhitzen, mit 10 gehackten Zwiebeln und 50 g Pinienkernen vermengen. Gut anbräunen, aber nicht ansetzen lassen. Eine feuerfeste Steingutschüssel mit Öl einreiben. Eine Lage aus etwas weniger als ⅓ der Fleisch-Maisgrieß-Mischung hineintun und mit einem ölbestrichenen Löffel oder der Handfläche flachdrücken. Auf diese Lage die Zwiebeln mit den Pinien tun und gleichfalls festdrücken. Darauf kommt der Rest der Fleischmischung. Glätten und mit 4 El. Öl beträufeln. Im vorgewärmten heißen Ofen 40 Min. backen. Sollte das Fleisch zu trocken werden, gibt man löffelweise weiteres Öl hinzu.

Man erklärte uns, daß in Frankreich Maisgrieß noch am ehesten dem Weizen des Originalrezepts

** Sesam ist eine in Ostindien ihrer Samen wegen angebaute einjährige Pflanze, aus der ein delikates, leicht süßliches Öl gewonnen wird, das in der afrikanischen und orientalischen Küche viel Verwendung findet. Erdnußöl kann als Ersatz verwendet werden.*

entspreche. Jedenfalls war es ein köstliches und leckeres Gericht. Die Pinien, der Safran und das Sesamöl gaben dem Gericht einen einmaligen Geschmack.

Dieses Mittagessen entschädigte uns hinlänglich für das, was uns am Tisch des Patensohns serviert worden war.

Die beste ausländische Küche findet man bei Franzosen, die aus irgendeinem Grund gezwungen waren, in den Kolonien zu leben. Nach zwei oder drei Jahren in Indochina oder Afrika kamen sie nicht nur mit Rezepten der lokalen Küche zurück, sondern auch mit den in Frankreich nicht aufzutreibenden Zutaten, und sie konnten damit umgehen. Hier ist ein Gericht, das wir bei verschiedenen Familien gegessen haben.

Hammelkroketten (Algerien)

800 g mageres Hammelfleisch dreimal durch den Fleischwolf drehen. 4 Zwiebeln sehr fein hacken und untermengen, dazu 2 rohe Eier, 1 Tl. Salz, 12 Tl. spanischen Paprika (bekommt man in spanischen, aber auch in anderen Feinkostläden) und ½ Tl. gestoßenen Kümmel. Die Handflächen leicht mit Mehl bestäuben und runde flache Kroketten formen. Bei mittlerer Hitze 6 Min. pro Seite in Öl backen.

Gemüse mit Eiern

Die Haut von 2 Paprikaschoten abziehen, die Samenkörner entfernen. Die Paprika kleinschneiden, ebenso 2 abgezogene und entkernte Tomaten und 2 mittelgroße ungeschälte italienische Kürbisse*. Dazu 2 in dicke Scheiben geschnittene Auberginen. Die Gemüse mit ½ Tl. Salz und 1 zerdrückten Knoblauchzehe in 4 El. Olivenöl bei mittlerer Hitze anbraten. Umrühren mit dem Holzlöffel; die Gemüse dürfen nicht ansetzen. Nach ¼ Std. 4 wie zum Omelett geschlagene Eier darübergießen. Vom Feuer nehmen, in eine gut eingeölte feuerfeste Steingutform füllen und gerade so lange in den vorgeheizten Backofen stellen, daß die Eier stocken.

Das ist eine willkommene Abwechslung zu Omeletts mit nur einem Gemüse.

Hier ein köstliches Ölgebäck aus Tunis:

Ölgebäck

1 Pfd. Mehl, 80 g Zucker und 1 Prise Salz vermengen. 3 Eier, wie für ein Omelett geschlagen, langsam der Mehl-Zucker-Masse hinzufügen. Eventuell etwas Wasser dazugießen, um die Masse besser zusammenzuhalten. Bei großen Eiern braucht man kein Wasser. Vermengen, bis der Teig glatt ist. Auf einem mit Mehl bestreuten Backbrett etwa 3 cm dick ausrollen. Mit einer Plätzchenform ausstechen oder einfach mit einem Messer in Vierecke schneiden. In der Fritüre backen, bis sie sich leicht braun färben. Mit einem flachen Schaumlöffel herausnehmen. Auf Küchenpapier legen und eine Seite so schnell wie möglich mit Honig bepinseln und reichlich mit nicht zu fein gehackten Pinienkernen bestreuen.

Die Gerichte aus den Kolonien bringen ein wenig Abwechslung in das meistens zwar gut gekochte, aber recht eintönige Speisenangebot französischer Mittelstandshaushalte. Oft stammen Hausherr und Hausfrau aus verschiedenen Provinzen, was ebenfalls der Vielfalt der Menüs zugute kommt. Und dann gibt es noch Gerichte, die im Laufe der Jahre

* Italienischer Kürbis *(Zucchini) ist ein kleiner Eierkürbis.*

von den verschiedenen Köchinnen eingeführt wurden. Freunde haben mir versichert, daß dieser Umstand die Unannehmlichkeiten und Mühen beim Wechsel der Köchin wettmache.

Im Ferienhaus von Freunden in Burgund bekamen wir Delikatessen zu essen. Zu unserem großen Genuß gab es zweimal innerhalb von drei Tagen Froschschenkel, das erste Mal als

Gebackene Froschschenkel

100 g Froschschenkel in 1 Tasse Olivenöl mit 1 Tl. Salz 1 Std. marinieren lassen. Oft wenden. Gut abtropfen lassen und trockenreiben. Eintauchen im

Ausbackteig

2 Eigelb mit 1 Prise Salz und 2 El. Olivenöl gut verrühren. Dann 130 g Mehl mit dem Holzlöffel unterrühren. Das Eiweiß zu Schnee schlagen und unter die Masse heben. Vor dem Gebrauch 1 Std. ruhen lassen.

Und dann als

Froschschenkel in Sahne

100 g Froschschenkel in 4 El. Butter über mittlerer Hitze unter ständigem Rühren in der Pfanne anbraten und mit ½ Tl. Salz und ½ Tl. Pfeffer würzen. Aus der Pfanne nehmen und auf einer vorgewärmten Platte warm halten. 1 Tasse dicke heiße Sahne und ½ Tasse Béchamelsauce in die Pfanne gießen und mit der restlichen Butter vermischen. 4 El. Butter dazutun. Nicht aufkochen lassen. Rühren, bis sie sich aufgelöst hat, und den Pfanneninhalt durch ein Sieb über die Froschschenkel gießen. Mit 1 El. feingehackter Petersilie bestreuen. Sofort auftragen.

Das ist die beste Art, Froschschenkel zuzubereiten.

Vor vielen Jahren hatten wir ein ungewöhnliches Mittagessen in einer ungewöhnlichen Umgebung. Gertrude Stein und ich wurden von Freunden auf ein Besitztum in der Camargue eingeladen, eine etwa fünfzig Quadratkilometer große Halbinsel im Rhônedelta. An einem Morgen im Spätherbst fuhren wir hinunter in das verlassene Marschland und über Schiffspontons zur Domäne von S., wo wir zum Mittagessen verabredet waren. Das Haus war alt, und nur ein Wärter lebte ständig dort. Vom Eigentümer wurde es benutzt, wenn er mit Freunden zum Jagen und Fischen in die Gegend kam. Die Männer sollten für Fisch und Wild – Franzosen mögen es nicht mit Hautgout – zum Mittagessen sorgen. In dem riesigen Raum prasselte ein offenes Feuer. Die Frauen deckten den Tisch und packten die mitgebrachten Speisen aus, Fleisch- und Hühnerpasteten, die aufgewärmt wurden, Aspikgerichte, Butter und Eier und Gläser, Silber, Tischwäsche. Gertrude Stein und ich wurden plötzlich nach draußen gerufen, weil es Flamingos zu sehen gab, die zum Trinken kamen, und ein paar kleine weiße Stiere, die von den wilden Stieren abstammten. Als die Männer zurückkamen, gab es für sie ein herzliches und lautes Willkommen. Die Taschen wurden ausgeleert und die Vögel und Fische für das Essen ausgesucht. Sie wurden dem Hüter zum Rupfen und Säubern übergeben, jeweils unter Aufsicht einer der Frauen. Das Feuer war schnell auf die für das Braten notwendige Hitze reduziert. Die Wildenten, die man ausgesucht hatte, würden zum Braten nicht lange brauchen. Acht von ihnen paßten jeweils auf den Spieß, und die nächsten konnten braten, während man die ersten zerlegte und aß. Die Neunaugen – die Männer waren stolz, daß sie sie zu dieser Jahreszeit in der nahegelegenen Rhône hatten fangen könne – waren abgezogen und gesäubert, in lange Stücke geschnitten, und jedes wurde in eine dünne Scheibe fetten Speck eingewickelt und über Holzkohle gegrillt, während auf einem riesigen alten Rechaud folgende Sauce zubereitet wurde:

Sauce für Neunaugen oder anderen gegrillten Fisch

Für 1 ¾ Pfd. Fisch 4 El. Butter auslassen und 1 El. Mehl einrühren. Ständig rühren. Langsam ¼ l heißes Wasser, ¼ l Madeira oder Portwein, ½ Pfd. zerkleinerte Champignons, 1 kleine gehackte Zwiebel, ¼ Tl. Salz, 3 zerdrückte Knoblauchzehen, 6 ganze Pfefferkörner, 1 Zweig Thymian und 1 Stengel Basilikum hinzufügen. Langsam um die Hälfte einkochen lassen. Durchseihen und abschäumen.

Das Durchseihen und Abschäumen fiel diesmal infolge der herrschenden Zwanglosigkeit weg.

Die Enten, die sorgfältig mit geschmolzener Butter begossen wurden und mit ihrem eigenen Saft, der in ein darunter stehendes Gefäß tropfte, brauchten eine Viertelstunde länger als bei der Zubereitung im Ofen. Sie wurden länger gebraten, als Gertrude Stein und ich es schätzten. Die Franzosen wollen keinen roten Saft sehen, wenn sie Wild zerlegen. Lamm dagegen essen sie gern halb roh. Der Fisch und die Enten waren perfekt zubereitet. Mit der endlosen Reihe der Speisen, die den beiden Hauptgerichten vorausgingen und nachfolgten, war es ein gargantueskes Mahl. Die Gäste trennten sich, um in verschiedene Richtungen heimzufahren. Aber einige von uns blieben noch eine Nacht im Wirtshaus von Les Baux, um die Camargue im Mondschein zu sehen. Glücklicherweise hatte ich in der Handtasche einen kleinen Behälter mit amerikanischem Pulverkaffee – ein Segen für unser Frühstück und eine Neuheit für unsere französischen Freunde.

Es gab noch viele Einladungen zum Essen bei Franzosen zu Hause, die einander oft so ähnlich waren, daß sie sich schon nach kurzer Zeit nicht mehr auseinanderhalten ließen. Und das ist nicht als Vorwurf eines Gastes gemeint. Es ist eine Eigenart der Franzosen, nur zuzulassen, was sie für passend halten – das ist ihr Ideal. Sie setzen auf Harmonie, Erfahrung in der Zubereitung und ihren berechtigten Stolz auf die fein ausgewogene französische Kochkunst.

Reispflanzer auf der Insel Camarque im Rhône-Delta.

3. KAPITEL

Gerichte für Künstler

Ehe ich nach Paris kam, interessierte mich Essen, aber nicht das Kochen. Als ich 1908 zu Gertrude Stein in die Rue de Fleurus zog, sagte sie, Sonntagabends sollten wir amerikanisch essen, denn französische und italienische Küche gab es sonst zur Genüge; sonntags hatte die Köchin Ausgang, und ich hatte die Küche für mich. So begann ich die einfachen Gerichte zuzubereiten, die ich zu Hause im San Joaquim Valley in Kalifornien gegessen hatte – Hühnerfrikassee, Maisbrot, Apfel- und Zitronen-Pie. Nachdem die Pie-Kruste Gertrude Steins Zustimmung gefunden hatte, machte ich Mincemeat, und zu Thanksgiving gab es Truthahn, den Hélène, die Köchin, briet, zu dem ich aber die Füllung machte. Da Gertrude Stein sich nicht entscheiden konnte, ob sie als Füllung lieber Champignons, Kastanien oder Austern wollte, wurde sie aus allen dreien gemacht. Das Experiment glückte und wurde in der Folge noch oft wiederholt, und es fand Eingang in mein Repertoire, das sich im selben Maß erweiterte, in dem ich unternehmungslustiger und abenteuerfreudiger wurde.

Barsch für Picasso

Einmal, als wir Picasso zum Mittagessen erwarteten, richtete ich einen Fisch in einer Weise an, die ihm, wie ich dachte, gefallen müßte. Ich wählte einen schönen Streifenbarsch aus und kochte ihn nach Art meiner Großmutter, die keine Ahnung vom Kochen hatte, sich selten in der Küche zeigte, aber endlose Theorien über das Kochen wie über so vieles andere hegte. Sie behauptete, ein Fisch, der sein ganzes Leben im Wasser verbracht hatte, dürfte, nach dem Fangen keinen Kontakt mehr mit dem Element haben, in dem er geboren und aufgewachsen war. Sie empfahl, ihn in Wein oder Sahne oder Butter zu braten oder zu pochieren. So machte ich eine *court-bouillon* aus trockenem Weißwein mit Pfefferkörnern, Salz und einem Lorbeerblatt, einem Zweig Thymian, einem Stückchen Muskatblüte, einer Zwiebel mit einer Nelke, einer Karotte, einer Stange Lauch und einem Sträußchen *fines herbes.* Das wurde ½ Std. auf kleiner Flamme gekocht und zum Abkühlen beiseite gestellt. Dann wurde der Fisch auf den Einsatz im Fischtopf gelegt, der Topf geschlossen, die *court-bouillon* langsam zum Kochen gebracht und der Fisch 20 Min. pochiert. Danach blieb er in der *court-bouillon*, bis er abgekühlt war. Sorgfältig abgetropft und abgetrocknet wurde er auf die Fischplatte gelegt. Kurz vor dem Auftragen bedeckte ich den Fisch mit einer einfachen Mayonnaise, eingefärbt nicht mit Ketchup – eine entsetzliche Vorstellung –, sondern mit Tomatenmark. Dann machte ich darauf ein Muster von durchpassierten harten

Eiern, Weiß und Gelb getrennt, Trüffeln und fein gehackten *fines herbes**. Ich war stolz auf mein Meisterwerk, als es serviert wurde, und Picasso stieß einen Ruf der Bewunderung aus. Aber, sagte er, wäre das nicht eher etwas für Matisse als für mich?

Picasso hielt sich jahrelang an eine strenge Diät; er schaffte es sogar, sie während der Kriegs- und Besatzungszeit einzuhalten und nahm es bezeichnenderweise erst nach der Befreiung nicht mehr so genau damit. Rotes Fleisch war untersagt, aber das stellte keine Probleme, weil die Franzosen in jenen Tagen nicht oft Rind servierten, es sei denn das unvermeidliche Roastbeef mit *sauce Madère*. Brathuhn war ebenfalls nicht genehm, eher schon Lammkeule. Oder wir aßen einen zarten Kalbsnierenbraten, vorweg ein Spinat-Soufflé, da Spinat von Picassos Arzt ausdrücklich empfohlen war und es gegen die Zubereitung als Soufflé nichts einzuwenden gab. Wäre es durch eine Sauce interessanter zu machen? Aber welche Sauce würde Picassos Diät erlauben? Ich wollte ihm die Entscheidung selbst überlassen. Das Soufflé kam in eine gut ausgebutterte Form, diese in ein Wasserbad, und sie wurde, als das Soufflé gar war, in eine tiefe Schüssel gestürzt, drumherum in gleichen Abständen eine Sauce Hollandaise, eine Sahnesauce und eine Tomatensauce. Die Absicht dabei war, durch die Saucen in drei Farben das Spinat-Soufflé weniger dominant erscheinen zu lassen. Ein grausames Rätsel, sagte Picasso, als ihm das Soufflé vorgesetzt wurde.

Der einzige Maler, der mir je ein Rezept gab, war Francis Picabia, und obwohl es nur ein Eiergericht ist, verdient es den Namen seines Schöpfers.

* *Das Blatt sollte von Apollos Lorbeer (laurus nobilis) kommen.*

Eier Francis Picabia

8 Eier in eine Schüssel schlagen und gut mit der Gabel vermengen. Salzen, aber nicht pfeffern. Sie in einen Topf gießen – ja, in einen Topf, nein, nicht in eine Bratpfanne. Den Topf auf ganz, ganz schwache Flamme stellen und ständig mit der Gabel rühren, während man sehr langsam und in sehr kleinen Stücken ½ Pfd. Butter dazugibt – kein Krümchen weniger, eher mehr, wenn Sie sich trauen. Man braucht ½ Std. für die Zubereitung des Gerichts. Es sind selbstverständlich keine Rühreier; mit der Butter – Ersatz ist nicht zulässig – erlangen sie eine Geschmeidigkeit der Konsistenz, die wohl nur *gourmets* zu schätzen wissen.

Als 1940 die Deutschen eindrangen, waren wir in Bilignin und hatten keine genauen Informationen über ihren Vormarsch in Frankreich. Konnte man dem Radio Glauben schenken? Wir taten es nicht. Wir hörten Kanonendonner. Dann wurde er lauter. Als nächstes sah ich morgens beim Ankleiden am Fenster deutsche Flugzeuge auf französische Flugzeuge feuern, keine fünf Kilometer entfernt. Das veranlaßte mich, so zu handeln, wie es jeder umsichtigen Hausfrau ansteht. Ich fuhr mit dem Wagen nach Belley und kaufte für alle Fälle Vorräte ein, wie ich es an jenem Aprilmorgen 1906 getan hatte, als nach dem Erdbeben in San Francisco das Feuer ausgebrochen war. Damals hatte ich zwei Schinken besorgen können, und mein Vater hatte 400 Zigaretten heimgebracht. Damit, sagte er, kann man nicht nur überleben, sondern auch noch gastfrei sein. So kauften wir in Belley zwei Schinken und Hunderte von Zigaretten und sonstige Lebensmittel – der Garten in Bilignin würde uns mit Obst und Gemüse versorgen. Die Hauptstraße war voller Flüchtlinge, genau wie 1914 und 1917. Alles kam uns bekannt vor,

Pablo Picasso, 1937.

wie im Halbschlaf nach einem Alptraum. Der Kanonendonner wurde lauter, und dann sahen wir den ersten Panzer vorbeirollen. Niedergeschlagen fuhren wir über den Feldweg nach Bilignin zurück. Die Witwe Roux, die viele Sommer hindurch unsere treue Zugehfrau gewesen war und sich später während der Besatzung als treue Freundin erwies, machte uns für das Auto das große Eisentor auf, und wir entluden die Vorräte. Was sollten wir mit den zwei riesigen rohen Schinken anfangen? Worin und wie sollten wir sie kochen, um sie möglichst lange haltbar zu machen? Wir entschieden uns für Tresterschnaps, für den das Bugey berühmt ist. Es mag verrückt und exzentrisch erscheinen, aber wir haben von den beiden Schinken den folgenden mageren Winter hindurch und noch weit in das kommende Frühjahr hinein gelebt, und mit dem Schnaps, in dem sie gekocht waren, haben wir später, nachdem wir ihn sorgfältig in Flaschen gefüllt und verkorkt hatten, die Wintergemüse schmackhafter gemacht. Nichts, aber auch gar nichts wurde weggeworfen während dieses Krieges, den wir in einem besetzten Land überstanden.

Die Baronin Pierlot, unsere Nachbarin, war die Schloßherrin auf Beon, etwa fünfzehn Kilometer von uns entfernt. Vor dem Krieg waren wir zu einem *goûter** bei ihr eingeladen. Serviert wurde es im Sommerzimmer, dessen Fenster und Tür auf eine weitläufige Terrasse hinausgingen. Im Vordergrund war das erst kürzlich durch Anpflanzung von Lombardei-Pappeln urbar gemachte Marschland der Rhône, im Süden waren die Berge der Grande Chartreuse, zur Linken in der Ferne die Französischen Alpen, und über allem lag ein tiefblauer Himmel. Der Tisch im Eßzimmer, für zwanzig und mehr Personen gedeckt, war mit rosa Rosen geschmückt; Madame Pierlots wachsames Auge glitt schnell und leicht über jeden Gegenstand auf dem Tisch. Ich hörte sie zum *valet de chambre* sagen, er solle vom Koch die *pièce-de-résistance* verlangen und auf den leeren Platz in der Mitte der Tafel stellen. Aber Marc verließ den Raum nicht und stellte nur einen Kuchen von der Anrichte auf den leeren Platz. Offenbar war irgendein *contretemps* passiert. Ich wurde aufgeklärt, als ich Gertrude Stein mit einer der Schwiegertöchter des Hauses verständnisinnige Blicke tauschen sah. Es war Gertrude Steins weißer Pudel gewesen, ein äußerst geschickter Dieb, der das, was immer in die Mitte der Tafel gehört hätte, an sich gebracht hatte. Als Madame Pierlot dem Hund später, um zu zeigen, daß sie ihm vergeben hatte, ein Stück Kuchen hinwarf, mochten wir nicht protestieren, auch wenn es gegen unsere Prinzipien war, eine Missetat zu belohnen.

Madame Pierlot war eine alte Freundin Paul Claudels, und die beiden hatten über Jahre hinweg eine briefliche Auseinandersetzung geführt, hauptsächlich über religiöse Gegenstände. Claudel war überzeugter Katholik, nicht so Madame Pierlot. Bernard Fay sagte von ihr, Jean-Jacques Rousseau habe sie unwiderruflich bekehrt. Eines Tages erzählte sie Gertrude Stein, Claudels Briefe begännen sie zu langweilen und es langweile sie gleichermaßen, ihm antworten zu müssen. Sie hatte ihm geschrieben und erklärt, sie sollten nicht länger ihre Ansichten voreinander verteidigen, sie sollten sich nicht weiter schreiben, aber die guten alten Freunde bleiben, die sie immer gewesen waren. Claudel mußte jedoch das letzte Wort haben. Er schrieb ihr, er sei trotz ihres hartnäckig verkündeten Unglaubens sicher, daß sie ihn nach seinem Tod im Himmel mit ausgebreiteten Armen willkommen heißen werde, worauf sie antwortete: Wer sagt Ihnen denn, daß ich vor Ihnen sterbe?

* *In diesem Fall eher ein üppiger Nachmittagstee.*

Das Atelier in der Rue de Fleurus, 1913.

Wenn Madame Pierlot als hervorragende Gastgeberin bekannt war, so nicht nur wegen ihres Witzes und ihres Charmes, ihres unfehlbaren Geschmacks in der Auswahl der Gäste und des Essens, sondern auch wegen der Sorgfalt, mit der ihre alte Köchin Perrine die Mahlzeiten zubereitete. Madame Pierlot erzählte mir, daß sie sie im Einstellungsgespräch gefragt hatte, ob sie bestimmte komplizierte Gerichte, die sie ihr nannte, zuzubereiten verstünde. Sie merkte, daß Perrine viel Erfahrung hatte. Da ihre Empfehlungsschreiben gut waren, beschloß sie, so erzählte mir Madame Pierlot, sie einzustellen, sagte ihr aber, es geschehe unter der Bedingung, daß sie alles vergesse, was sie wisse, und sich nach den Rezepten und Anweisungen richte, die ihr gegeben würden.

In der Führung ihres Haushalts wie in allen anderen Dingen war unsere entzückende alte Freundin ein Original. Es ist schon lange her, da fragte der *Figaro*, die Zeitung, die damals in den besseren Kreisen gelesen wurde, Damen der Gesellschaft nach Beiträgen in Form von Rezepten, die dann in einer besonderen Kolumne gedruckt wurden. Als Madame Pierlot gefragt wurde, gab sie das Rezept für

Gigot de la Clinique

Ein in der Provinz lebender Chirurg, dem guten Essen nicht weniger zugetan als seinem Beruf, hat dieses Rezept erfunden, das wir uns beschaffen konnten, indem wir seine Köchin bestachen. Keine Wildkeule hält dem Vergleich mit einer auf folgende Weise zubereiteten einfachen Lammkeule stand. Acht Tage legt man die Keule in eine Marinade mit dem Namen *baume samaritain** ein, bestehend aus Wein – alter Burgunder, Beaune oder Chambertin – und Olivenöl erster Pressung. In diesen Balsam gibt man zu den üblichen Gewürzen Salz, Pfeffer, Lorbeer und Thymian noch ein winziges Stückchen Ingwerwurzel, eine Prise Cayennepfeffer, eine in Stücke geschnittene Muskatnuß, eine Handvoll zerdrückter Wacholderbeeren und schließlich 1 Tl. feinen Zucker (wirkungsvoll wie Moschus bei der Parfümherstellung), der die verschiedenen Aromen stabilisiert. Zweimal täglich wendet man die Keule. Jetzt kommen wir zum Hauptpunkt der Zubereitung. Nachdem man den *gigot* in die Marinade gelegt hat, rüstet man sich mit einer Spritze aus, die ¼ l Flüssigkeit faßt, und füllt sie mit einer Mischung aus je ⅛ l Cognac und Orangensaft. Man spritzt den Inhalt an drei verschiedenen Stellen in die fleischigen Teile des *gigot*. Dann füllt man die Spritze erneut und spritzt den *gigot* noch zweimal. Täglich füllt man die Spritze nun mit der Marinade und injiziert sie dem *gigot*. Nach einer Woche ist die Lammkeule fertig zum Braten. Von den Gewürzen aromatisiert, durchdrungen von all ihren verschiedenen Geschmacksnuancen, ist sie zu einem selten köstlichen Wildbret geworden. Braten und mit der üblichen Wildsauce, der man 2 El. Hasenblut hinzufügt, servieren.

Alle dachten, das mit der Spritze sei ein Witz, Madame Pierlot habe sich einen Scherz erlaubt. Keineswegs. Jahre später fand ich das Rezept in *Le Grand Cuisinier Français*, der großartigen Sammlung von Bertrand Guegan. Das Rezept der Baronin ist approbiert. Es gehört zur *Grand Cuisine Française.*

* *Eine Marinade ist ein Bad aus Wein, Kräutern, Öl, Gemüsen, Essig usw., in das Fisch oder Fleisch für bestimmte Zubereitungen eine Zeitlang eingelegt wird, um zusätzlichen Wohlgeschmack zu erhalten.*

4. KAPITEL

Mord in der Küche

Kochbücher haben mich schon immer verlockt und verführt. Als ich in der Küche noch dilettierte, fesselten sie bereits meine Aufmerksamkeit – sogar die langweiligen – von der ersten bis zur letzten Seite, genau wie es Gertrude Stein mit Kriminalgeschichten ging.

Als wir Dashiell Hammett zu lesen anfingen, bemerkte Gertrude Stein, das Moderne an ihm sei, daß er seine Opfer schon um die Ecke gebracht hätte, wenn die Geschichten anfingen. Gott weiß, wie viele Verbrechen dem ersten noch folgen würden. In der Küche ist es nicht anders. Mord und plötzlicher Tod wirken dort ebenso unnatürlich, wie sie es auch sonst sein sollten. Nie und nimmer kann man sie zulassen. Essen ist viel zu angenehm, um mit Horror verbunden zu werden. Gleichwohl müssen gewisse Tatsachen, auch abstoßende, hingenommen werden, und wir werden sehen, daß vor Beginn jeder Kochgeschichte Gewalttaten leider unumgänglich sind. Zuviel muß schon vor dem eigentlichen Kochen passieren. Das trifft selbstverständlich nicht auf Gerichte zu, die makellos aus der Tiefkühltruhe kommen. Aber ich kenne nur die französischen Einkaufs- und Kochbräuche und habe in Frankreich, wo Kühltruhen unbekannt sind, meine Ausbildung in der vorgeschriebenen Zeit am Ofen absolviert.

Sagten in früheren Tagen, deren Denkwürdigkeiten über meine Kapitel verstreut sind, nachsichtige Freunde anläßlich eines sonntäglichen Essens oder einer Abendgesellschaft, das Essen, das ich auf den Tisch gebracht hätte, sei nicht übel gewesen, so konnten weder Liebenswürdigkeit noch Schmeichelei den Wunsch in mir wecken, es selbst zuzubereiten. Der einzige Weg, kochen zu lernen, ist zu kochen, und zu einer unangenehmen Notwendigkeit wurde es, für mich wie für viele andere unerwartet, als der Krieg ausbrach und die Besatzung sich anschloß. Unter dem Diktat von Rationierung und Knappheit lernte ich nicht nur ernsthaft kochen, sondern auch bei beschränktem Angebot einkaufen und nicht zuviel Zeit darauf verwenden, denn es gab so viel Wichtigeres und Interessanteres zu tun. Zu jener Zeit also fing es an mit dem Morden in der Küche.

Das erste Opfer war ein lebendiger Karpfen, der in einem Deckelkorb, aus dem es kein Entrinnen gab, in meine Küche gelangte. Der Fischhändler, bei dem ich ihn erstand, erklärte mir, er habe keine Zeit, ihn zu töten, zu schuppen und auszunehmen, und war auch nicht geneigt, mir zu sagen, mit welcher dieser schrecklichen Notwendigkeiten man anfing. Es ist nicht schwer zu erraten, welche die abstoßendste war. Also schnell an den Mord und fertig damit. Auf dem Kai von Pugent Sound hatte ich gesehen, wie Fischer einen riesigen Lachs am Schwanz ergriffen, ihn hochhoben und mit tödlicher Wucht auf den Kai schmetterten. Offensichtlich war ich kein Fischer, und der Küchentisch war kein Kai. Sollte ich mein erstes Opfer vielleicht durch einen Schlag mit einem schweren Holzhammer auf den Kopf erledigen? Nach einem prüfenden Blick auf den lebenden Fisch war klar, daß er sich allen Anschlägen auf seinen Kopf entziehen würde. Ein schweres, scharfes Messer erschien mir als die klassische, die allein richtige Wahl. So schützte ich meine Linke mit einem Geschirrhandtuch, denn die Zähne waren möglicherweise scharf, ergriff den Unterkiefer des Karpfens, suchte mit dem Messer in der Rechten entschlossen nach dem Ansatz der Wirbelsäule und senkte es hinein. Ich lockerte meinen Griff, gespannt, was passieren würde. Maßloses Entsetzen. Der Karpfen war verendet, vorsätzlich, heimtückisch, brutal getötet, umgebracht, ermordet. Kraftlos fiel ich in einen Stuhl, griff mit noch ungewaschenen Händen nach einer Zigarette und wartete darauf, daß die Polizei kam, mich in Gewahrsam zu nehmen. Nach einer zweiten Zigarette kehrte mein Mut zurück, und ich machte mich daran, den armen Mr. Carp für den Tisch herzurichten. Ich schuppte ihn, schnitt die Flossen ab und die Unterseite auf und holte, ohne genau hinzusehen, das meiste heraus, wusch ihn ordentlich, trocknete ihn ab und legte ihn beiseite, während ich mich an die Vorbereitung machte für

Karpfen mit Kastanienfüllung

Für einen 3pfündigen Karpfen 1 mittelgroße Zwiebel hacken und in 3 El. Butter dünsten. Eine 5 cm dicke Scheibe Weißbrot in Weißwein einweichen, ausdrücken, in kleine Würfel schneiden und dazutun. Außerdem 1 El. gehackte Petersilie, 2 gehackte Schalotten, 1 zerdrückte Knoblauchzehe, 1 Tl. Salz, ¼ Tl. frisch gemahlenen Pfeffer, ¼ Tl. zerstampfte Muskatblüte, ebensoviel Lorbeer und Thymian und 12 gekochte, geschälte Kastanien. Gut vermengen, abkühlen lassen, 1 rohes Ei dazu und damit den Fisch, einschließlich des Kopfes, füllen. Sorgfältig mit Zahnstochern zustecken und das Maul zubinden, damit beim Kochen nichts austreten kann. Ein paar Stunden ruhen lassen. ½ l Weißwein in eine Gratinform geben, darein den Fisch und nach Geschmack salzen. Im Ofen bei 200° 20 Min. kochen lassen. Begießen und mit einer dicken Schicht feiner Brösel sowie 3 El. geschmolzener Butter bedecken und weitere 20 Min. kochen lassen. Sehr heiß mit Nudeln servieren. Reicht für 4 Personen. Der Kopf des Karpfens ist riesig. Für viele Europäer ist er das köstlichste Stück.

Nudeln

300 g Mehl sieben und 1 Tl. Salz, eine Prise Muskat, 5 Eigelb und 1 ganzes Ei mit der Gabel gut untermengen. Dies auf einem mit Mehl bestreuten Backbrett durchkneten, zu einer Kugel formen, in ein Tuch einwickeln und ein paar Stunden ruhen lassen. Das ergibt delikate Nudeln. Ausreichend für 4 Personen.

Auf dem Markt von Palma de Mallorca wollte unsere französische Köchin mich das Morden durch Ersticken lehren. Es gab keinen Grund, dieses Verbrechen öffentlich und unter meiner Mitwirkung zu begehen. Jeanne wollte sich nur aufspielen. Als die Marktfrauen, die sich um sie versammelt hatten, zu gestikulieren und zu schreien begannen, zog ich mich zurück. Später, als wir in unserem mit Einkäufen gefüllten Kutschwagen nach Terreno zurückfuhren, wo wir in einer Villa wohnten, mochte ich Jeanne nicht zustimmen. Sie behauptete, die Mallorquiner seien blutrünstig – gingen sie etwa nicht zu Stierkämpfen und zahlten einen höheren Preis für

Markttag in Nizza.

das Fleisch der Tiere, deren Tötung in der Arena sie beigewohnt hatten, schlugen sie unschuldigen Tauben nicht lieber den Kopf ab, statt sie menschlich zu ersticken, was bei allen Vögeln verhindert, daß sie ausbluten, so daß sie kräftiger und schmackhafter bleiben. Hatte sie nicht versucht, ihnen das zu erklären, es sie zu lehren, ihnen zu zeigen, wie ein vernünftiger Mensch beim Taubentöten vorgeht, aber nein, sie wollten nicht lernen, ihnen war ihre eigene brutale Methode lieber. Beim Mittagessen, als sie die Tauben servierte, schwieg Jeanne diplomatisch. Über Essen zu reden, ihr Lieblingsthema, war bei Tisch unterbunden worden. Aber ihre schönen schwarzen Augen sprachen Bände. Die Täubchen, die man auf der Insel bekam, waren keine Riesenvögel, aber es waren Tauben – größere und wohlschmeckendere als die, die wir in einem ausgezeichneten Restaurant in Palma gegessen hatten.

Später kehrten wir nach Paris zurück, und dann kam der Krieg, und nach einer Ewigkeit war Frieden. Eines Tages, als ich an der Loge des Concierge vorbeiging, rief er meinen Namen und sagte, jemand habe etwas für mich abgegeben. Er sagte, er werde es mir bringen, was er tat, aber mir wäre fast lieber gewesen, er hätte es nicht getan, als ich sah, was es war: ein Korb mit sechs weißen Tauben samt Begleitbrief einer Freundin, die schrieb, mehr habe sie für uns auf dem Land nicht auftreiben können, und mit den Worten schloß: Aber die findige Alice wird sicher etwas Leckeres daraus machen.

Zweifellos ist es ein Fehler, den Ruf von Findigkeit aufkommen und von lieben Freunden verbreiten zu lassen. Er ist leicht erlangt, aber teuer bezahlt. Sechs weiße Tauben ersticken, rupfen, ausnehmen, und das alles, bevor Gertrude Stein nach Hause kam, die von alledem nichts wissen sollte. Wenn ich nur den Mut aufbrachte, reichten die zwei Stunden bis zu ihrer Rückkehr leicht aus. Eine große Tasse starker schwarzer Kaffee würde helfen. Das war, bevor eine entzückende Brasilianerin mir erzählte, daß man bei ihr zu Hause eine große Tasse schwarzen Kaffee vor dem Zubettgehen zu servieren pflegte, um für einen gesunden Schlaf zu sorgen. Da ich das damals nicht wußte, machte mich der Kaffee lebhaft und mutig. Ich suchte und fand die Stelle am Hals der armen unschuldigen Taube, wo ich drücken mußte, und drückte. Es war eine neue Erfahrung für mich, daß man mit den Fingerspitzen sehen kann wie mit den Augen. Es war eine außerordentlich unangenehme Erfahrung, obwohl ich mir, als schließlich eine der süßen, jungen Leichen neben der anderen lag, eingestehen mußte, daß man sich an das Morden gewöhnen kann. Also rupfte ich die Tauben, nahm sie aus und bereitete

Geschmorte Tauben auf Croûtons

Für 6 Tauben ½ Pfd. Bauchspeck, nicht geräuchert, in kleine Würfel schneiden und zusammen mit 6. El. Butter in einem Bratentopf auslassen. Die Tauben leicht anbraten und zugedeckt unter häufigem Wenden und Begießen 1 Std. auf schwacher Flamme schmoren. Währenddessen 2 Pfd. Champignons sorgfältig waschen und abtrocknen. Sehr fein schneiden und durch ein grobes Haarsieb treiben. In ¼ Pfd. Butter zunächst über kräftiger Flamme kochen, bis alle Flüssigkeit verdunstet ist. Die Hitze verringern und ¼ l Sahnesauce und ⅛ l dicke Sahne hinzugeben. 5 cm dicke Weißbrotscheiben leicht anbräunen. Sie mit dem Champignonpüree bestreichen. Die Tauben darauflegen. Das Fett vom Bratensaft abschöpfen, mit 2 El. Madeira aufkochen lassen und über die Tauben gießen. Beim Salzen die Salzigkeit des Specks berücksichtigen. (Reicht für 6 bis 12 Personen je nach Größe der Tauben.)

Der folgende Mord geht nicht auf mein Konto. In den sechs Monaten, die wir jedes Jahr auf dem Land verbrachten, zogen wir Barbarie-Enten auf. Sie sind größer als normale Enten, und man schätzt sie wegen des Umfangs ihrer Leber. Sie quaken nicht und sind nicht sehr zugänglich. Im Ain geht jeder auf die Jagd. Viele Bauern gehen mit geschultertem Gewehr zur Feldarbeit und kommen nicht selten mit einem Vogel oder zweien zurück. Hin und wieder war ein Bauer bereit, uns einen Fasan oder ein Rebhuhn zu verkaufen. Einer unserer Besucher aus England wunderte sich über die Bauern, die jagen gingen, und meinte: Wenn alle schießen, schießt niemand.

Unser nächster Nachbar hatte einen Vogelhund, wie sie es nannten, fraglos ein Bastard, rotbraun das Fell wie das eines irischen Setters, aber sein Kopf war flach, seine Pfoten waren zu breit und sein Schwanz war kurz. Diana trieb sich auf der Straße herum, sie war nicht sympathisch. Das große eiserne Eingangstor in Bilignin stand manchmal offen, wenn Gertrude Stein kurz mit dem Auto wegfuhr. Und eines Morgens, als das der Fall war, kam Diana in den Hof und sah die letzte unserer Flugenten, die Blanchette hieß, weil sie blau-schwarz war. Vielleicht zum Spaß, vielleicht auch nicht – darüber waren die Meinungen später geteilt – jagte sie Blanchette. Sie rannte aus einiger Entfernung auf die arme, erschrockene Ente los, griff sie an, zog sich zurück und fiel sie von neuem an. Die Köchin, die vom Küchenfenster aus sah, was vorging, stürzte nach draußen. Die Ente lag auf dem Rücken, und Diana bellte wie wild und rannte um sie herum. Als ich auf den Hof kam, nahm die Köchin die kraftlose Blanchette zärtlich auf den Arm und trug sie in die Küche. Ich hatte Diana aus dem Hof gejagt und das Tor geschlossen und war an meine Arbeit im Gemüsegarten zurückgekehrt in der Annahme, damit sei die Sache erledigt. Die Köchin erschien plötzlich, das Gesicht weißer als ihre Schürze. Madame, sagte sie, die arme Blanchette ist nicht mehr. Der elende Hund hat sie zu Tode erschreckt. Ihr Herz schlug so wild, daß ich sah, daß es nur noch eins gab. Ich habe ihr drei Eßlöffel *eau-de-vie* eingeflößt, das gibt ein gutes Aroma. Dann habe ich sie geschlachtet. Wie wünscht Madame sie zubereitet?

Benommen von der Wendung, die die Angelegenheit genommen hatte, antwortete ich mit schwacher Stimme: Mit Orangensauce.

Im Ort entstand beträchtliches Gerede. Wenn wir die Straße entlang kamen, sprach man uns an und sagte: Wie schade, oder: Ihr schönes Tier! worauf wir dann antworteten, daß wir sie sowieso bald gegessen hätten. Aber Dianas Herr wußte nicht, wie er sich verhalten sollte, bis ich seiner Frau einen Korb mit Bonica-Auberginen, fast weißen und gelben Tomaten und einigen Gumbos (Okra) schickte, lauter Sachen, die sie sicher noch nie gesehen hatte. Darauf kam er, um sich im Namen seiner Frau mit einem großen Topf frischer Butter zu bedanken. Er wußte, daß unsere Köchin der Meinung war, sein Hund hätte unsere Ente in den Tod gehetzt. Die Erinnerung an den unglücklichen Vorfall löste sich auf in gegenseitige Dankesbekundungen. So wurde Blanchette zubereitet als

Ente mit Orangensauce

Zunächst nur das Entenklein, einschließlich des Halses, in ½ l Wasser mit 1 Tl. Salz, ¼ Tl. Pfeffer, 1 kleinen Zwiebel mit einer Nelke, 1 Schalotte, ½ Lorbeerblatt, einem Zweig Thymian und einem Stückchen Muskatblüte langsam und zugedeckt kochen lassen. Wenn die Flüssigkeit bis auf ¼ l verkocht ist, vom Feuer nehmen. Eine geschälte Orange in etwa ½ Dtzd. Scheiben schneiden und damit die Ente füllen. Die Orangenschale in Stückchen schneiden und in ⅛ l Wasser 10 Min. kochen lassen. Die

Ente in 3 El. Butter ½ Std. bei 200° im Ofen braten, unter häufigem Begießen und dreimaligem Wenden. Die Orangenschale zusammen mit der Leber zermörsern. Anfeuchten mit ⅛ l bestem Curaçao und zu einer glatten Paste verrühren. Mit dem Kochsaft des Kleins mischen. Gut erhitzen, aber nicht aufkochen lassen, durchsieben und in einer Metallsauciere servieren. Hauchdünn geschnittene, ungeschälte Orangenscheiben auf die Ente legen. (Reicht für 4 Personen.)

Oft schon habe ich mich mit dem Gedanken getragen, einen begriffsstutzigen oder eigensinnigen Koch umzubringen, aber solange der Gedanke anhielt, wurde der Mord nicht begangen. Dann kochte bei uns eine Zeitlang ein vergnügter und bezaubernder Österreicher. Er war der perfekte Koch. Gelassen und zügig bereitete uns Frederich, wie ich ihn nennen will, die schwierigsten und kompliziertesten Gerichte; nichts war ihm zu mühevoll. Er bereitete uns Eiscreme in einzelnen Förmchen in Gestalt von Eiern, in Nestern aus farbiger Zuckerwatte. Es machte ihm Spaß, Kuchen zu backen in der Form von Gegenständen, die zu einzelnen Personen paßten, ein Buch für Gertrude Stein, eine Rose für Sir Francis Rose, einen Pfau für eine sehr eitle junge Dame und einen kleinen Hund für mich. Er bekam oft Besuch von einem außerordentlich hübschen jungen Mädchen. Duscha, die aussah, als käme sie direkt aus einer Offenbach-Operette. Gertrude Stein und ich fanden die beiden entzückend. An Weihnachten baten wir sie, als Geschenk eine Einladung zum traditionellen *réveillon* in einem Restaurant ihrer Wahl anzunehmen. Nach und nach faßte Frederich Zutrauen zu mir. Sein Leben war nicht mehr so glücklich wie ehedem. Zunächst hatte es nur seine Verlobte Duscha, seinen Engel, gegeben, aber jetzt gab es eine zweite, einen Teufel, der wollte, daß er sie heiratete und drohte, ihn umzubringen, wenn er es nicht tat. Er erzählte uns, daß er und Hitler aus demselben Dorf stammten und daß alle in diesem Dorf einander ähnlich und ein wenig seltsam seien. Das war 1936, und wir wußten schon, daß Hitler tatsächlich sehr seltsam war. Frederich war vielleicht weniger seltsam als schwach; er liebte Wein, Weib und Gesang. Aber er blieb ein tadelloser Koch. Er war jahrelang Koch in Frau Sachers Restaurant gewesen und machte uns oft die wohlbekannte

Sachertorte

100 g Butter cremig rühren, nach und nach 180 g Zucker hinzufügen und die abgeriebene Schale von 1 Zitrone, ¼ Pfd. geschmolzene Schokolade, 6 Eigelb, die 6 geschlagenen Eiweiß und 3 El. Mehl unterheben. Eine flache Kuchenform einfetten, mit Mehl bestäuben, und obige Füllung darin 40 Min. bei 170° im Ofen backen. In der Form kalt werden lassen. Wenn der Boden völlig abgekühlt ist, quer durchschneiden und mit folgender Creme füllen:

60 g geschmolzene Schokolade mit einem Teelöffel in 1/8 l heißem Wasser aufgelöstem Kaffeepulver ganz glatt verrühren, dann 2 Eigelb hinzufügen. 200 g Rahm mit 3 El. Puderzucker schlagen. Die andere Mischung mit der Schlagsahne vermengen.

Den Kuchen mit Aprikosengelee oder durchpassierter Aprikosenkonfitüre bestreichen und mit Schokoladenglasur überziehen.

Frederich servierte auch gern

Linzertorte

80 g gemahlene Mandeln, 150 g Mehl, 100 g Butter, 90 g Zucker, 2 Eigelb, hartgekocht und durchpassiert, 1 Prise Zimt, 1 Prise Muskat, die abgeriebene

Schale von ½ Zitrone. Die Butter in dem Mehl mit einem Messer oder Teigmischer zerkleinern, die anderen Zutaten sowie 3 Tl. Rum in der oben aufgeführten Reihenfolge dazugeben. Im Eisschrank einige Stunden ruhen lassen. ¾ des Teigs ausrollen, eine eingefettete flache Form mit nicht auslösbarem Boden damit auskleiden. Mit Himbeerkonfitüre bestreichen. Den Rest des Teigs ausrollen, mit einem Teigrad 1 cm breite Teigstreifen schneiden und gitterförmig über den Kuchen legen. Leicht mit geschlagenem Ei bepinseln. Bei 200° im Ofen ½ Std. backen.

Dies ist das letzte Gericht, das Frederich uns bereitete:

Zigeunergulasch

1 ½ Pfd. Rinderfilets in ½ cm dicke Scheiben schneiden, und diese wiederum in Würfel mit einer Kantenlänge von ½ cm. Anbraten in Schweineschmalz mit 1 Tl. Salz, 1 El. Paprika und 1 El. Mehl, dann 4 in Scheiben geschnittene dicke Zwiebeln und ¾ Pfd. in Scheiben geschnittene Kartoffeln hinzufügen. Mit 2 Gläsern Rotwein, ¼ l saurer Sahne und soviel Bouillon auffüllen, daß das Fleisch bedeckt ist. Im geschlossenen Topf bei 200° 1 Std. im Ofen kochen lassen. Vor dem Servieren ⅛ l saure Sahne darangeben. Als Beilage Nudeln. Ausreichend für 4 Personen.

Eines Nachmittags, als Gertrude Stein und ich nach Hause kamen, trat jemand aus unserer Haustür und ging über den Hof. Die Person hatte kleine, freche, dunkle Augen. Der Teufel? fragte Gertrude Stein.

Vermutlich, antwortete ich. Der flüchtige Blick, den ich auf sie geworfen hatte, ließ mich für Frederich nichts Gutes ahnen. Wir wollten, daß er glücklich war und daß uns seine Dienste erhalten blieben. Später ging ich zu ihm in die Küche. Er saß am Tisch, den Kopf auf den Armen. Er sprang auf, als er mich sah.

Was ist? fragte ich.

Der Teufel, Madame, der Teufel kam zu Besuch und brachte eine Flasche teuren Tokayer mit. Der Teufel wollte mich vergiften, umbringen. Der Böse goß ein Glas ein und reichte es mir. Gerade als ich auf ihr Wohl trinken wollte, merkte ich, daß sie sich selbst nichts eingeschenkt hatte, ihr Glas war leer, und sie hatte den Korken nicht mit dem Korkenzieher herausgezogen. Sie wollte mich vergiften. Ich habe mit der Flasche nach ihr geworfen. Ich habe sie geschüttelt. Ich habe sie hinausgeworfen. Oh, Madame, der Teufel wird mich doch noch holen, oder sie wird mich umbringen.

Ich schickte ihn auf sein Zimmer. Am nächsten Morgen war kein Frederich in der Küche. Gegen Mittag bat ich den Concierge, hinaufzugehen und nachzusehen. Er kam zurück und berichtete, die Tür stehe offen, das Zimmer sei leer bis auf einen gepackten Koffer. Er habe Frederich den ganzen Morgen nicht gesehen, aber die dunkle Dame sei vor etwa zwei Stunden dagewesen. Was sollten wir tun? Nichts als auf Duscha warten, die am späten Nachmittag kam. Hübsch, niedlich und elegant wie immer, aber mit roten, geschwollenen Augen. Sie habe von Frederich ein Telegramm bekommen, so lang wie ein Brief, was beweise, sagte sie, daß er nicht bei sich gewesen sei. Er sei mit dem Teufel auf und davon, es sei zwecklos sie ausfindig machen zu wollen, sie hätten Paris verlassen. Er würde seinen Engel immer lieben, aber mit ihrem gemeinsamen Glück sei es für immer zu Ende. Sie solle zu den guten Damen gehen und es ihnen mitteilen, sie würden ihr geben, was sie ihm noch schuldeten, den Lohn für drei Wochen und sechs Tage, und dafür solle sie sich eine *frivolité* kaufen als letzte Erinnerung an ihren Frederich, der sie anbete.

Während ich das las, schluchzte Duscha leise in ein zartes weißes Taschentuch. Ich führte sie ins große Zimmer zu Gertrude Stein und ging, um Tee zu bereiten. Sie kam mir entgegengelaufen, als sie mich mit dem Tablett und den drei Tassen eintreten sah. Sie steckte ihr Taschentuch weg und trank gelassen mehrere Tassen Tee und aß den Rest von Frederichs vorzüglichem Wiener Gebäck, das er für uns gemacht hatte.

Was werden Sie jetzt tun? fragten wir Duscha.

Weiter arbeiten bei meiner guten, freundlichen Prinzessin, sie wird Verständnis haben. Wenn meine Augen nicht mehr rotgeweint sind und ich den süßen, schwachen Frederich vergessen habe, wird das Leben wieder beginnen.

Dann zahlte ich ihr den Lohn ihres treulosen Liebhabers aus. Sie dankte mir und zählte die Banknoten. Mit einem Schluchzer und einem Seufzer faltete sie sie sorgfältig zusammen und steckte sie in ihre Handtasche.

Lassen Sie von sich hören, sagte ich, als sie ging.

Aber monatelang hörten wir nichts, bis wir eine Heiratsanzeige bekamen. In Frankreich wird links die Familie der Braut aufgeführt, rechts die des Bräutigams. Duschas Familie, fern der Welt, in einem unaussprechlichen Dorf in Österreich, gab sich die Ehre und so weiter, und dann die Familie des Bräutigams, zwei Großmütter und ein Großvater, seine Eltern, seine Brüder, seine Schwestern, alle dekoriert mit Orden und Ehrenzeichen und *Légions d'honneur* sowie zivilen Titeln, gaben bekannt, daß der Sohn Duscha heiratete. Sie kam in eine wohlsituierte bourgeoise Familie und hatte nichts mehr zu fürchten.

Dies ist die letzte Erinnerung an Frederich:

Eine zarte Torte

110 g Butter, 170 g Mehl, 1 Eigelb mit dem Messer oder dem Teigmischer vermengen und so viel Wasser dazugeben, daß der Teig zusammenhält. Leicht kneten. In den Eisschrank stellen. 2 Eigelb und 210 g Zucker 20 Min. rühren. Nicht schlagen. 1 El. Vanilleextrakt und 120 g Haselnüsse, feingehackt, unterrühren. Etwas mehr als die Hälfte des Teigs ausrollen, in eine Springform geben, die Füllung dazu und mit dem ausgerollten Rest des Teigs bedecken. Die Ränder gut zusammendrücken, so daß Boden und Deckel aneinanderhaften. ½ Std. bei 180° backen. Vorzüglich.

5. KAPITEL

»*Wundervolle Suppe*«

Vom Mord zur Ermittlung ist es nur ein Schritt. Hier folgen Notizen vom Aufspüren der Herkunft einer Suppe. Es war ein vor nicht allzu langer Zeit in Spanien gegessener *gazpacho*, der mir den Schluß nahelegte, daß Rezepte mit Eroberern und Besatzern wandern. Nach dem ersten sublimen *gazpacho*, den man uns in Malaga servierte, und einem völlig anderen, aber gleichermaßen subtilen, den man uns in Sevilla vorsetzte, wurde das Eruieren der Rezepte ungleich wichtiger als alle Grecos und Zurbaráns, Kathedralen und Museen. Bestimmt würde in der Calle de las Sierpes, der lebendigsten und verführerischsten aller Straßen, ein Kochbuch zu bekommen sein, daß die brennende, die verzehrende Frage beantwortete, wie man einen *gazpacho* zubereitet. Ganz am Ende der engen Sierpes, die nur für Fußgänger ist, mit ihren luxuriösen Läden für Fächer, Stiefel, Handschuhe, Spielsachen und Konfekt, mit ihren eleganten Herrenclubs auf beiden Seiten, in denen drei Tischreihen tief die Mitglieder an eisgekühlten Drinks nippen und die vorbeigehenden jungen Damen begutachten, ganz am Ende dieser Straße befand sich, daran konnte ich mich von einem früheren Besuch vor vierzig Jahren erinnern, ein großer Buchladen. Kochbücher gab es genug, genau elf konnte man mir vorlegen, aber ein *gazpacho* fand sich in keinem Index. Oh, sagte der Buchhändler, *gazpacho* essen in Spanien nur die Bauern und die Amerikaner.

Ich entschied mich für das Buch mit dem kleinsten Anteil an französischen Rezepten und eilte zurück zu Zurbarán und Greco, zu Museen und Kathedralen.

In Cordoba gab es einen anderen, milderen *gazpacho*, in Segovia einen von vulgärem Reiz, unglaublich scharf. Es blieb nichts anderes übrig, als sich der Mühe eines Laborversuchs zu unterziehen, sobald eine Küche zur Verfügung stand. Bei meiner Rückkehr aus Spanien hörte sich mein Gastgeber in Cannes, ein hervorragender polnisch-amerikanischer Komponist, Feinschmecker und erfahrener Koch, die Geschichte meiner vergeblichen Jagd nach *gazpacho*-Rezepten und Ingredienzen an. Ah, sagte er, Sie beschreiben da ein *chlodnik*, eine eisgekühlte polnische Suppe.

Ehe er Zeit fand, sie für uns zu machen, traf ein türkischer Gast ein, und als der von *gazpachos* und *chlodnik* hörte, sagte er: Sie beschreiben eine türkische *cacik*.

Vielleicht, sagte ich. Es war verwirrend. Er versprach, uns eine *cacik* zu machen. Sicher, es war eine eisgekühlte Suppe, aber der Türke hatte nicht das Zeug zu einem großen Koch, er hätte kein Olivenöl als Ersatz für das mildere Sesamöl nehmen dürfen. Dann aßen wir *chlodnik*, ein wirklich großartiges Gericht, seinen spanischen Vettern durchaus ebenbürtig. Aber damit nicht genug: Es gab noch die griechische *tarata.* Ja, es war allerdings verwirrend, bis mir eines Morgens die Idee kam, daß natürlich keine einzige dieser kalten Suppen eine Erfindung für sich darstellte. War das Rezept bei der Belagerung von Wien von den Polen zu ihren Feinden, den Türken, gelangt, oder war es viel früher aus der Türkei oder Griechenland nach Polen gelangt? Oder hatte ein Kreuzfahrer es aus der Türkei mitgebracht? War es aus Griechenland nach Sizilien gelangt und von da nach Spanien? Der Gegenstand verdient es, weiter erforscht zu werden. Na gut, hier sind die sieben Mittelmeersuppen.

Gazpacho aus Malaga

(spanisch)

1 l Kalbsbrühe, in der man 2 Knoblauchzehen und 1 dicke spanische Zwiebel kocht.

Von einer großen Tomate die Haut abziehen, die Kerne entfernen und das Fleisch in winzige Würfel schneiden.

1 kleine Gurke schälen, die Kerne entfernen und die Gurke in entsprechend kleine Würfel schneiden.

½ Paprika häuten, von ihrem Samen befreien und ebenfalls würfeln.

4 El. gekochten Reis und 2 El. Olivenöl gut damit vermengen und eiskalt servieren. Reicht für 4 Personen, aber die doppelte Menge kann nicht schaden.

Gazpacho aus Sevilla

4 zerdrückte Knoblauchzehen in eine Schüssel geben. Dazu 1 El. Salz, ½ Tl. gemahlener spanischer Pfeffer, das Fleisch von 2 mittelgroßen zerstampften Tomaten.

Alles gut vermischen und tropfenweise 4 El. Olivenöl zusetzen. Dazu 1 in hauchdünne Scheiben geschnittene spanische Zwiebel, 1 rote und 1 grüne Paprikaschote ohne Samen und gewürfelt, 1 geschälte Gurke ohne Kerne und klein gewürfelt, 4 El. frische Weißbrotbrösel.

¾ l Wasser zugeben, alles gut verrühren, eiskalt servieren.

Gazpacho aus Cordoba

2 zerdrückte Knoblauchzehen, 2 geschälte, gewürfelte Gurken ohne Kerne
2 El. Olivenöl
½ l Wasser
200 g dicke Sahne
2 Tl. Maizena
1 Tl. Salz

Die ersten 3 Zutaten gut vermengen. Das Wasser mit dem Salz zum Kochen bringen. Das Maizena in 3 El. Wasser auflösen und in das kochende Wasser einrühren. Wenn es wieder aufkocht und andickt, über Knoblauch, Gurke und Öl gießen. Abkühlen lassen, die Sahne langsam unterrühren. Eiskalt servieren.

Gazpacho aus Segovia

4 zerdrückte Knoblauchzehen
1 Tl. gemahlener spanischer Pfeffer
1 Tl. Salz
½ Tl. zerstoßener Kümmel
2 El. feingehacktes frisches Basilikum oder ¾ El. getrocknetes
4 El. Olivenöl
1 in kleine Würfel geschnittene spanische Zwiebel
2 Tomaten, abgezogen, entkernt und gewürfelt
2 geschälte, entkernte, gewürfelte Gurken

1 rote Paprika, entkernt und kleingeschnitten
2 El. frische Semmelbrösel
1 l Wasser

Die ersten 6 Zutaten in eine Schüssel geben und tropfenweise das Öl hinzufügen. Wenn eine Emulsion entstanden ist, Brotkrumen, vorbereitete Zwiebeln, Gurken und Tomaten beimengen. Dann das Wasser dazugießen. Gut durchrühren. Eiskalt servieren.

Chlodnik
(polnisch)

60 g mageres Kalbfleisch, in kleine Stücke geschnitten und in wenig Wasser gekocht
60 g weichgekochte und durch ein Sieb getriebene rote Bete. Das Kochwasser der roten Bete
1 Tl. Schnittlauch, sehr klein geschnitten
1 Tl. Dillpulver
10 Langustinen oder 16 große Krabben
1 Tl. Salz, ½ Tl. Pfeffer
1 Gurke, geschält, entkernt, hauchdünn geschnitten
200 g dicke saure Sahne
6 in Scheiben geschnittene hartgekochte Eier

Die Gurke zu der roten Bete und ihrem Kochwasser geben, das Kalbfleisch und seine Brühe hinzufügen. Langsam die saure Sahne einrühren, die Gewürze und zuletzt die Langustinen oder Krabben hinzugeben. Vorsichtig mit den Eiern garnieren und eiskalt servieren.

Cacik
(türkisch)

6 Gurken, geschält, entkernt und in Scheiben geschnitten
6 feste Joghurt
1 Tl. Salz
6 El. Sesamöl oder ein anderes mildes Öl
Gut vermengen und eiskalt servieren.

Tarata
(griechisch)

3 grüne Paprikaschoten ohne Haut und Kerne
6 geschälte Auberginen

In 6 El. Olivenöl auf kleiner Flamme schmoren, nicht anbräunen. Fein zerstampfen und 4 feste Joghurt darunterrühren. Dazu 1 Tl. Salz, ½ Tl. Pfeffer, 1 Prise Cayennepfeffer, 1 Prise Minze in Pulverform und 2 zerdrückte Knoblauchzehen. Eiskalt servieren.

Dieses Kapitel war schon abgeschlossen, als ich noch eine weitere Information zum *gazpacho* aus Santiago de Chile in Südamerika erhielt. Sollten die *conquistadores* das Rezept zusammen mit ihren Pferden in die Neue Welt gebracht haben? Señora Marta Brunet, eine hervorragende chilenische Schriftstellerin, ist spanischer, genauer, katalanischer Herkunft, und sie beschreibt *gazpacho* als Gericht von Maultiertreibern. Gericht scheint in dieser Version eine passendere Bezeichnung als Suppe.

Die Maultiertreiber, erklärt sie, nehmen auf ihre Touren ein flaches Steingutgeschirr mit und Knoblauch, Olivenöl, Tomaten und Gurken sowie trokkenes Brot zum Zerkrümeln. Zwischen zwei Steinen zermahlen sie am Wegrand den Knoblauch mit etwas Salz und fügen Olivenöl hinzu. Mit dieser Mischung reiben sie den Steinguttopf innen ein. Dann schneiden sie Tomaten und Gurken in Scheiben und legen sie lagenweise in den Topf. Zwischen die Lagen streuen sie Brotkrumen. Obendrauf noch einmal Brotbrösel und Olivenöl. Dann wickeln sie das Geschirr in ein feuchtes Tuch und stellen es an einen sonnigen Platz. Die Verdunstung kocht den Inhalt, und wenn das Tuch trocken ist, ist das Mahl fertig.

Zu einfach, mein lieber Watson ...

Blick auf Eze an der Côte d'Azur.

6. KAPITEL

Gerichte, die wir Tante Pauline und Lady Godiva verdanken

Als Gertrude Stein 1916 für den *American Fund for French Wounded* Tante Pauline zu fahren begann, war sie kein versierter, aber ein verantwortungsbewußter Chauffeur. Sie konnte alles, nur nicht zurücksetzen. Sie sagte, sie sei wie die französische Armee, Rückzug komme nicht in Frage. Das Ausliefern an Krankenhäuser in Paris und den Vororten bereitete keine Probleme, da es so gut wie keinen zivilen Autoverkehr mehr gab. Einmal bekamen wir einen Auftrag, ein Militärkrankenhaus in Montereau zu beliefern, wo wir nach dem Besuch im Hospital zu Mittag essen wollten. Als wir fertig waren, war es spät geworden, und der Hof des Gasthauses, das man uns empfohlen hatte, stand voller Militärfahrzeuge. Als Gertrude Stein vorschlug, Tante Pauline – auf diesen Namen war unser Lieferwagen getauft, nicht mit Champagner, aber mit Weißwein – in der Einfahrt zu parken, erhob ich Einspruch. Sie versperrte den Weg.

Auf der Straße können wir sie auch nicht stehen lassen, sagte sie. Das wäre zu riskant.

Der große Speiseraum war voller Offiziere. Für Kriegszeiten war das Mittagessen gut. Wir warteten noch auf unseren Kaffee, als ein Offizier an unseren Tisch trat, salutierte und fragte: Der Lieferwagen mit dem Roten Kreuz in der Hofeinfahrt gehört Ihnen?

O ja, sagten wir stolz wie aus einem Mund.

Leider steht er so, sagte er, daß kein anderer Wagen aus dem Hof hinauskommt. Es tut mir leid, aber Sie müssen ihn zurücksetzen.

Oh, rief Gertrude Stein, das kann ich nicht machen, als verlangte er etwas Unerlaubtes von ihr.

Vielleicht, schlug er vor, kommen Sie mit, und wir versuchen es gemeinsam.

Was sie taten. Aber noch immer war Gertrude Stein nicht davon zu überzeugen, daß sie das Benutzen des Rückwärtsgangs lernen sollte.

Nachdem sie uns bei ihrer ersten Unternehmung nach Montereau geführt hatte, wagte sich Tante Pauline bald weiter vor. Das Komitee des *American Fund* beauftragte uns, ein Depot für mehrere Departements mit Hauptsitz in Perpignan zu eröffnen. Tante Pauline – Model T, es sei gepriesen – fuhr nicht schneller als fünfzig Stundenkilometer, und so kamen wir immer zu spät für die Mahlzeiten in den Gasthäusern, Hotels und Restaurants an. Aber in Saulieu servierte man uns zum Mittagessen *panade velouté*, Schinkenkroketten und *pêches flambées*. Die Zubereitung war ungewöhnlich delikat. Ich bekam das Rezept für

Flambierte Pfirsiche

Wenn möglich frische Pfirsiche, aber man kann auch

Dosenware nehmen. Bei frischen nimmt man 6, übergießt sie ein paar Min. mit kochendem Wasser und zieht die Haut ab. Man pochiert sie 3 bis 4 Min. in ½ l Wasser über schwacher Flamme. Auf einen Rechaud stellen, 40 g Zucker und ¼ l Pfirsichschnaps darübergeben. Auf den Tisch bringen, das Feuer unter dem Rechaud anzünden. Wenn der Sirup zu kochen beginnt, ihn anzünden und über die Pfirsiche verteilen. Jeden Pfirsich brennend servieren. Das ist ein einfaches, köstliches Dessert, das etwas hermacht.

Als wir den Speiseraum betraten, fiel mir ein Mann auf, der umherging und an dem mich etwas irritierte. Er sah verdächtig nach einem Deutschen aus. Gefangene deutsche Offiziere flohen gelegentlich. Als wir dem *maître d'hôtel* Komplimente zu seiner ausgezeichneten Küche machten, fragte ich ihn, wer der Mann sei, und er sagte, es sei der Besitzer des Hotels, der als Zivilgefangener in Deutschland gewesen und eben erst entlassen worden sei. Er war eine Reihe von Jahren Küchenchef beim Kaiser gewesen, was nicht nur die Qualität des Essens erklärte, sondern auch seine Kleidung, durch die ich mich hatte irreführen lassen.

Tante Pauline brauchte mehrere Tage, um uns nach Lyon zu bringen, wo wir im berühmten Restaurant der Mère Fillioux essen wollten. Lyon, eine Hochburg der Gastronomie, war für bestimmte Gerichte berühmt, und die Karte der Mère Fillioux war typisch für Lyon. Es ist in Restaurants und Hotels in Lyon und Umgebung üblich, ein festes Menü unter der Bezeichnung *le dejeuner fin* und *le diner fin* – das besondere Mittagessen, das besondere Abendessen – anzubieten. Wir nahmen das besondere Mittagessen, *lavarets au beurre**, Artischockenherzen mit getrüffelter Gänseleber, gedämpften Kapaun mit *quenelles* und eine *tarte Louise*. Lyon hat ein ausgezeichnetes Marktangebot. Zu Mittag servierte fische werden morgens gefangen, Gemüse und Früchte sind am Morgen geerntet, was eine entscheidende Rolle bei der Zubereitung spielt. Die Mère Fillioux war eine kleine, stämmige Frau, eingewickelt in eine gestärkte Schürze, mit einem kurzen, schmalen, aber beeindruckenden Messer bewaffnet, mit dem sie von Tisch zu Tisch ging und die Hühner tranchierte. Das war ihr Vergnügen und ihr Vorrecht, das sie niemandem überließ. Sie war Expertin im Tranchieren. Es saß, wenn sie die Gabel in das Huhn pflanzte. Weder sie noch die Platte bewegten sich. Schenkel und Flügel fielen, die beiden Brüste, alles in Sekundenschnelle, und weg war sie. Nach dem Krieg zerlegte sie einen nicht gerade kleinen Truthahn, wir waren zu acht, mit derselben Technik und ebenso mühelos. Als der Fisch gebracht wurde, kam sie an den Tisch und fuhr mit der Hand im Abstand von zehn Zentimetern über unsere Teller, um sich zu vergewissern, ob sie gut angewärmt waren. Später kam sie noch einmal und tranchierte mit ihrem Messer das größte und weißeste Huhn, das ich je gesehen habe. Für jeden Tisch gab es ein ganzes Huhn, auch für einzelne Gäste. Diese Großzügigkeit gehörte zum Stil des Hauses. Die Hühnerreste wurden wahrscheinlich als Füllung für die täglich frisch gemachten *quenelles* verwendet.

Gedämpfte Poularde Mère Fillioux

Zum Dämpfen werden Hühner von allerbester Qualität verwendet, wie man bei uns den besten Stahl für die nebensächlichsten Dinge nimmt, was sehr schick ist. Ganz dünne Trüffelscheiben führt man mit Hilfe

* *Felchen oder Reuken, wie sie in den Seen der Schweiz und der Haute-Savoie vorkommen.*

Gertrude Stein mit *Auntie*, 1917.

eines scharfen Messers zwischen Haut und Fleisch des Huhns ein. Ehe man es dressiert, füllt man es mit Trüffeln. Dann den Vogel in den Dampftopf mit halb Weißwein, halb Kalbsbrühe mit Salz, Pfeffer und dem Saft einer Zitrone legen. Letzteres auch des Geschmacks wegen, aber vor allem, damit das Huhn weiß bleibt. Das Huhn war riesig, aber so jung, daß weniger als 1 Std. Kochzeit genügt hatte. Das sagte sie mir, als sie tranchierte. Sie betrachtete es erst kritisch, dann zufrieden. Sie war eine Künstlerin.

Tante Pauline brachte uns schließlich nach Perpignan, wo wir uns für unsere Arbeit einrichteten. In dem ruhigen Hotel, das wir als Unterkunft ausgewählt hatten, gab es einen Festsaal, der für die Dauer des Krieges geschlossen war. Ich sorgte dafür, daß er uns als Lager zur Verfügung gestellt wurde, wo wir die Verteilung vornehmen konnten; der größte Teil diente als Magazin für die Dinge, die am Bahnhof schon auf uns warteten, und eine Ecke wurde als Büro für uns abgeteilt, wo wir Ärzte und Krankenschwestern empfangen konnten, die mit Listen dessen, was sie brauchten, kommen würden. Das Hotel war entzückend. Es gab kriegsbedingte Einschränkungen, und manches fehlte, aber um jeden Gast kümmerten sich liebevoll ein oder mehrere Mitglieder der vierköpfigen Familie. Die Küche war ausgezeichnet, mediterran, aber nicht provenzalisch, sondern katalanisch. Das Roussillon war erst knapp 150 Jahre französisch. Eine der örtlichen Spezialitäten war ein Dessert, das es oft gab,

Millason

Langsam ½ l kochende Milch über ½ Pfd. weißes Maismehl und 180 g Zucker schütten. Sorgfältig rühren, damit sich keine Klumpen bilden. Der Teig soll ganz glatt sein. Unter ständigem Rühren 20 Min. kochen, bis die Masse ziemlich steif ist. In eine Schüssel tun, 2 geschlagene Eier dazu, 4 El. geschmolzene Butter und 1 El. Orangenblütenwasser. Auf eine mit Butter eingestrichene Platte gießen, und wenn die Masse so weit abgekühlt ist, daß man sie anfassen kann, Küchlein formen und in Öl von beiden Seiten goldbraun anbraten. Mit Puderzucker bestreuen und sofort servieren.

In Perpignan machte man die *millasons* ziemlich groß. Etwas kleiner wären sie delikater. Sie sind überraschenderweise dem gerösteten Maisbrot unserer Südstaaten nicht unähnlich.

Kleine Hummer waren in Perpignan nichts Besonderes, sie waren billig und zart. Sie wurden in einer dicken, üppigen Sauce zubereitet, die mir der sehr junge Ober, der kurz vor seiner Einberufung stand, aus lauter Eilfertigkeit einmal fast über meine neue Uniform gegossen hätte, auf die ich nicht wenig stolz war.

Perpignan-Hummer

4 kleine, nicht mehr als 1 Pfd. schwere Hummer 18 bis 20 Min. in sprudelndem Salzwasser kochen. Währenddessen in einem Topf 4 El. Butter schmelzen und darin 1 große, in dünne Scheiben geschnittene Karotte, 2 mittlere Zwiebeln (eine mit einer Nelke gespickt) und das in Stücke geschnittene Weiße von 1 Lauchstange dünsten, dann mit 1 El. Mehl bestäuben und verrühren. Langsam mit ¼ l erhitztem Weißwein und ¼ l Bouillon* aufgießen, dann ein großes Bund aus Petersilie, Fenchel und

* Bouillon *ist ein »Koch«, eine Brühe aus Kalb, Huhn oder Rindsknochen, mit den passenden Gemüsen und Kräutern lange geköchelt.*

Basilikum sowie Salz, Pfeffer, 1 Prise Cayenne, 1 Prise Safran, 4 zerdrückte Knoblauchzehen und 4 El. Tomatenmark hinzugeben. Zudecken und langsam 1 Std. köcheln lassen. Die Hummer der Länge nach aufschneiden, das Fleisch herausnehmen und die 8 Stücke in einen heißen Topf legen, das Fleisch der Scheren auslösen und in eventuelle Hohlräume der anderen Fleischstücke stecken. Wenn man will, das *bouquet* aus der Sauce nehmen. (In Perpignan taten sie es nicht.) Die Sauce über das Hummerfleisch im Topf gießen. Siedendheiß servieren.

Wir hatten Schwierigkeiten, für die Bezugsmarken, die die Armee uns gegeben hatte, Benzin zu bekommen. Der für die Verteilung zuständige Major war sehr entgegenkommend gewesen. Gertrude Stein ging nicht gern in Büros – Militär- und Zivilbehörden seien ihr, sagte sie, gleichermaßen zuwider. Ich war statt ihrer mit ihren offiziellen Papieren vorstellig geworden und ließ mich vom Major als Miss Stein titulieren. Was war schon dabei. Wir waren doch nur zwei Amerikanerinnen, die für die französischen Verwundeten arbeiteten. Als die Probleme gelöst waren, hatten wir uns etwas angefreundet. Bei meinem letzten Besuch sagte er: Miss Stein, meine Frau und ich würden Sie beide gerne einmal zum Abendessen zu uns bitten.

Jetzt mußte ich ihm sagen, wer ich war. Er fuhr zurück in seinem Stuhl und sagte mit einer Heftigkeit, die mir angst machte: Madame, diese Angelegenheit scheint mir etwas undurchsichtig.

Meine Erklärungen konnten ihn nicht ganz überzeugen, aber Gertrude Stein, die unten auf der Straße in Tante Pauline wartete, konnte es bestimmt. Ich fragte ihn, ob er nicht mit mir hinunterkommen wolle, um sie kennenzulernen. Dazu war er bereit. Ihre fröhliche Unbekümmertheit überzeugte ihn, und die Einladung wurde noch einmal ausgesprochen und angenommen. Sie waren reizend. Unter Madame de B.s Anleitung bereitete die Köchin, die aus der Gegend stammte, das Essen zu.

In Kriegszeiten darf in Frankreich kein Wild geschossen werden, ausgenommen Wildschwein, das die Felder verwüstet und großen Schaden anrichtet. Um das zu verhindern, bekommen Landbesitzer die Erlaubnis, Wildschweine auf ihrem eigenen Grund zu schießen. Ein Bauer hatte eines erlegt und Madame de B. den Rücken gebracht. So aßen wir

Gebratenen Frischlingsrücken

Selbst Frischling wird in Marinade eingelegt. 1 Karotte und 1 Zwiebel in Scheiben schneiden, 2 halbierte Schalotten, Salz, Pfeffer, 1 großer Strauß Rosmarin und gerade genug guter trockener Rotwein, um den Rücken zu bedecken, ist alles, was man für eine leichte Marinade braucht. 4 Std. marinieren unter zweimaligem Wenden ist ausreichend. 1 Std. bevor der Rücken in den Ofen kommt, ihn aus der Marinade nehmen und gut abtrocknen. Die Marinade durchpassieren, das Gemüse entfernen, aber den Rosmarinstrauß aufheben. Die Bratzeit beträgt 18 Min. pro Pfd., die ersten 20 Min. bei 235°, danach die Hitze auf 180° reduzieren. Das Fleisch in einem Steingutgeschirr zu braten spart Zeit. 1 Stück Butter in den Topf geben, wenn es geschmolzen ist, den Rücken hineinlegen und 3 El. geschmolzene Butter über das Fleisch geben. Nach 20 Min. den Bratensud mit dem Rosmarinstrauß über den Rücken verteilen. Sind nicht ausreichend geschmolzene Butter und Bratensaft vorhanden, 4 bis 5 El. heiße Marinade hinzufügen. Während das Fleisch brät, so viele Kastanien schälen, kochen und abziehen, daß man einen doppelten Kranz um den Braten legen kann. Das Fett vom Bratensaft abschöpfen, und die Kastanien 15 Min. im Bratensaft kochen lassen. Dazu folgende Sauce:

Wildsauce

1 ½ El. Butter goldbraun werden lassen, mit 1 El. Mehl bestäuben; rühren, bis die Mischung hellbraun wird. Langsam über schwacher Flamme ¼ l heiße Marinade zugießen, den Saft von 1 Zitrone, 1 El. geriebene Zitronenschale, 1 El. geriebene Orangenschale, 1 kräftige Prise Cayenne, 7 El. rotes Johannisbeergelee.

Rotwild kann man genauso zubereiten, auch Schwein ist so gebraten vorzüglich, nur daß dafür die Marinade mit einem guten trockenen Weißwein gemacht wird und das Fleisch 24 Std. lang und vier- bis fünfmal gewendet marinieren muß. Die Wildsauce paßt zu Wildschwein und Rotwild, aber nicht zu Schwein.

In einer der dunklen, engen, abgelegenen Straßen von Perpignan gab es ein kleines, bemerkenswert gutes Restaurant, dessen Reputation bis nach Paris gedrungen war. Nach einem ausgedehnten Mittagessen nahmen wir uns vor, Madame de B. und den Major dorthin zum Abendessen einzuladen. Nach Rücksprache mit dem Küchenchef einigten wir uns auf folgendes Menü:

Hühnercreme à la Reine Margot
Frühlingsentchen mit Spargel und Jungfernsauce
Coupe Dino

Der *chef* war so großzügig, mir das Rezept der Jungfernsauce zu geben, die es zu dem gedämpften grünen Spargel gab.

Jungfernsauce

Pro Person 5 El. Butter in eine vorgewärmte Schüssel geben, dazu ¼ Tl. Salz; mit einem Schneebesen die Butter schaumig schlagen, einen Augenblick über heißes, aber nicht kochendes Wasser stellen. Die Butter soll nicht schmelzen. Sobald sie schäumt, tropfenweise, ohne den Schneebesen abzusetzen, 1 Tl. Zitronensaft und 1 El. lauwarmes Wasser hinzufügen. Wenn alles sich gut mit der schäumenden Butter verbunden hat, 1 El. geschlagene Sahne einrühren und sofort servieren. Die Sauce ist köstlich zu kaltem Fisch. Etwas Apartes.

Wir hatten alle Krankenhäuser der Gegend aufgesucht und gemeldet, woran es fehlte. Nachdem die letzten Verteilungen vorgenommen waren, schlossen wir das Lager in Perpignan und kehrten in Erwartung des nächsten Auftrags nach Paris zurück. Inzwischen, 1917, hatten die Vereinigten Staaten die Beziehungen zu Deutschland abgebrochen und den Krieg erklärt. Endlich waren wir nicht mehr neutral. Auf der Straße nach Nevers, als Gertrude Stein gerade Zündkerzen wechselte – wann machte man das damals gerade nicht –, erfuhren wir, daß eine Abteilung Marines für den Nachmittag erwartet wurde. Tante Pauline wurde zur Höchstgeschwindigkeit genötigt, damit wir rechtzeitig dort waren. Auch wenn uns die Aussicht, unsere Jungs zu sehen, begeisterte, hatten wir mit soviel Jugendlichkeit, Schwung und guter Laune im Gegensatz zur Zermürbtheit und Erschöpfung der französischen Soldaten doch nicht gerechnet. Wir wurden von einigen Offizieren gebeten, am Abend die Soldaten zu besuchen und ihnen von Frankreich zu erzählen. Sie hatten zahllose Fragen, aber am dringendsten wollten sie wissen, wie weit sie von der Front entfernt waren und warum französische Lastwagen solchen Lärm machten. Mit unseren Antworten enttäuschten wir sie, aber wir verbrachten einen wundervollen und aufregenden Abend miteinander. Es war ihr erster Kontakt mit Frankreich und unser erster mit unserer Armee.

In Paris schlug die AffW vor, in Nîmes, wohin

Vor dem Simon Violet Hospital, um 1917.

mehrere Wagenladungen Hilfsmaterial vorausgeschickt werden sollten, ein Lager zu eröffnen. Um unseren Haushalt stand es nicht sehr erfreulich. Während unserer Abwesenheit hatte sich unsere zuverlässige und treue Jeanne verheiratet. Eine ausgezeichnete Köchin, die sich stundenweise verdingte, war bereit, an den wenigen Tagen, die wir in Paris verbrachten, für uns zu kochen. Fleisch, Butter, Eier, Gas und Strom waren inzwischen streng rationiert. Ein kleiner Rest Kohlen und alle möglichen Kerzen gaben magere Hitze und Licht. Ernestine vollbrachte viel mit wenigem, was uns gestattete, ein paar von den Fronthelfern und den freiwilligen Krankenschwestern, die in Paris auf Urlaub waren, zum Essen einzuladen. Für sie machte sie

Kneppes

1 Pfd. Kalbsleber von Haut und Adern reinigen, sehr fein schneiden und zu Paste zerstampfen; 3 vorher in Butter erhitzte und zerdrückte Schalotten und 1 Knoblauchzehe, Salz, Pfeffer, 3 El. Mehl und 1 Prise Muskatblüte hinzufügen und alles gut vermengen. Nacheinander 2 Eigelb einrühren. Wenn alles gut vermischt ist, die beiden fest – aber nicht trocken – geschlagenen Eiweiß darunterheben. Eßlöffelweise die Masse in kochendes Salzwasser tun und ½ Std. kochen lassen. Sie steigen an die Oberfläche. Sehr gut abtropfen lassen. Zum Servieren auf eine Platte legen, mit 2 El. Semmelbröseln bestreuen und mit ½ Tasse brauner Butter übergießen.

Ernestine sagte, sie habe das Rezept von einem belgischen Koch bekommen; wir vermuteten jedoch, daß es eher ein Elsässer war. Sie machte uns auch

Kalbsbries à la Napolitaine

2 Kalbsbries 1 Std. kalt wässern. Abgießen und 10 Min. in Salzwasser kochen. Abgießen, von allen Häutchen befreien, in schmale Scheiben schneiden und in 4 El. Butter im Topf hellbraun anbraten. Dann ¼ l Sherry, ¼ l Bouillon, 1 El. Tomatenmark, Salz, Pfeffer und ½ Tasse gewürfelten Schinken hinzufügen. Die Briesscheiben in dieser Sauce zugedeckt 20 Min. köcheln lassen. 4 feingehackte dünne Scheiben Bologneser Wurst mit 1 großen gehackten Zwiebel in 2 El. Butter in einem Gußeisentopf anbräunen, ½ Pfd. gut gewaschenen Reis dazugeben und mit einem Holzlöffel gründlich in der Butter wenden. ¼ l kochende Bouillon angießen. Weiterrühren, bis die Bouillon aufgesogen ist. Dann ¼ Pfd. feingehackte Champignons, 1 El. Tomatenmark und noch ¼ l Bouillon, Salz, Pfeffer und 1 Prise Safran zugeben. Weiterrühren mit einer Gabel und langsam ½ l kochende Bouillon angießen. Das ist im ganzen 1 l Bouillon. Wenn der Reis die ganze Bouillon aufgesogen hat, ist er fertiggekocht. ½ Tasse geriebenen Parmesan darüberstreuen und mit dem Reis servieren.

Das Luxushotel in Nîmes machte schlimme Tage durch. Der Besitzer war gefallen, der Küchenchef war eingezogen und das Essen kümmerlich und eintönig. Tante Pauline war requiriert worden und mußte für den Transport von Verwundeten zur Verfügung stehen. Gertrude Stein transportierte die Verwundeten, die in Lazarettanzügen in Nîmes eintrafen. Die Hilfsgüter unserer Organisation erlaubten es, einen kleinen Operationsraum für Erste Hilfe einzurichten. Die Rotkreuz-Schwestern servierten den Verwundeten in bester französischer Tradition in riesigen Schalen dampfende

Kaiser-Parade an der Westfront, 1916/17.

Am-Pas-de- Calais, 1915.

Heiße Schokolade

100 g geschmolzene Schokolade auf 1 l heiße Milch, zum Kochen bringen und ½ Std. köcheln lassen. Dann 5 Min. schlagen. Die Schwestern machten riesige Mengen in Kupferkesseln, der Schneebesen war entsprechend groß und schwer. Zum Schlagen kamen wir alle dran.

Monsieur le Préfet und seine Frau, Madame la Préfète, die wir näher kennenlernten und sehr gerne mochten, ließen uns wissen, daß ein Regiment amerikanischer Soldaten erwartet würde, daß ein Camp für sie eingerichtet werden sollte und er es begrüßen würde, wenn wir zu ihrem Empfang mit ihm zum Bahnhof kämen. Ganz Nîmes war in Aufregung und bereitete einen großen Empfang mit grünen Kränzen, Girlanden in den Nationalfarben und Flaggen vor. Etwa zehn Tage nach Ankunft der Soldaten war Thanksgiving Day. Selbst die einfachsten Familien ließen es sich nicht nehmen, unsere Soldaten zur Feier des Tages zum Mittag- oder Abendessen einzuladen. Wir hatten an jenem Abend eine ganze Tischrunde von Soldaten aus dem Camp da. Am Tisch der Geschäftsführerin des Hotels, einer breiten drallen Blondine, saß eine Gruppe amerikanischer Offiziere. Sie waren vielleicht eine Spur zu ausgelassen.

Eines Abends ging beim Essen – der unvermeidliche Wittling mit dem Schwanz im Maul war unsere monotone Dauerkost – jemand an unserem Tisch vorbei, der wie ein Deutscher aussah. Das geht nun wirklich zu weit, sagte ich zu Gertrude Stein. Wie kann ein geflohener Gefangener es wagen, sich so ungeniert in der Öffentlichkeit zu bewegen?

Nicht deine Sache, antwortete sie, sollen sich die Behörden damit befassen.

Nach dem Abendessen sagte die allzu ausgelassene Directrice zu mir: Da ist ein Herr, der Sie gerne sprechen möchte. Ich lasse ihn holen.

Es war der Deutsche. In einwandfreiem Englisch sagte er, er würde uns gerne einen Augenblick allein sprechen, und wies auf ein paar Stühle. Gertrude Stein, immer freundlich, entgegenkommend und neugierig, nahm Platz, ich nicht.

Wer sind Sie, und was wollen Sie von uns? fragte ich.

Ich hätte gern ein paar Informationen von Ihnen, aber zunächst möchte ich mich vorstellen. Ich heiße Samuel Barlow, und wir haben ein paar gemeinsame Bekannte, aber hier bin ich als Geheimdienstoffizier, deshalb natürlich in Zivil, um herauszubekommen, was zwischen der aufgedrehten Blondine dort drüben und den amerikanischen Offizieren vorgeht. Der Préfet hat uns den Fall gemeldet. Er sagt, er habe Grund zu der Annahme, daß sie eine Deutsche sei.

Gut, sagte ich erleichtert, lieber die als Sie. Ich habe Sie für einen Deutschen gehalten.

Die einzige Zivilkleidung, sagte er, die ich noch besitze, stammt aus Deutschland, wo ich in Gefangenschaft war.

Das beendete mein Interesse für entflohene deutsche Kriegsgefangene ein für allemal.

Zu Weihnachten veranstaltete die englische Frau eines angesehenen Bürgers aus Nîmes, unterstützt von den in Nîmes tätigen englischen Gesellschafterinnen und Gouvernanten, für britische Rekonvaleszenten, Offiziere und Soldaten und andere Militärangehörige, die in Arles für ihre Truppen requirierten, ein Abendessen mit Tanz. Als es nach dem Essen ans Tanzen ging, gaben wir alle unser Bestes. Aber trotz unserer Bemühungen kam keine Stimmung auf, die britische Armee war nicht vergnügt. Ein paar Tage später besuchte mich die hübscheste der jungen Gouvernanten. Sie berichtete mir von einem unerfreulichen Vorfall nach der Party. Sie wollte gerade das Licht in ihrem Schlafzimmer löschen, als an eine

Tür, die wahrscheinlich in einen anderen Raum führte, geklopft wurde und eine Stimme fragte: Sagen Sie, Miss L., soll ich mein Feuer anzünden?

Sie war zu überrascht, um zu antworten, und blieb stumm. Die Frage wurde wiederholt: Sagen Sie, Miss L., soll ich mein Feuer anzünden?

Nicht für mich, danke, antwortete sie.

Natürlich habe ich die Stimme nicht erkannt, schloß sie, und so werde ich nie in Erfahrung bringen, wer von ihnen es war.

Eines Tages war plötzlich Waffenstillstand, und vom Comité kam ein Telegramm: Wenn Sie deutsch sprechen, Lager sofort schließen, zurückkommen für Zivilhilfe Elsaß.

Den spontanen Freudenausbruch am Waffenstillstandstag in Paris hatten wir zwar verpaßt, aber wir würden ins befreite Elsaß kommen. Frühmorgens, die Sterne schienen noch, brachen wir auf, um die etwas mehr als 600 Kilometer bis Paris vor Einbruch der Nacht zu schaffen. Gertrude Stein aß ihre Zuteilung an Brot, Butter und Brathuhn, ohne das Steuer loszulassen. Paris feierte noch, aber die Straßen waren jetzt voll von Soldaten auf dem Weg ins besetzte Deutschland und auch mit alliierten Offizieren und Soldaten.

Wir besorgten uns ein deutsch-französisches Wörterbuch, pelzgefütterte Fliegerjacken und Handschuhe, unförmig, aber warm, und wieder waren wir unterwegs. Die französische Armee zog in dieselbe Richtung, in die Tantchen uns fuhr. In der Nähe von Tulle rebellierten die Mulis, die eine Gulaschkanone zogen, scherten nach links aus und in Tantchen hinein. Ein Kotflügel, der Werkzeugkasten und sein Inhalt verteilten sich über die Straße bis in den Graben hinein. Natürlich war nicht daran zu denken, sie wieder aufzusammeln. Als Gertrude Stein anfahren wollte, war die Steuerung so verbogen, daß das Fahren auf der vereisten Straße nicht nur schwierig, sondern auch gefährlich war. Erschöpft kamen wir in Nancy an, zu spät zum Essen, aber Dorothy Wilde war so reizend, zwei hartgekochte Enteneier für uns aufzutreiben, eine ungewöhnliche, aber sättigende Mahlzeit. Während Tantchen am folgenden Tag in der Garage des Comités repariert wurde, nahmen wir unser erstes Mahl nach Aufhebung der Rationierung zu uns. Als ersten Gang bekamen wir

Quiche de Nancy

Am Vorabend aus 180 g Mehl, 5 El. Butter, 1 Prise Salz und 4 El. Wasser den Teig für den Boden vorbereiten. Die Butter nur leicht mit dem Mehl vermengen – die Mischung soll krümelig sein. Sie auf einem mehlbestäubten Backbrett zu einer Kugel zusammenrollen, in Fettpapier einwickeln und mindestens 12 Std. ruhen lassen. Ausrollen und damit eine tiefe Backform von 20 cm Durchmesser auslegen. Auf den Boden ½ Tasse gewürfelten Schinken geben. Von 150 g magerem Bauchspeck die Schwarte abtrennen, den Speck in Würfel schneiden, 10 Min. in siedendem Wasser blanchieren, abgießen und gut trocknen. Ebenfalls auf den Teig legen. 3 Eier, Salz und Pfeffer mit 100 g Sahne verquirlen. Über Schinken und Speck verteilen. Mit 12 Butterflöckchen garnieren. Im vorgeheizten Ofen 15 Min. bei 230°, 20 Min. bei auf 150° verringerter Hitze backen. Aus dem Ofen holen, aber erst nach 10 Min. aus der Form nehmen.

Woraufhin Tante Pauline uns durch das Niemandsland nach Straßburg brachte, wo immer noch die Befreiung gefeiert wurde. Am Abend machten Soldaten und Zivilbevölkerung einen Fackelzug, junge Mädchen in reizenden Trachten, mit Bändern an den Hauben, die in allen Farben des Regenbogens schillerten, statt der schwarzen, die sie seit 1870 getragen hatten, Militärkapellen spielten. Es war mehr Traum als Wirklichkeit. Wir waren nun im Land der Fülle.

Am nächsten Morgen schickte der Leiter der Zivilhilfe uns nach Mülhausen, das im Mittelpunkt der verwüsteten Gegend lag. Dort warteten unsere Hilfsgüter schon, und wir konnten gleich an die Arbeit gehen. Tagelang packten wir das Material aus, sprachen Bürgermeister, Geistliche und Pfarrer der zerstörten Dörfer, in die die Geflohenen zu Fuß, auf Wagen und auf alle möglichen Arten zurückkehrten. Es war sehr traurig. Ihre Entschlossenheit und ihr Mut jedoch waren herzerquickend. Wir stellten uns ein auf einen Winter der Verteilungsfahrten von Dorf zu Dorf. In Mülhausen waren wir gut untergebracht, erst in einem großen Hotel und dann, als es für Offiziere beschlagnahmt wurde, in einem richtigen elsässischen Gasthaus. Essen gab es im Überfluß, echten Kaffee, riesige Schinken, richtige Milch. Schlangen von Schau- und Kauflustigen bildeten sich vor den Läden. Die *pâtisseries* waren voll von elsässischen Spezialitäten und klassischen französischen Kuchen. Die französischen Soldaten aßen Unmengen davon und schickten sie sogar an ihre Familien und Freunde in Frankreich. In unserem Gasthaus gab es eine nicht zu verachtende

Schalotten- und Käsesuppe

Pro Person 1 Scheibe Brot auf beiden Seiten in Butter anrösten. In eine Suppenterrine legen, mit 1 El. geriebenem Käse bestreuen und warm halten. Über schwacher Flamme 4 in Scheiben geschnittene Schalotten in 1 El. Butter dünsten. Mit 1 Tl. Mehl bestreuen. Mit dem Holzlöffel verrühren, 3/8 l Bouillon dazugießen, mit Pfeffer und Salz würzen und auf kleinster Flamme zugedeckt ½ Std. köcheln lassen. Durchpassieren und 2 El. Sahne unterrühren. Über Brot und Käse in der Terrine gießen und heiß servieren.

Die Qualität der Nahrungsmittel war ausgezeichnet, aber bei den Gemüsen fehlte es an Abwechslung. Alle gehörten sie zur Kohlfamilie: Sauerkraut, Weißkraut, Rosenkohl, Blumenkohl. Kartoffeln gab es natürlich auch und Apfelmus, das als Gemüse galt.

In Cernay half uns der kleine Abbé Hick bei der Verteilung, er hatte bei seiner Rückkehr nach dem Waffenstillstand seine Kirche zerbombt und das Pfarrhaus bis auf einen Raum in Trümmern vorgefunden. Dennoch lud er uns ein, zum Mittagessen zu kommen, wenn wir das nächste Mal in die Gegend kamen. Er trat uns auf der Schwelle seines Zimmers entgegen und sagte: Herzlich willkommen, ich wasche mir nur noch im Schlafzimmer die Hände. Er ging in den hinteren Teil des Raumes, vorbei an einem gedeckten Tisch. Gleich kam er zurück und sagte: Kommen Sie ins Eßzimmer. Alles ohne die geringste Witzelei. Eine Heimkehrerin hatte das einfache, aber schmackhafte Essen gekocht. Die Mutter des Abbé, die in Riquewihr lebte, hatte einen guten Weißwein geschickt.

Sonntags aßen wir häufig bei gastfreundlichen Mülhausenern zu Mittag, die langsam das Leben wiederaufnahmen, das sie vor dem Krieg geführt hatten. Alles war nach französischer Art, mit großer Eleganz und Opulenz. Sie hatten wirklich die Lebensweise von vor 1870 bewahrt. Sie hatten sich allem Deutschen verweigert. Es war die wiederbelebte Erinnerung an den Lebensstil unserer französischen Freunde in San Francisco. Bei Monsieur B. gab es als Dessert zu meinem Entzücken eine

Tarte Chambord

Mit einem Rührgerät ½ Pfd. Zucker und 8 Eier schaumig und dick schlagen. Langsam 330 g dreimal gesiebtes Mehl dazugeben, danach 210 g ungesalzene geschmolzene Butter. In einer eingefetteten, mit

Mehl bestäubten tiefen Kuchenform 30 Min. bei 180° backen. Aus dem Ofen holen, 10 Min. abkühlen lassen, aus der Form nehmen, auf einen Kuchenrost setzen. Vollständig abkühlen lassen. Viermal waagrecht durchschneiden, damit man fünf Lagen hat.

Füllung

10 Eigelb in einem emaillierten Topf mit dem Holzlöffel verrühren und sehr langsam 325 g Puderzucker untermengen. So lange rühren, bis die Masse dick und blaßgelb wird. Mit 4 El. Butter 2 Min. auf ganz niedriger Flamme erhitzen, ständig rühren, und wenn die Butter geschmolzen ist, vom Feuer nehmen. Ist die Mischung kalt, tropfenweise 3 El. kaltes Wasser unterrühren. Wieder auf die Flamme stellen und gut rühren, bis die Mischung glatt ist. Vom Feuer nehmen, abkühlen lassen und mit ¼ Tasse Kirsch oder Curaçao betropfen. Die Lagen mit der Creme bedecken, den Kuchen wieder zusammensetzen und auch Oberfläche und Seiten bestreichen. In den Eisschrank stellen.

Kaffeeglasur

⅛ l starken Kaffee in einen emaillierten Topf geben. Puderzucker einrühren, bis eine dicke Creme entsteht. Auf schwacher Flamme erhitzen. Über den Kuchen gießen, mit dem Spatel überall gleichmäßig verteilen. Dick mit feingehackten Pistazien bestreuen.

Wir arbeiteten schwer den ganzen kalten Winter hindurch und verteilten Hilfsgüter im Freien. Und dann, eines Tages, standen die Bäume in Blüte, und die Störche waren wieder da. Nun wurde die Flüchtlingshilfe von der Regierung organisiert. Wir schlossen das Lager, verabschiedeten uns von den Behördenvertretern und den Leuten, die wir kennengelernt hatten, und brachen auf nach Metz, von wo aus wir wie Schlachtfelder von 1870 besuchen und nach Verdun weiterfahren wollten. Es war noch immer die reine Wüste. Wir gingen umher und besichtigten die Orte, wo der Widerstand der *poilus* Geschichte gemacht hatte. Es war längst Nachmittag geworden, als Gertrude Stein fragte: Wo wollten wir eigentlich zu Mittag essen? Ich bin allmählich hungrig.

Wir stiegen in Tante Pauline und fuhren langsam querfeldein auf etwas zu, was einmal eine Straße gewesen sein mußte. Dort trafen wir auf ein Militärfahrzeug mit Offizieren. Sie sagten, wenn wir ihnen nachführen, würden wir etwas zu essen bekommen – tatsächlich aßen sie auf der Straße. Sie hielten vor einer Wellblechhütte, und der Mann, der da zu leben schien, machte uns ein Omelett mit Röstkartoffeln und eine Tasse richtigen Kaffee, was in jenen Tagen so selten vorkam, daß mir klar war, daß wir etwas von der Ration bekommen hatten, die die Offiziere mitgebracht haben mußten. Und dann fielen mir die beiden Dosen mit Gebäck ein, die die Mutter des Abbés tags zuvor geschickt hatte. Wir holten sie aus dem Wagen. Die hausgemachten Plätzchen waren köstlich. Wir nahmen ein paar von jeder Sorte heraus und schenkten die übrigen den Offizieren, deren Gäste wir unwissentlich waren. Dies sind die Rezepte:

Schankel oder Schenkel

100 g Butter cremig rühren, langsam 125 g Zucker dazugeben, dann nach und nach 4 Eier, 1 Tl. Backpulver und 100 g geschälte, feingehackte Mandeln. Der Teig sollte gerade fest genug sein, um in Form zu bleiben, wenn er zwischen den Handflächen zu fingerlangen Würsten gerollt wird. In Schmalz ausbacken, so viele auf einmal, daß die Fettoberfläche

bedeckt ist. Einmal wenden, damit beide Seiten gebräunt sind. Aus dem Fett nehmen und auf Küchenpapier abtropfen lassen. Noch während sie heiß sind, kräftig mit Puderzucker bestreuen. Sie passen gut zu einem Glas Weißwein und einer Tasse Kaffee. In einer fest schließenden Dose halten sie sich lange.

Leckerli

Die Elsässer behaupten, Leckerli seien ihre Schöpfung, aber die Schweizer sagen, sie hätten zwei verschiedene Sorten, eine aus Bern, die andere aus Basel. Dies ist die von Madame Hick aus Riquewihr. 2 Pfd. Honig erhitzen und abschäumen. Dazu 700 g Zucker, 1 Tl. Zimt, ½ Tl. gestoßene Nelken, ¼ Tl. Kardamompulver, ½ Tl. Jamaikapfeffer, 1 Tl. Muskatblüte, ¼ Tl. gestoßener Anis, 1 Tasse feingehackte Orangenschale, ¼ Tasse feingehackte Zitronenschale, ½ Tasse feingehacktes Zitronat und 2 Tassen feingehackte Mandeln. Sorgfältig vermengen und langsam 1 kg Mehl hineinarbeiten. Auf einem leicht mit Mehl bestäubten Backbrett 8 mm dick ausrollen, in Rechtecke schneiden und diese auf ein leicht eingefettetes Backblech legen. Wenn man nur ein Backblech hat, den Teig ausgerollt auf dem Backbrett liegenlassen. 24 Std. in einem mäßig warmen Raum ruhen lassen und dann bei 180° backen. Wenn sie gar sind, die Kekse auf einen Kuchenrost legen. Noch warm mit folgender Mixtur einpinseln:

Über sehr niedriger Flamme ½ Pfd. Zucker in 3 El. heißem Wasser auflösen. Sollte der Sirup kristallisieren, während die Leckerli noch backen, etwas heißes Wasser hinzugeben. Sie sind von langer Haltbarkeit, wie die Franzosen sagen.

Am nächsten Tag aßen wir mit unseren Freunden aus Nîmes zu Mittag, Madame T. und dem Préfet, der jetzt der Préfecture von Châlons-sur-Marne vorstand. Die Nacht verbrachten wir im Hotel Mère-Dieu – in Englisch ein Sakrileg. Châlons-sur-Marne liegt in der Nähe von Reims, und der Weinkeller wurde vom Staat mit den besten Weinen der Gegend beliefert. Das Mittagessen wurde mit der Feierlichkeit und Eleganz serviert, die der Speisefolge, der Zubereitung und der Weine würdig war. Vom Menü erinnere ich mich nur noch an den

Hammelrücken Maintenon

Einen Hammelrücken mit Salz, Pfeffer und 3 El. Butter in einer Kasserolle zugedeckt bei 180° in den Ofen stellen. Alle 10 Min. wenden. Die Bratzeit ist 10 Min. pro Pfd. Nach drei Vierteln der Bratzeit das Fleisch aus dem Ofen holen und auf einem Tranchierbrett mit einem sehr scharfen Messer beide Seiten des Rückens in dünne Scheiben schneiden. Achtgeben, daß nichts vom Fleischsaft verlorengeht. 1 in Butter gedünstete Zwiebel und ½ Tasse Champignons, zuvor 5 Min. in Butter gedünstet, unter eine ¾ Tasse sehr steife Béchamelsauce mengen. Jede Scheibe mit dieser Mischung bestreichen und alle zusammen an den Rücken zurücklegen. Den Rücken dann mit 3 gehackten Zwiebeln, geschmolzener Butter, Semmelbröseln und noch einmal mit geschmolzener Butter bedecken. Den Bratensaft in der Kasserolle abschöpfen, in eine vorgeheizte Steingutschüssel schütten, den Rücken in die Sauce legen und kurz noch einmal zum Anbräunen ins heiße Backrohr schieben.

Hierzu Artischocken servieren und kleine gekochte Kartoffeln *à la maître d'hôtel.*

Beim Verlassen der Préfecture vertraute mir Gertrude Stein an, sie wolle mir einen Panzer zeigen, der, wie der *Préfet* ihr erzählt habe, immer noch auf einem Feld an der Straße nach Reims stehe. Es sei kein großer Umweg und auf jeden Fall sehenswert.

Tantchen nahm doch Felder so gut. Während wir über die Route Nationale fuhren, schwangen und schlingerten Tantchen und ihre Fahrerin vergnügt durch die Gegend. Zweifellos war dem Wein zum Mittagessen dieser Mangel an Verantwortungsbewußtsein zuzuschreiben. Trotz allem schafften sie es bis zum Feld. Wir sahen den Panzer und machten uns dann auf den Weg, um die Nacht bei Mildred Aldrich auf Hillcrest zu verbringen. Von da aus hatte sie die erste Marne-Schlacht und den Rückzug der Deutschen beobachtet. In ihrem Garten schrieb ich an diesem Abend meinen letzten Bericht für das Comité.

Am nächsten Morgen waren wir in Paris, das schöner, lebendiger und unverwüstbarer war denn je. Wir fingen an, wie die Verrückten herumzulaufen und unsere Freunde und deren Freunde zu besuchen. Es war lustig, etwas fieberhaft, aber angenehm aufregend. Tante Pauline fuhr uns zu Mittag- und Abendessen. Bei uns drängten sich die Leute, sie kamen und gingen. Wir hatten keine Hilfe. Wir nannten einander Chauffeur und Köchin. Wir hatten unsere Bankkonten kräftig überzogen, um den Soldaten und ihren Familien geben zu können, was sie brauchten, und jetzt war der Tag der Abrechnung gekommen. Wir lebten wie die Zigeuner, gingen überallhin in dem uns verbleibenden Putz und mit einem *pot-au-feu* für die Freunde, die wir besuchen wollten. Paris war voll von Alliierten, Armeen, Friedenskommissionen und überhaupt allen, die sich einen Paß besorgen konnten. Mit vielen von ihnen aßen wir zu Mittag oder zu Abend, in Messen, im Hauptquartier, in Wohnungen und Restaurants. Eines Abends hatte Tante Pauline uns in den Bois de Boulogne ausgeführt, wo wir mit Freunden in einem Restaurant aßen. Als das Essen serviert wurde, bat mich der *maître d'hôtel*, ihm doch bitte zu folgen, jemand wünsche mich zu sprechen. Es war ein Polizist mit der Mitteilung, daß Lastwagen im Bois nicht zugelassen seien. Während des Kriegs habe man sie toleriert, aber nun sei der Waffenstillstand unterzeichnet. Würde Madame also bitte dafür sorgen, daß es nicht wieder vorkam. Als ich wieder am Tisch saß, wurde ein ausgezeichnetes Gericht serviert.

Haricot

(ja, das ist sein Name aus dem 17. Jahrhundert)

Man nimmt 1 Ochsenschwanz, zerteilt ihn an den Gelenken, legt ihn in einen Topf mit etwas Mark, Salz, 1 Nelke, 1 Zweig Salbei, 1 Lorbeerblatt und etwas Wasser. Wenn das Fleisch halbgar ist, 1 Pfd. geschälte und abgezogene Kastanien und 10 Scheiben einer scharf gewürzten Wurst dazutun. So lange kochen, bis das Fleisch weich ist und die Flüssigkeit eingekocht. Dann 8 mit 3 El. Essig besprengte Scheiben Toast hinzugeben. Manche geben auch ein paar getrocknete Zwetschgen und Rosinen dazu. In der Sauce unseres Haricots waren Rosinen. Man weicht sie vorher in heißem Wasser ein. Sie sind eine angenehme Zugabe und nehmen dem Essig etwas von seiner Schärfe.

Im Frühjahr 1919 fuhren wir in die Normandie, um Freunde zu besuchen. Tantchen transportierte ein Kalb, das auf dem Markt verkauft werden sollte, und sie brachte die erste Kartoffelernte zum Verkauf, was nach der Rückkehr eine Generalreinigung erforderlich machte. Auf dem Weg nach Paris machten wir Station in Duclair. Das Hotel lag an der Seine und war berühmt für seine Küche. Dort aßen wir

Seezunge nach Art des Hauses

Die Seezungenfilets vorsichtig in Milch mit Salz und Pfeffer pochieren. Zudecken und die Filets – je nach Dicke – ungefähr 15 Min. köcheln lassen. Sehr gut abtropfen lassen. In eine vorgewärmte Schüssel legen und warm halten. 4 Austern und 4 Langustinen pro Filet gerade so lange pochieren, daß sie warm sind. In wechselnder Reihenfolge auf die Filets legen. Mit einer dicken Sahnesauce überziehen, die man aus Crème double macht und mit 2 El. bestem trockenen Sherry würzt.

In Duclair wurde alles mit Sahne zubereitet: Huhn, Kohl, eigentlich alles Gemüse und die meisten Fleischarten. Wir blieben mehrere Tage, bis es uns zu langweilen begann. Im nahe gelegenen Rouen trat die Butter an die Stelle der Sahne. Die Butter war von einer so außerordentlichen Qualität, daß es angebracht schien, eine wöchentliche Lieferung nach Paris zu vereinbaren. In dem uns empfohlenen Milchladen riet man uns davon ab. Auf die Paketpost sei noch nicht wieder Verlaß. So kaufte ich zwölf Pfund als Geschenk für Freunde und zum eigenen Gebrauch. Zu meinem Entzücken wurde jedes Pfund in einen schwarzen, porösen, irdenen Behälter gepackt – von genau der gleichen Form wie die galloromanischen Gefäße, die wir im Museum gesehen hatten. Zwei von ihnen habe ich bis letztes Jahr aufgehoben; ich schenkte sie jemandem, der nicht glauben wollte, daß es keine Originale seien und ich mich von Kostbarkeiten trennte.

Nach Paris zurückgekehrt, ließen wir uns von unseren Freunden überzeugen, daß es an der Zeit sei, Tantchen für den Zweck, den sie jetzt erfüllte, herrichten zu lassen. Der Zustand ihres Motors ließ den Erwerb einer neuen Karosserie nicht angeraten sein. Die Verkürzung des Aufbaus mit der Plane darüber gelang so gut, daß wir sie lackieren ließen, aber wir vergaßen, eine Farbe anzugeben. So bekamen wir sie in Trauerschwarz zurück. Dies und ihre neue Form erinnerten an einen Leichenwagen – für ein *enterrement de troisième classe.* Sie sollte bis zu ihrem Ende *risible* bleiben.

Nach und nach wurde uns klar, daß des Tantchens Kräfte nachließen. Es empfahl sich, ihr keine zu langen Wege mehr zuzumuten. Wir pflegten zu Mildred Aldrich zu fahren und im Sommer das Picknick mittags in ihrem Garten einzunehmen. Im Winter aßen wir drinnen, in ihrem gemütlichen kleinen Haus. Amélie, ihre treue Freundin, Nachbarin und Helferin, machte die beste

Crème renversée

4 Stück Zucker in einer metallenen Puddingform auf sehr kleine Flamme setzen. Wenn sie geschmolzen sind, 1 ½ Tl. kaltes Wasser dazutun. Die Form schwenken, so daß ihr Inneres ganz mit Karamel bedeckt ist. ½ l Kondensmilch mit ¼ Pfd. Zucker erhitzen. Abkühlen lassen. Dann 4 Eier gut verrühren, 2 Tl. Orangenblütenwasser dazugeben und alles durch ein Sieb in die abgekühlte Creme passieren. In die vorbereitete Form schütten, diese in ein heißes Wasserbad stellen, das bis zur halben Höhe reichen sollte. 40 Min. im vorgeheizten Ofen bei 140° ziehen lassen. Das Wasser darf nicht kochen. Mit einem Messer, an dem keine Creme klebenbleiben darf, prüfen, ob der Pudding fertig ist. Nicht stürzen, bevor er abgekühlt ist. Sieht hübsch aus mit Schokoladensauce serviert.

Ich war entgeistert, Amélie in einer Gegend mit so ausgezeichneter Frischmilch Kondensmilch verwenden zu sehen. Sie erklärte mir, es sei Milch, die Madames Freunde nach dem Krieg in großen Mengen geschickt hatten. Sie versicherte mir, mit Frischmilch gelinge das Rezept lange nicht so gut. Er war das einzige Mal, solange ich mich erinnere, daß eine Französin amerikanische Fertigprodukte als Ersatz für frische französische empfahl.

Tantchen hielt noch ein Jahr durch, doch eines

Tages blieb sie, vor der Einfahrt zum Palais du Luxembourg stehen. Was Gertrude Stein auch anstellte, sie rührte sich nicht mehr. In kürzester Zeit hatten sich eine amüsierte Menge und ein halbes Dutzend weniger amüsierter Polizisten um uns geschart. Einer von ihnen fragte, ob wir nicht wüßten, daß es strafbar sei, die Zufahrt zu einem öffentlichen Gebäude zu blockieren, insbesondere die zum Senat, wo man jeden Moment den Ministerpräsidenten erwartete. In der Tat waren schon Soldaten auf Motorrädern eingetroffen, und hinter ihnen wartete ein großer Wagen. Wir sprangen aus Tantchen heraus, die Polizei schob sie aus dem Weg, und die Limousine fuhr vorbei, mit Monsieur Poincarés wunderschönem Haupt im Fenster, das nach dem Grund für den Auflauf Ausschau hielt. Gertrude Stein rief bei der Garage an, man möge Tantchen abschleppen und möglichst schnell reparieren. Die Antwort am nächsten Tag lautete, da sei nichts mehr zu machen. Zu allem entschlossen, begab Gertrude Stein sich in Begleitung unseres guten Freundes Georges Maratier, von dem sie sich Rat und Hilfe erwartete, zu der Garage. Er schlug vor, sie beide sollten Tantchen in die Garage seiner Eltern auf dem Land bringen, da sei Platz genug und ihr werde die Ehre einer Kriegserinnerung zuteil. Ihre Odyssee war das Gesprächsthema des folgenden Winters. Sie ist immer noch draußen, aber ich habe nie den Mut aufgebracht, sie zu besuchen.

Was es auch für Opfer kosten mochte – ohne Auto auszukommen war für uns unvorstellbar. Fords waren in Frankreich immer noch selten, aber Gertrude Stein erlangte durch Überredung die Zusage, innerhalb von zwei Wochen einen offenen Zweisitzer zu bekommen. Als wir ihn zu seinem schönen neuen Garagenplatz fuhren, den wir glücklicherweise ganz in der Nähe gefunden hatten, sah ich, daß er nackt war. Nichts war am Armaturenbrett, weder Uhr noch Aschenbecher, noch Zigaretenanzünder. Godiva, war Gertrude Steins Antwort. Der neue Wagen war getauft, ohne Beistand eines Priesters und nicht einmal mit einem Glas Wein. Der Grund für den Namen verschwand bald dank all der Geschenke, die sie bekam, aber Godiva blieb ihr Name.

Jetzt konnten wir wieder Ausflüge machen. Auf der Straße nach Chartres entdeckten wir ein ausgezeichnetes kleines Restaurant, das leider während der Besatzungszeit im Zweiten Weltkrieg verschwand. Da aßen wir

Brathuhn à la Forestière

Das Huhn im Bratentopf in 3 El. Butter von allen Seiten anbraten. Dann die Hitze reduzieren und den Topf zudecken. Nach 15 Min. gibt man ½ Pfd. Morcheln dazu, gut gebürstet, abgespült, in lauwarmem Wasser aufgesetzt und abgekocht, und 150g 5 Min. lang in kochendem Wasser blanchierten, gut abgetropften Speck, außerdem Salz und Pfeffer. Zugedeckt bei schwacher Hitze ¾ Std. – je nach Größe des Huhns – köcheln lassen. Danach das Huhn auf eine vorgewärmte Platte legen, die Morcheln mit dem Schaumlöffel aus der Sauce nehmen und um das Huhn herumlegen. Den Bratensaft abschäumen, den Topf zurück aufs Feuer stellen. ¼ l guten trockenen Weißwein und ⅛ l Hühnerbrühe dazugeben. 5 Min. ohne Deckel kochen lassen. Durch ein Sieb über das Huhn gießen. Frische, in Butter gebratene Kartoffeln sind fast ein Muß zu diesem Gericht.

Godiva brachte uns nach Orléans, und da aßen wir an den Ufern der Loire frisch gefangenen

Gertrude Stein und Alice B. Toklas in *Godiva*

Lachs mit Sauce Hollandaise au Beurre noisette

Der Lachs war kalt, garniert mit Tomaten, hartgekochten Eiern, das Weiß vom Gelb getrennt und im Mörser zerstoßen, und dünnen Gurkenscheiben.

Die Sauce

Sauce Hollandaise ist leicht und schnell zu machen, wenn Sie sich genau nach diesem narrensicheren Rezept richten.

4 Eigelb mit Pfeffer und Salz in einem kleinen Töpfchen aufs Feuer stellen und auf möglichst schwacher Flamme und unter ständigem Rühren mit dem Holzlöffel tropfenweise ½ Pfd. braune Butter unterrühren. 100 g geschälte Haselnüsse im Backofen wärmen, dann in einem Tuch die Haut von den Nüssen abrubbeln. Sie im Mörser zu Pulver zerstoßen, wobei man hin und wieder ein paar Tropfen Wasser dazugibt, um zu verhindern, daß die Nüsse ihr Öl abgeben. Durch ein Haarsieb treiben und mit ¼ l Wasser zurück in den Mörser geben. Mit dem Stampfer oder einem Holzlöffel vollständig vermengen, dann in jeweils winzigen Mengen unter ständigem Rühren dem Eigelb hinzufügen. Wenn der Inhalt des Topfes heiß wird, ihn einen Moment lang vom Feuer nehmen und zur Abkühlung eine kleine Menge Butter einrühren. Wenn alle Butter untergemengt ist, vom Feuer nehmen und langsam 1 El. Essig unterrühren. In der Sauciere servieren.

Dies ist eine köstliche Sauce. Wenn die Haselnüsse erst einmal zubereitet sind, ist die Sauce schnell fertig. Verschwenden Sie keinen Moment an den Gedanken, man könne genausogut Mandeln nehmen; die Haselnüsse geben dieser Sauce ihren undefinierbaren und unverwechselbaren Geschmack.

Obwohl Godiva ein *gentleman's car* war, wie ein Freund es ironisch ausdrückte, brachte sie uns zu Wäldern und Feldern, wie Tantchen es getan hatte. Wir pflückten Frühlingsblumen im Freien, Veilchen in Versailles, Narzissen in Fontainebleau, Hyazinthen – die schottischen Bluebells – im Wald von Saint-Germain. Für diese Ausflüge bereitete ich zur Auswahl zwei Picknicks vor.

Mittagspicknick Nr. 1

Ein Huhn in Weißwein mit Salz und Paprika kochen. 10 Min. bevor es gar ist, 100 g feingeschnittene Champignons hinzugeben. Dann das fertige Huhn herausnehmen und abtropfen lassen Die Champignons abseihen. Der Sud kann im Eisschrank aufgehoben und als Brühe verwendet werden. Die Pilze in eine Schüssel geben und mit der gleichen Menge Butter zu einer Paste verarbeiten. Das ist ein sehr guter Brotaufstrich, den man auch mit dem Gelb von 3 hartgekochten Eiern vermengen und dann in die Eiweißhälften füllen kann.

Zum Dessert Windbeutel mit zerdrückten, gezuckerten Erdbeeren füllen.

Mittagspicknick Nr. 2

Eine Tasse feingehacktes rotes Roastbeef, 1 El. gehackte Petersilie, 1 Tl. zerdrückte Schalotte, Salz, Pfeffer, 1 Tl. Tomatenmark, 1 El. saure Sahne, 1 Prise Senfpulver gut vermengen. 8 Scheiben Toast auf einer Seite leicht toasten. Die nicht getoastete Seite kräftig mit Butter bestreichen. Auf die Butterseite von 4 Scheiben das Gemisch aufstreichen. Mit der Butterseite der anderen 4 Toastscheiben zudecken.

Zu diesen Sandwiches Salatblätter vorbereiten, auf die man gewürfeltes Kalbsbries legt – 1 ½ Tassen für 4 große Salatblätter. Auf das Kalbsbries 4 in Sherry gekochte, gehackte Trüffeln legen. Die Salatblätter um Bries und Trüffeln wickeln, mit der Schere zurechtschneiden und mit weißem Küchenfaden zusammenbinden.

Zum Dessert Äpfel schälen, halbieren und das Kerngehäuse entfernen. Dann karamelisieren in einem Sirup aus 150 g Zucker und 3 El. Wasser, den man etwa 10 Min. kochen läßt. Die Apfelstücke rundherum in Sirup tränken. Wenn sie nicht mehr tropfen, in Vierecke aus Blätterteig wickeln, deren Ränder man befeuchtet, damit sie zusammenhalten. In Fett von allen Seiten goldgelb ausbacken. Auf Küchenpapier abtropfen lassen, noch heiß kräftig mit durchgesiebtem Puderzucker bestreuen. Ausgezeichnet heiß, aber auch kalt.

Godiva hatte uns mit Erfolg an Orte in der Umgebung von Paris gebracht. Es war Zeit, ihr Betätigungsfeld zu erweitern. In den ersten Frühlingstagen sollte sie uns an die Côte d'Azur bringen. Ein Freund hatte uns nach Vence eingeladen. Wir wollten das ganze Rhônetal hinunter fahren und sehen, wohin Godiva uns bringen würde. Wir wollten früh aufbrechen und die Nacht in Saulieu verbringen, wohin Tantchen uns vor Jahren gebracht hatte. Um einen Blick auf die Kirche zu werfen, parkten wir Godiva auf einem Platz, der etwa 300 Meter vom Hotel entfernt war. Als wir zurückkamen, weigerte Godiva sich anzuspringen. Was tun? Ein rotlivrierter Portier trat zu uns und fragte, ob er behilflich sein könne. Vielleicht konnte er das Auto anschieben – was er tat. Godivas Motor sprang an. Ehe wir wußten, wie uns geschah, standen wir schon im Hof der Konkurrenz des Hotels, in dem wir abzusteigen gedachten. Es war das erstemal, daß sie ihren Instinkt spielen ließ, um uns an den richtigen Ort zu bringen. Zugegebenermaßen hat sie sich später nie wieder ähnlich genial erwiesen.

Der damalige Besitzer und *chef* des Côte d'Or war eine sagenhafte Figur. Vor allem sah er aus wie ein phantastisches Porträt von Clouet, wie ein Museumsstück. Er hatte große Erfahrung und Kenntnisse in der Geschichte der französischen Küche von Clouets Zeiten angefangen bis zur Gegenwart. Von ihm habe ich eine Menge gelernt. Beim Abendessen war uns klar, daß er einer der großen französischen *chefs* war. Jedes Gericht war von größter Einfachheit und Vollkommenheit. Will man die Zubereitung eines Gerichts und das Malen eines Bildes miteinander vergleichen, bin ich immer der Ansicht gewesen, daß nichts, was Koch oder Maler anstellen, um eine Schwäche zu vertuschen, das geringste auszurichten vermag. Jeder Trick unterstreicht nur die Schwäche. Bei dem vom *chef* des Hotel de la Côte d'Or bereiteten Essen gab es keinen schwachen Punkt. Als Abendessen hatten wir

Morvan-Schinken in Sahnesauce

4 dicke Scheiben Räucherschinken ohne Schwarte, aber mit all seinem Fett, werden im Schmortopf mit 1 Zwiebel, 1 Karotte, 1 Stange Lauch und dem Grün von 6 Radieschen leicht angebräunt. Dann ⅛ l Madeira oder guten trockenen Sherry und ⅛ l Bouillon, Salz, Pfeffer und 1 zerdrückte Schalotte hinzugeben. Zudecken und auf sehr schwacher Hitze 2 Std. kochen lassen. Achtgeben, daß nichts ansetzt. Wenn der Deckel des Topfes hermetisch schließt, kann nichts passieren. Kommt es doch vor, etwas Wein und Bouillon, den oben genannten Proportionen entsprechend, hinzutun. Nach den 2 Std. vom Feuer nehmen. Den Saft durchseihen, die Gemüse entfernen, den Schinken aufheben. Das Fett vom Saft abschöpfen und ⅜ l Saft bei mittlerer Hitze ohne Deckel bis auf ¼ l reduzieren. Den Schinken hineinlegen, von beiden Seiten glasieren. Den Rest des

durchgeseihten Safts und 250 g Sahne dazugeben. Erhitzen und 2 Min. köcheln lassen, wobei man den Topf in alle Richtungen neigt.

Saulieu liegt im Morvan, einem alten französischen Landstrich, der zu Burgund gehört und immer schon berühmt war für seine Schinken, die dem York-Schinken vergleichbar sind.

Wir blieben den nächsten Tag zum Mittagessen und wählten wieder ein einfaches Gericht:

Drei-Minuten-Kalbsteak

Den Metzger bitten, sehr dünne Scheiben aus dem Kalbsfilet zu schneiden. Haut und Knochen entfernen. Pro Person rechnet man 2 Scheiben – 8 Scheiben für 4 Personen. Über schwacher Hitze beide Seiten in 50 g Butter anbraten, salzen und pfeffern. Zudecken und mit ¼ l trockene Weißwein 5 Min. in den auf 200° vorgeheizten Ofen stellen. Das Fleisch aus dem Topf nehmen und auf eine vorgewärmte Platte legen. Die Sauce abschöpfen und bei starker Flamme den Bratensatz vom Boden und den Seiten des Topfes mit der Flüssigkeit verrühren. Die Flamme ganz herunterdrehen und 75 g Butter in kleinen Mengen dazurühren, wobei der Topf bewegt wird. Einen Spritzer Zitronensaft dazu, die Sauce über das Fleisch gießen und mit 4 El. gehackter Petersilie überstreuen. Das ist köstlich, wenn zügig bereitet, gestattet aber keine Verzögerung.

Zum Abendessen in Mâcon hatten wir

Artischockensuppe

6 große Artischocken vertikal halbieren und den Bart mit einem scharfen Messer entfernen. Die Artischocken in einen Topf mit 3 El. geschmolzener Butter geben, mit dem Holzlöffel rühren, bis alle gut mit Butter imprägniert sind. ¾ l heißes Wasser und ¾ l heiße Hühnerbrühe dazugießen. Zudecken und 1 Std. gleichmäßig kochen lassen. Dann 2 Tassen dick geschnittene Kartoffeln hinzugeben. Vom Feuer nehmen und mit einem Silberlöffel alles Eßbare von den Blättern abkratzen und zusammen mit den Herzen und den Kartoffeln mit dem Kartoffelstampfer durch ein Haarsieb treiben. Die Flüssigkeit aus dem Topf durchseihen und zu den pürierten Artischocken gießen. Den Topf ausspülen und alles wieder hineingeben. Über mittlerer Flamme heiß werden lassen. Falls die Suppe zu kompakt ist, mit etwas Hühnerbrühe verdünnen. ½ Pfd. Butter in kleinen Mengen unterrühren. Den Topf schwenken; die Suppe in einer vorgewärmten Terrine, in die man winzige ungebutterte Croûtons gibt, servieren. Diese Suppe lohnt den Aufwand der Zubereitung.

Der *chef* in Mâcon war stolz auf seine Desserts. Sie waren köstlich, und es gab sie in großer Auswahl. Er pflegte an den Tisch zu kommen, wenn sie uns eins nach dem anderen präsentiert wurden, und wir hätten seine Gefühle verletzt, wenn wir nicht jedes einzelne gekostet hätten. Es gab immer Schokoladen-, Kaffee- (oder Mokka-), Krokant- und Pistazieneiscreme und je nach Saison Beeren mit dicker, aber ungeschlagener Sahne, in der der Löffel aufrecht stehen blieb, Obsttorten aller Art und einen Kuchen – eine *gâteau de la maison*. Jahrelang hat dieser Kuchen mir Kopfzerbrechen bereitet. Erst als Lord Berners uns im Sommer in Bilignin besuchen kam und einen mitbrachte, hatte ich genug Mut, einen Annäherungsversuch an den berühmten Kuchen zu wagen. Mit welchen Tricks er den Kuchen aus dem Hotel herausgeschmuggelt hat, ließ sich nicht erfahren, nur vermuten. Hier das beste Ergebnis meiner Annäherungsversuche an den

Mâcon-Kuchen

4 flache Kuchenformen mit geschmolzener Butter einpinseln. Sofort mit durchgesiebtem Mehl bestäuben, durch Klopfen auf die Rückseite überflüssiges Mehl entfernen. ½ Pfd. Zucker mit ¼ Pfd. Mandelmehl vermischen. Beiseite stellen. 8 Eiweiß in eine Schüssel geben und mit zunehmendem Tempo schlagen. Keinen Moment absetzen. Man ist fertig, wenn der Schnee beim Herausnehmen des Besens stehen bleibt. Mit einem Holzlöffel die Mischung aus Zucker und Mandelmehl sorgfältig unterheben. Die Masse in die 4 Formen verteilen und im vorgeheizten Ofen bei schwacher Hitze – 150° – ½ Std. backen.

Buttercreme für 3 Lagen

½ Pfd. Zucker in 1/10 l Wasser 10 Min. kochen lassen. 8 Eigelb 5 Min. lang rühren und langsam dem Sirup beimischen. Im Wasserbad so lange rühren, bis die Creme den Löffel überzieht. Durch ein feines Haarsieb geben und kräftig schlagen, bis sie abgekühlt ist. Dann eine Tasse geschlagene Sahne hinzugeben. 600 g Butter in eine vorgewärmte Schüssel geben und cremig schlagen. Dann langsam die Mischung aus Sirup, Eigelb und Sahne einrühren. Wegstellen.

Mokkacreme

Man nimmt ⅓ der obigen Masse und gibt tropfenweise 4 El. sehr starken Kaffee dazu. 1 ½ Tassen dieses Gemischs auf einem der Meringenböden verteilen, den Rest aufheben. Den nächsten Boden auf die Creme drücken.

Kirschcreme

Ein weiteres Drittel der Buttercreme nehmen und tropfenweise 2 El. besten Kirsch untermischen. ⅓ dieser Creme auf den Boden streichen, mit dem man die Mokkacreme zugedeckt hat. Den Rest der Kirschcreme aufheben. Die Kirschcreme mit dem 3. Meringenboden zudecken.

Pistaziencreme

Unter das letzte Drittel Buttercreme mischt man eine ¾ Tasse dreimal durchgedrehter Pistazienkerne. ⅓ der Creme auf den Boden streichen, der auf der Kirschcreme liegt, und mit dem 4. und letzten Boden zudecken. Die restliche Pistaziencreme zur Krönung des ganzen Unternehmens aufheben, nämlich zum

Garnieren des Kuchens

Die restliche Mokkacreme über ⅓ der Oberfläche und der Seite des Kuchens verteilen, die restliche Kirschcreme über das 2. Drittel und schließlich die Pistaziencreme über den verbleibenden unbedeckten Teil. Dann die Mitte, 5 cm im Durchmesser, mit kandierten Aprikosen und Angelika belegen. Es ist besonders wirkungsvoll, wenn man die Aprikosen als Blüten und die Angelika als Blätter dekoriert. Auf der Seite bringt man winzige Blumen aus Aprikosen und Angelika an, so daß auf jedes Tortenstück eine Blume kommt. Vor dem Servieren an einem kühlen Ort stellen. Die Meringenböden können im voraus gebacken werden. Selbstverständlich ist dies kein Kuchen, sondern ein Dessert. Er hat einen schwer beschreiblichen subtilen Geschmack und ist die Zeit wert, die es braucht, ihn zuzubereiten.

In Mâcon hörten wir von einem winzigen, aber nachdrücklich empfohlenen Restaurant in Grignan, einem Dorf mit 600 Einwohnern in der Drôme, einem Departement mit vorzüglicher Küche und romantischer Landschaft. Wir telegraphierten Freunden und verabredeten uns zum Mittagessen in Grignan. Das war kein unbekannter Name, war es doch der von Madame de Sévignés abgöttisch geliebter Tochter. Im Führer las ich, daß das Château de Grignan erhalten war, daß man es besichtigen konnte und daß Madame de Sévigné in der Dorfkirche beigesetzt war. Nach dem Mittagessen wollten wir eine Wallfahrt dahin unternehmen. Als wir ankamen und sahen, wie klein das Restaurant war, fragten wir uns, ob wir überhaupt alle Platz finden würden. Madame Loubet, Besitzerin und Köchin, war von imponierendem Umfang. Wie viele erstklassige Köchinnen hatte sie müde Augen und ein mattes Lächeln. Das war ein gutes Zeichen. Sie sagte, zu Mittag gebe es ein Omelett mit Trüffeln, ein Kalbs-*fricandeau* mit Trüffeln, Spargelspitzen und Käse aus der Gegend. Das kleine Restaurant war reines 17. Jahrhundert, die Tische – ohne Decken – und Stühle. Wir fanden es shakespearisch. Als unsere Freunde eintrafen, pflichteten sie uns bei. Wir waren von dem Dekor beeindruckt. Das Essen war ganz auf seiner Höhe.

Madame Loubets Spargelspitzen

Frühjahrsanfang ist die Zeit des ersten dünnen grünen Spargels, der dem wilden ganz ähnlich ist. Sehr schnell waschen – nicht im Wasser liegen lassen –, weiße Spargel aussondern. Zu kleinen Bündeln binden und diese in kochendes Salzwasser geben. Etwa 8 Min. kochen lassen. Keinesfalls zu lange kochen. Warm halten. Über sehr schwacher Flamme 4 El. Butter (für 1 Pfd. Spargel) schmelzen und den Spargel hineinlegen. 4 El. dicke Sahne dazutun. Nicht rühren, sondern den Topf sacht bewegen, bis der Spargel ganz von Butter und Sahne eingehüllt ist. Dann vom Feuer nehmen. Den Spargel auf eine vorgewärmte runde Platte legen, mit den Spitzen zum Rand. Die Fäden vorsichtig mit der Küchenschere durchschneiden. In die Mitte 100g mit ½ Tl. Salz vermischte geschlagene dicke Sahne setzen. Auftragen, ehe die Sahne zu schmelzen beginnt. Ein Hochgenuß für die Zunge und ein Fest fürs Auge.

Der Käse namens Cochat, eine Spezialität der Gegend, wird aus der Milch von jungen Schafen gemacht und in Essig gereift. Er wird dann mit einem Gewicht beschwert und in einem Schiffchen aus der Haut einer mittelgroßen Zwiebel serviert. Man trinkt Rotwein dazu, vorzugsweise einen guten Jahrgang Châteauneuf-du-Pape.

Madame Loubets Küche war subtil und unverwechselbar, und wir haben sie später noch oft genossen. Vergleichbares sollten wir auf dem letzten Teil unserer Reise nicht noch einmal entdecken. Abends in Marseille reichte uns eine Tasse Suppe.

Nach einer langen Fahrt die Mittelmeerküste entlang kamen wir in Vence an, wo wir von einer größeren Gesellschaft erwartet wurden. Unser Freund war eine Art *gourmet*. Sein belgischer Koch hatte eine gut eingerichtete Küche und bereitete ein abwechslungsreiches und schmackhaftes Essen.

Aus dem Gemüsegarten kamen schon die ersten Frühkartoffeln, grüne Bohnen, Artischocken, Salate und, ehe wir abfuhren, Spargel. Der Gärtner gestattete mir liebenswürdigerweise, jeden Morgen die Gemüse für den Tag zu ernten. Es dauert sehr lange, bis man genug junge Bohnen für acht bis zehn Personen gepflückt hat. Zwischen Gemüsegarten und Rosengarten waren meine Morgen aufs glücklichste ausgefüllt. Ich kenne kein anderes Vergnügen, das diesem gleichkommt.

Feldarbeit in der Drôme.

Von Vence fuhren wir oft nach Nizza zum Fischessen in einem kleinen anspruchslosen Strandrestaurant. Man bereitete uns die Spezialität der Gegend zu:

Seebarsch mit Fenchel

Einen dreipfündigen Seebarsch waschen und gut abtrocknen. Ihn innen mit Pfeffer und Salz einreiben. Mit geschmolzener Butter bestreichen, den Rist ebenfalls. Den Fisch auf den Rost legen und 25 Min. unter die Flamme schieben, wobei man ihn zweimal umdreht und jedesmal neu mit Butter einpinselt. 5 Tassen Fenchelgrün waschen und sorgfältig trocknen. Wenn der Barsch fertig ist, ihn auf eine vorgewärmte Metallplatte legen, die offenes Feuer verträgt – nicht etwa Zinn. 100 g Butter auflösen, über den Fisch gießen und diesen mit dem Fenchelgrün vollständig zudecken. Zu Tisch bringen, den Fenchel anzünden, brennend servieren. Es ist aufregend und köstlich, eines der wenigen provenzalischen Gerichte, bei deren Zubereitung man keinen Knoblauch verwendet.

Auf unserer Rückfahrt nach Paris fiel Godiva nichts mehr ein. Wir mußten selbst die Initiative ergreifen. Da wir es eilig hatten, nahmen wir uns nicht die Zeit, von der Route abzuweichen und neue Orte zu erkunden. Wir begnügten uns mit dem Erprobt-und-nichts-daran-auszusetzen-Befundenen – etwas Tödlicheres gibt es nicht. Zurück in Paris, wurde Godiva wieder unser zuverlässiger Führer. Sie brachte uns nach Les Andelys, wo wir draußen vor einem Bistro – einem Café-Restaurant, in dem gewöhnliches, selten aber gutes Essen serviert wird – zu Mittag gebackenen Fisch aßen, der aus der Seine stammte, die unter der Terrasse floß, auf der wir saßen. Nach dem Fisch gab es ein absolut zartes Châteaubriand und Soufflé-Kartoffeln. Wieder in Godiva und erneut unterwegs, mußten wir feststellen, daß wir uns irgendwo in der Richtung geirrt hatten. War es Godivas oder Gertrude Steins Fehler? Die sich anschließende Diskussion blieb ergebnislos. Wir befanden uns auf der Straße nach Nogent-le-Rotrou. Wir würden ja sehen, was es dort gab. Es war eine bezaubernde Landschaft mit strohgedeckten Häusern in den Dörfern, die Felder waren bunt von ersten Mohn- und Kornblumen und blühenden Weißdornhecken. Nogent-le-Rotrou war alt, sauber und sympathisch. Das Hotel war mit hellem Mobiliar im Stil der Restauration eingerichtet, in allen Zimmern gab es kleine Figurinen und Wachsblumen unter Glasglocken. Das Essen war einfach, aber gekonnt. Wir blieben mehrere Tage. Köchin war eine Frau, die gelassen und erfahren kochte. Sie lehrte mich die Zubereitung von

Rillettes

2 Pfd. Schweinebrust durch den Fleischwolf drehen. In einem Gußeisentopf 1 Pfd. Schmalz auflösen. Wenn es goldgelb ist, das durchgedrehte Fleisch hineinlegen. Außerdem 1 El. Salz, 1 Tl. Pfeffer und 1 Tl. Geflügelgewürz. Ohne Deckel 4 Std. auf kleiner Flamme köcheln lassen. Umrühren, um Ansetzen zu verhindern. Nach 4 Std. vom Feuer nehmen. Wenn es genügend abgekühlt ist, in Geleegläser füllen. Darauf achten, daß das Fleisch gut verteilt ist. Wenn es ganz abgekühlt ist, mit Papier verschließen. An einem kühlen Ort lassen Rillettes sich mehrere Monate aufbewahren. Sie sind angenehm zum Salat zu essen oder als Hors d'œuvre oder auf Butterbrot.

Wir verließen Nogent über Feldwege und durch dieselbe Landschaft, durch die wir bei der Hinfahrt gekommen waren. Wir befanden uns jetzt auf der

Nizza

Straße nach Senonches am Waldrand. Sofort waren wir eingenommen von der kleinen Stadt, dem Hotel, dem Wald. Wir bestellten nicht nur Mittagessen, sondern ließen auch Zimmer für die Nacht reservieren. Die Zeit, bis das Mittagessen fertig war, verbrachten wir mit Spaziergängen im Wald, wo Gertrude Stein, die eine gute Nase dafür hatte, große Mengen von Pilzen fand. Der Koch würde uns sagen müssen, welche eßbar waren. Wieder stand eine Frau der Küche vor. Sie lächelte, als sie sah, was Gertrude Stein vor sie hinstellte, und wies auf einen großen Korb mit Pilzen auf dem Küchentisch, aber für das Mittagessen, sagte sie, werde sie die verwenden, die Gertrude Stein gefunden hatte. Sie machte einen

Pilz-Flan à la Crème

150 g Mehl und 80 g Butter schnell vermengen mit ½ El. Salz und 1 Ei. Den Teig leicht auf einem mit Mehl bestreuten Backbrett verkneten und ausrollen. 1 El. dicke Sahne darauftun, alles verkneten und ausrollen. Noch 1 El. Sahne einarbeiten und ein drittes Mal ausrollen. Dann den Teig zu einer Kugel formen, leicht mit Mehl bestäuben, in eine Schüssel legen, zudecken und 1 Std. ruhen lassen. Dann von neuem ausrollen und in einer tiefen Kuchenform im vorgeheizten Ofen bei 200° backen. In der Zwischenzeit bereitet man die

Sauce Mornay

2 El. Butter über kleiner Flamme zum Schmelzen bringen. Dann 1 mittelgroße Zwiebel, 1 mittelgroße Karotte und 1 Selleriestengel in dünnen Scheiben dazugeben. 5 Min. mit dem Holzlöffel rühren, bis sie leicht angebräunt sind. Langsam ¾ l heiße Milch zugießen. Achtgeben, daß sich keine Klümpchen bilden. ½ Std. köcheln lassen und oft umrühren, damit nichts ansetzt. Vom Feuer nehmen, durchpassieren, die Gemüse entfernen. 3 El. dicke Sahne in die durchpassierte Sauce geben, außerdem 100 g geriebenen Parmesan. 1 Pfd. kleine Pilze sorgfältig waschen, bürsten, aber nicht abziehen. Gut abtropfen lassen und trockenreiben. 1 El. Butter im Topf auflösen, den Saft von ½ Zitrone, 1 Tl. Sherry, Salz, 1 Prise Pfeffer, Paprika, 1 zerdrückte Knoblauchzehe und die Pilze dazutun. Zudecken und 8 Min. köcheln lassen. Mit einem Schaumlöffel die Pilze herausnehmen und in die Mornay-Sauce geben. Auf den vorgebackenen Teigboden gießen und für 12 Min. bei 235° in den vorgeheizten Ofen stellen. Achtgeben, daß der Boden nicht zu dunkel wird – mit einer Asbestplatte unter der Form kann man das verhindern.

Dies ist eine Sauce, die jeder erfahrene französische Koch auf seine Art macht. Wenn man sie mit Morcheln anreichert, läßt man den Käse weg. Die Mornay-Sauce kann durch eine Tomatensauce ersetzt werden, was aber weniger fein ist. Man kann auch gehackten Schinken oder vier bis fünf entgrätete und zerdrückte Anchovis dazugeben. Die Varianten sind zahllos. Auch bei den Böden findet man alle Varianten vom Biskuit- bis zum Blätterteig. Es ist ein Gericht, das immer Anklang findet.

Im Winter hatten zwei Freundinnen von uns, die Bildhauerin Janet Soudder und Camille Sigurd von der Metropolitan Opera – in deren großen Tagen – die Idee, sich auch einen Ford-Zweisitzer zu kaufen, und im Sommer wollten wir zu viert in den Süden fahren. Janet war auf der Jagd nach einem Haus, dem Haus ihrer Träume. Sie war eine großartige Reisegefährtin und hatte ein Talent, gutes Essen und erstklassige Weine ausfindig zu machen. Als der

Sommer kam, fuhren wir an einem sonnigen Morgen los und wollten zu Mittag in einem Restaurant sein, das Janet kannte. Es gab tatsächlich ein gutes Essen, aber der Blick von der Terrasse, auf der man es einnahm, lenkte zu sehr ab vom Vergnügen am gut zubereiteten Mahl. Einmal besuchten wir Freunde auf dem Land, die zwei Söhne hatten. Bei Tisch schwatzten die beiden unentwegt miteinander, aber so leise, daß es unsere Unterhaltung nicht störte. Eines Tages, als ich neben einem der beiden saß, der ganz still war, fragte ich ihn, warum er sich nicht mit seinem Bruder unterhalte. Er erklärte mir, das täten sie nie, wenn es Artischocken mit Sauce Mousselin gebe.

Janet entdeckte bei ihrer Suche nach einem Haus ein kleines Bistro, aber in Bistros, die Janet ausfindig machte, war das Essen nie gewöhnlich. Es wurde zur Scherzfrage, ob nicht doch sie und nicht Godiva den Instinkt besaß, gastronomisch ins Schwarze zu treffen. Den ganzen Weg bis Avignon fuhren wir über Landstraßen. Mag sein, daß wir etwas nachhalfen, aber jedenfalls führte Godiva uns nach Aramon, einem Dorf am Fuß einer Burg, wo wir unprätentiös, aber schmackhaft ein für die Gegend typisches Gericht zu Mittag aßen, nämlich

Huhn à la provençale

Man nimmt 1 nicht zu altes Huhn und zerteilt es, 1 Pfd. Lammbrust oder -schulter, 3 Tomaten, 3 Artischockenherzen, 3 dünne Zucchini, 3 Paprika, 1 Tasse vorher eingeweichte Kichererbsen, 3 mittelgroße Zwiebeln, jede mit einer Nelke gespickt, 1 Tl. spanischen roten Pfeffer, ¼ Tl. Kümmelpulver, Salz und 1 Prise Cayenne. In einen Topf geben, mit Wasser bedecken und zugedeckt bei mittlerer Hitze zum Kochen bringen. Dann auf geringer Hitze 2 Std. kochen lassen. In einer tiefen Schüssel servieren, das Fleisch in der Mitte und die Gemüse drumherum. So viel Sauce zugießen, wie Platz ist. Den Rest in einer Sauciere dazu stellen. Es ist nicht nur ein nahrhaftes und schmackhaftes Gericht, sondern auch, mit Käse und Kaffee hinterher, völlig ausreichend.

Unsere Freundinnen hatten immer noch kein Haus gefunden und wollten es weiter an der Côte d'Azur versuchen, in der Annahme, wir kämen mit. Aber weder Gertrude Stein noch mich zog es an die Mittelmeerküste. Die Gegend Frankreichs, die es uns angetan hatte, lag zwischen Avignon und Aix-en-Provence, Orange und der Küste. Saint Rémy würde ein guter Stützpunkt sein, von dem man ausschwärmen könnte. Janet fragte, ob wir schon einmal dort gegessen hätten. Wir mußten zugeben, daß das nicht der Fall war. Man würde ja sehen. Wir hatten uns nicht der kulinarischen Möglichkeiten wegen für den Ort entschieden. Saint Rémy und seine Umgebung waren von ergreifender Schönheit, die die Unzulänglichkeiten des Gasthauses wettmachen würde. Die unwirtlichen nackten Räume, die man uns zeigte und die ich sofort nahm, gingen auf einen Garten hinaus. Das Mittagessen war mäßig. Janet bemerkte, als ahne sie Schlimmes, wir würden es noch bereuen. Am Nachmittag fuhren unsere Freundinnen nach Aix-en-Provence weiter, und wir richteten uns für einen langen Aufenthalt ein. Wir waren, wo wir sein wollten.

Der Mistral blieb, und das Essen war schlecht, aber wir waren entzückt von unseren Fahrten und Spaziergängen in alle Richtungen. Wir begannen uns nach einem passablen Restaurant oder Bistro umzutun. Wir nahmen die Lebensmittelläden unter die Lupe und schlossen, daß es unvernünftig wäre, diese Gegend für einen Landstrich mit guter Küche zu halten. Das entmutigte uns nicht, so war es nun einmal. Marseille war leicht zu erreichen, und wir würden zur Abwechslung dort hinfahren, um einzukaufen und gut zu essen.

Außer einem Anruf mit der Nachfrage, wie es uns erging in Saint Rémy, hörten wir nichts von unseren Freundinnen in Aix-en-Provence, bis uns ein Telegramm von Janet aufforderte, sofort zu kommen und das Haus anzuschauen, das sie gefunden und zu kaufen im Begriff war. Am nächsten Morgen fuhren wir hin. Das ganz gewöhnliche kleine Haus lag in einer Senke – also ohne Aussicht – auf einem weiten Stück baumlosen, unbebauten Landes. Weil es gar nicht zu dem Geschmack unserer Freundin paßte, versuchten wir, ihr den Kauf auszureden, aber es war ihr zur fixen Idee geworden. Beim Essen mußten wir unentwegt von ihrem neuen Haus hören. Bald sollten wir wiederkommen und die neue Inneneinrichtung begutachten und das, was aus dem geplanten Garten geworden sein würde. In der Zwischenzeit waren wir in Marseille gewesen und hatten in zwei seiner besten Restaurants Marseilles einzigartige Schöpfung gegessen, die

Bouillabaisse

Der Fisch sollte mehr als frisch sein, nämlich am Fangtag gekocht. Das macht die Qualität des Gerichts aus. Es sollten auf jeden Fall viele verschiedene Fischsorten genommen werden, um den authentischen Geschmack zu erzielen. Es sind nicht nur die Zutaten, die in die Sauce kommen, die keine Sauce ist, sondern eine Suppe – das Beherrschende ist der Fischgeschmack. In Marseille, wo die *bouillabaisse* zur Welt kam, sind es oft sieben und mehr verschiedene Fische, die Schalentiere nicht mitgerechnet. Es kann nicht oft genug wiederholt werden, wie frisch sie sein müssen. In Frankreich gibt es drei verschiedene Arten von *bouillabaisse* – die unvergleichliche, die authentische aus Marseille mit Mittelmeerfischen, die Pariser mit Fisch aus dem Atlantik und eine allerdings sehr falsche aus Süßwasserfischen.

5 Pfd. Knurrhahn, Brassen, Rotbarsch, Rotbarben, Seehecht, Steinbutt, Sankt-Peters-Fisch waschen und schuppen. Flossen und Köpfe abschneiden. Die großen Fische in Stücke von 2 ½ cm schneiden, die kleineren ganz lassen. Zusätzlich noch 2 Köpfe von großen Fischen – egal welchen – besorgen. Gut waschen und zusammen mit den Köpfen der anderen Fische, 1 Karotte, 1 Zwiebel, 1 Lorbeerblatt und 1 Zweig Thymian in 1 ¾ l kaltem, gesalzenem Wasser aufsetzen. Ohne Deckel zum Kochen bringen. Abschäumen, zudecken und um die Hälfte einkochen lassen. Dann alles mit einem Kartoffelstampfer durch ein Sieb treiben. 1 großen Hummer und 1 Taschenkrebs kochen, aus dem Wasser nehmen und gut abtropfen lassen. Das Hummerfleisch in 4 Teile teilen. Das Fleisch aus dem Krebs und aus den Scheren holen. 3 El. Olivenöl in einen Topf geben; wenn es heiß ist, 3 gehackte Zwiebeln, 3 zerdrückte Schalotten, 3 zerdrückte Knoblauchzehen, ½ entkernte Paprikaschote, 1 große, in Scheiben geschnittene Tomate, 4 Stengel Sellerie und 1 Scheibe Fenchel, 4 cm dick, zugeben. Mit einem Holzlöffel alles gut im Olivenöl vermengen, dann 3 weitere El. Olivenöl, 3 Thymianzweige, 1 Lorbeerblatt, 2 ganze Knoblauchzehen, 1 Stück Orangenschale, Salz und Pfeffer hinzufügen. Die Flamme ganz hochdrehen, den Sud der Fischköpfe zugießen. 5 Min. zugedeckt kochen lassen. Den weniger schnell gar werdenden Fisch 5 Min. ohne Deckel über heftigster Flamme kochen lassen, dann den übrigen Fisch und das Hummerfleisch hinzugeben. Wieder 5 Min. heftig kochen lassen. Vom Feuer nehmen. Fisch und Hummer mit dem Schaumlöffel herausnehmen, abwischen, was an ihm hängt. In eine weite, tiefe Schüssel geben und heiß halten. Die Flüssigkeit aus dem Topf durchseihen, wieder aufs Feuer setzen und das Krebs- und Muschelfleisch dazugeben. ¼ El. Safran-

Straßencafé in Marseille, 1939.

pulver in einer Schale mit 5 El. kochender Flüssigkeit aus dem Topf aufgießen. Gut vermischen und mit der restlichen kochenden Flüssigkeit verrühren. 1 cm dicke französische Weißbrotscheiben um den Fisch herumlegen. Die Flüssigkeit kochend darüber gießen. Kochendheiß servieren.

Vor der *bouillabaisse* nur ein ganz einfaches Hors d'œuvre – weder Gemüse- noch Fruchtsaft bitte –, rohe Zwergartischocken, gewaschene, halbierte Chicorée, Radieschen und Spargelspitzen zum Beispiel, hinterher Kaffee, das ergibt ein perfektes Mittagessen.

Zwei- oder dreimal im Monat fuhren wir nach Marseille und aßen *bouillabaisse* in den besten Restaurants.

Wir blieben weiter in Saint Rémy; der Sommer war vorüber, und der Herbst war fast noch schöner. Wenn der Mistral blies, machte das nicht nur den Himmel blauer, sondern ließ auch die Landschaft leuchten. Eines Tages wanderten wir zu einer kleinen gotischen Kapelle. Auf einem abgeernteten Feld stand ganz allein, eine Silhouette vor dem strahlenden Himmel, ein weitausladender, blätterloser, symmetrischer japanischer Kaki-Baum, schwer beladen mit seinen tief orangefarbenen Früchten. Es bleibt eine meiner schönsten Erinnerungen.

Tag und Nacht hörten wir das Gebimmel der Schafglocken; die Herden wurden zu ihren Winterweideplätzen auf die Hügel getrieben. Wir mußten auf kleine Nebenstraßen ausweichen, weil die Herden auf den Hauptstraßen zu unüberwindlichen Hindernissen wurden. Janet, die ihr Haus inzwischen behaglich eingerichtet hatte, konnte nicht verstehen, daß wir es in Saint Rémy nicht einfach unerträglich fanden. Das Essen in dem Gasthof war sogar an den Weihnachts- und Neujahrstagen erbärmlich. Das einzige, was es in dem Ort gab – allerdings von erster Güte –, waren kandierte Früchte, aber davon allein konnte man nicht leben. Französische *fruits glacés* sind anders als unsere kandierten Früchte. In Frankreich wird der Sirup, in dem die Früchte gekocht werden, nicht bis zum Kristallisieren erhitzt. In Saint Rémy gab es eine Fabrik – wenn man etwas so Anspruchsloses und Kleines so nennen mag –, die diese Früchte herstellte. Ihre Spezialität waren glasierte Melonen, gefüllt mit kleinen Früchten, Kirschen, Aprikosen, Pflaumen und Birnen, köstlich und entzückend. Bis Kriegsausbruch bekamen wir sie nach Paris geschickt. Wie so viele andere gute Dinge sind sie in der Katastrophe untergegangen.

Der Winter zog sich hin, und wir wurden ruhelos. Vielleicht war der Mistral zuviel für uns. Vor Frühjahrsanfang aufzubrechen wäre unvernünftig gewesen. Eines Tages im März, als wir über ein gepflügtes Feld gingen, mußten wir uns eingestehen, daß das Klima nicht länger zu ertragen war und daß es das beste wäre, unverzüglich aufzubrechen. Mehrere Tage lang warfen wir letzte lange Blicke auf all die Orte, die wir so ungern verließen, und fuhren dann zurück nach Paris.

Wir hatten es uns zur Gewohnheit gemacht, den Winter über in Paris zu bleiben und nur im Frühling kleinere Ausflüge zu unternehmen, was uns nicht davon abhielt, Pläne für lange Sommerferien zu erörtern. Damals erschien eine Reihe mit Broschüren über gastronomisch interessante Orte in verschiedenen französischen Gegenden. Jedesmal wenn eine neue herauskam, las ich sie mit Interesse. Der Autor war – ein Paradox – ein *gourmet* von Beruf. Bei den Adressen, die wir kannten, war ich mit seinem Urteil nicht immer einverstanden. Als es jedoch Zeit wurde, den Weg festzulegen, auf dem wir zu den Picassos nach Antibes fahren wollten, richteten wir uns doch nach den Empfehlungen der Führer. Das erste Ziel war Bourg-en-Bresse.

Im Mai brachen wir auf nach Chablis, wo wir nicht nur unvergleichliche Mahlzeiten bekommen sollten, sondern auch meinen Lieblingswein Chablis. Monsieur Bergeran war ein intelligenter und begabter *chef*. Seine Speisefolgen waren eine Geschichte der französischen Küche, und er war deren Enzyklopädie. Einmal erklärte er uns, der wahre *chef* dürfte keine Geheimnisse haben, jedermann könne alles wissen, was es über das Kochen zu wissen gebe. Es sollte weder Tricks noch Geheimnisse geben. Zum Beweis forderte er mich auf, ihm bei der Arbeit zuzusehen. So verfolgte ich seine Zubereitung von

Brathuhn aux Ducs de Bourgogne

1 gutes Brathuhn in 6 Stücke zerteilen. In 4 El. Butter bei mittlerer Hitze im Bratentopf anbraten. Wenn es von allen Seiten gebräunt ist, pfeffern und salzen, zudecken und in den auf 190° vorgeheizten Ofen stellen. Es braucht ¾ bis 1 Std., je nach Größe, um gar zu werden. Dann nimmt man es aus dem Backofen und legt die Hühnerstücke auf eine vorgewärmte Platte. In den Bratentopf, über mittlerer Hitze, gibt man 2 dl Port, ⅛ l Cognac, 3 El. Whisky und 1 El. besten Kirsch. Mit einem Spatel den Bratensatz von den Topfwänden abkratzen. Gut unterrühren. 2 Eigelb in einer Schüssel verrühren, langsam 400 g gewärmte Sahne unterrühren. Behutsam in den Bratentopf schütten. Gut erhitzen, aber nicht aufkochen lassen. Den Topf schwenken, nicht rühren. Die Sahne über das Huhn gießen, heiß auftragen.

Von Chablis fuhren wir nach Dijon. Da aßen wir in dem berühmten Restaurant Zu den drei Fasanen

Das Beste vom Hecht à la Dijonnaise

1 Hecht filettieren; dabei achtgeben, daß keine Gräten bleiben. Spicken, wie man ein Rindsfilet spickt. Die Filets in eine tiefe Schüssel tun mit 3 El. Cognac, ⅛ l Sherry und ¼ l trockenem Rotwein, Salz und Pfeffer, 4 feingehackten Schalotten und 4 *bouquets garnis*, jedes bestehend aus 1 Stange Sellerie, 1 Zweig Thymian, ¼ Lorbeerblatt; jedes Bündchen wird in ein Mullsäckchen gesteckt. Im Winter 48 Std., im Sommer 24 Std. marinieren und zweimal täglich begießen. Wenn die Filets mariniert sind, sie in eine tiefe, feuerfeste Form geben, die man vorher mit weicher Butter gut ausgerieben hat, samt den 4 Mullsäckchen und der durchpassierten Marinade. 20 Min. im vorgeheizten Backrohr bei 200° unter häufigem Begießen garen. Wenn die Filets gut braun sind, sie aus dem Ofen nehmen, 2 El. Sahne und 3 El. weiche Butter hinzutun. Begießen und unverzüglich servieren.

Von Dijon ging unser Weg nach Bourg-en-Bresse, der Empfehlung des *Guide Gastronomique* folgend, durch das Land der berühmten breit- und dickbrüstigen Hühner. Bourg ist ein bekannter Marktort, nicht nur für Geflügel, sondern auch für Milchprodukte und Gemüse. Sofort waren wir von der Stadt eingenommen. Das Menü am Abend im Hotel war sorgfältig zusammengestellt und delikat zubereitet. Wir waren begeistert und tranken auf den Gastronomieführer, der uns hergebracht hatte, und beschlossen, ein paar Tage zu bleiben. Am Morgen gingen wir auf den Markt und in die Essensläden und bedauerten nur, daß wir nicht in der Gegend wohnten – ohne zu ahnen, daß wir kaum vierzig Kilometer entfernt siebzehn Jahre hindurch sechs Monate jährlich verbringen würden.

Zu Mittag aßen wir

Flußkrebse im Teig mit Nantua-Sauce

Blätterteig machen, zu einer Kugel formen und kühlstellen. 2 Karotten und 2 Zwiebeln, beide mittelgroß, in Würfel, 1 Selleriestange in Scheiben schneiden. Die Gemüse in 2 El. Butter anbräunen. Mit ¼ l trockenem Weißwein auffüllen und 48 Flußkrebse hineinlegen. Zudecken und bei mittlerer Hitze 10 Min. kochen lassen. Die Krebse mit dem Schaumlöffel aus dem Topf holen und aus den Schalen nehmen. Das Fleisch aufheben, die Schalen mit dem Gemüse im Mörser so lange zerstampfen, bis man sie durch ein Haarsieb passieren kann. 1 Tasse dicke Sahnesauce, die durchgesiebte Flüssigkeit, in der die Krebse gekocht wurden, 2 El. weiche Butter und 1 El. Cognac dazugeben. Gut vermengen und abkühlen lassen. Den Blätterteig etwa ½ cm dick ausrollen. In Vierecke von 10 cm Kantenlänge schneiden. 4 Krebse auf eine der Ecken geben mit 1 El. Sauce, die kalt sein muß. Die gegenüberliegende Ecke darüberschlagen. Die Ränder kräftig mit dem mehlbestäubten Griff des Messers zusammendrükken. Leicht einpinseln mit geschlagenem Ei und auf ein eingefettetes Backblech legen. Im vorgeheizten Ofen bei 200° 20 Min. backen. Während die Taschen backen, die restliche Sauce aufwärmen. Wenn sie fertig sind, auf einer vorgewärmten Platte jede einzelne mit Sauce begießen.

Diese Taschen sind in der Bresse und im Bugey sehr beliebt als Feiertagsessen, bei Taufen und Hochzeiten.

Derselbe Ratgeber, der uns nach Bourg gebracht hatte, führte uns auch nach Belley. Die kurze Fahrt ging durch eine reizvolle Gegend. Belley war eine auf dem Hügel gelegene Kleinstadt mit verschiedenen Landschaften ringsum. Zum Abendessen bestellten wir einfach pochierten Fisch mit brauner Butter, Salat und Himbeeren. Es war nicht schlecht. Wir machten einen Spaziergang um die Stadt herum und waren hingerissen. Obgleich Belley nicht eigentlich in den Bergen liegt, hat es durch die nahen Alpen Bergluft. Früh am nächsten Morgen fuhren wir in Godiva überall herum. Die Gegend war wunderschön und abwechslungsreich. Die Leute auf den Straßen und Feldern wirkten selbstbewußt und so, als ob es ihnen gutginge. Die Kinder waren auffallend hübsch. In den Bergen gab es Seen, in den Tälern gab es Flüsse. Es war zu schön, um wahr zu sein. Zum Mittagessen kehrten wir ins Hotel zurück. Erst da erinnerten wir uns daran, wie enthusiastisch die Küche des Hotels empfohlen worden war. Das Angebot war das gängige, die Zubereitung ohne Besonderheit. Dennoch wollten wir bleiben, um mehr von der Gegend zu sehen. Wir telegraphierten den Picassos, wir seien aufgehalten worden und würden in spätestens einer Woche eintreffen. Als die Besitzerin des Hotels – der Ehemann war Koch, saß aber lieber in der Ecke und las Lamartine, als seine Arbeit in der Küche zu tun – hörte, daß wir länger bleiben wollten, gab sie uns ein größeres Zimmer mit Blick auf den Garten und die Hügel im Hintergrund.

Alles hatte uns so sehr eingenommen, daß uns das Essen egal war. Es war mittelmäßig und würde wahrscheinlich so bleiben. Für den Augenblick war es jedenfalls ohne Bedeutung. Als wir am Wochenende nach Aix-les-Bains fuhren und in einem Restaurant am See ein anspruchsloses, gut gekochtes Mittagessen zu uns nahmen, konnten wir sogar lachen über das Essen in unserem Hotel in Belley.

Gertrude Stein schrieb Picasso, daß wir dieses Jahr nicht in den Süden kämen, wir fänden Belley sympathisch und würden den Sommer da verbringen.

Eines Abends saß eine schöne Frau an dem kleinen Tisch neben dem unsrigen; sie hielt ihr Buch uns zugewandt. Nach einigen Tagen fragte sie unvermittelt, den Kopf halb zu uns gedreht, ob wir jeden Abend Renke äßen, was wir bestätigten. Ein paar Tage später fragte sie auf dieselbe Weise, warum wir jeden Abend Renke äßen. Gertrude Stein erklärte ihr, daß es das am sorgfältigsten zubereitete Gericht der Karte sei. Ohne Frage, sagte die Dame. Eines Tages begegneten wir ihr auf der Straße und blieben stehen, um mit ihr zu plaudern. Sie erzählte uns von verschiedenen Restaurants in kleinen Städten und sogar Dörfern der Umgebung, in denen man ausgezeichnet essen konnte. Godiva brachte uns zu allen hin. Wir hatten den Gefallen am Essen doch nicht verloren. Wir fuhren nach Haute Savoie und speisten am Lac d'Annecy vorzüglich zu Mittag, nach Artemarre, was uns sogar noch besser gefiel, und nach Saint Genix, wo wir in einfachstem Rahmen eine ungewöhnlich gute Küche genossen. Aber unser Lieblingsrestaurant war ganz anders, in seinen Qualitäten wie in seiner Einfachheit. Es war ein Bistro gewesen, ehe Madame Bourgeois es aus familiären Gründen übernommen hatte. In ganz kurzer Zeit war es unter französischen *gourmets* als eines der besten in Frankreich bekannt. Madame Bourgeois war eine perfekte Köchin. Den einfachsten Gerichten widmete sie so viel Aufmerksamkeit wie den kompliziertesten, zu denen gelegentlich die größten Errungenschaften der letzten drei Jahrhunderte gehörten. Wir fuhren oft nach Priay, einem Dorf mit 341 Einwohnern in der Nähe der Ain, dem für seinen vorzüglichen Fisch bekannten fluß in einem an Fasanen, Rebhühnern und Moorhühnern reichen Jagdgebiet und mit den großartigen Märkten von Lyon in erreichbarer Nähe. Monsieur Bourgeois war ein großer Weinkenner; er fuhr jeden Herbst zur jährlichen Weinauktion ins Hospice in Beaune und brachte die besten Flaschen von dort mit. Wir wurden mit den Bourgeois sehr gut bekannt und hielten uns immer kurz mit ihnen in der Küche auf, die perfekt organisiert und ausgestattet und fast geräuschlos war. Von Madame Bourgeois habe ich viel darüber gelernt, was große französische Küche ist und war, aber weil sie auf ihre Art ein Genie war, habe ich kein einziges Gericht von ihr gelernt. Die Inspiration des Genies läßt sich weder lernen noch lehren.

Nach der Weinlese wurde es kalt, und wir fuhren zurück nach Paris. Im April kehrten wir zurück nach Belley, in dasselbe angenehme Hotel mit seiner kümmerlichen Küche. Freunde kamen uns besuchen, und wir fuhren zum Mittagessen nach Aix-les-Baines, nach Artemarre und Annecy, vor allem aber nach Priay.

Ehe der Sommer zu Ende ging, wurde uns klar, daß wir irgendwo in der Gegend von Belley ein Haus entweder bauen, kaufen oder mieten mußten. Aber das war eine schwierige Aufgabe. Zwei Sommer nahm sie in Anspruch. Das Grundstück, das wir kaufen wollten, war entweder nicht zu kaufen oder hatte kein Wasser. Häuser, in die wir gern eingezogen wären, waren nicht zu mieten. Wir waren niedergeschlagen, bis wir eines Nachmittags auf der anderen Seite des Tals das ideale Haus erblickten. Es war weder zu kaufen noch zu mieten, aber diesmal würde uns nichts davon abhalten können, uns das Sommerhaus unserer Träume zu sichern. Es war an einen Offizier der Garnison von Belley vermietet. Aber wie einen Mieter ohne gesetzliche Handhabe herausbekommen? Wir sprachen mit dem Besitzer des Hauses, der offen zu erkennen gab, daß er uns für ziemlich verrückt hielt, aber er erzählte uns, daß sein Mieter Hauptmann sei und daß es in dem Bataillon zu viele Majore gebe. Das genügte, um uns auf eine Idee zu bringen. Wir würden zwei einflußreiche Freunde in Paris dazu bewegen, ihn zu befördern, er würde in eine andere Garnison versetzt werden, und das Haus wäre frei für uns. Kurz nach unserer Rückkehr nach Paris kam der Hauptmann zur Prüfung nach Versailles. Er bestand sie nicht. Unsere Freunde sagten, wir sollten den Mut nicht sinken lassen, in drei Monaten dürfte er es noch einmal versuchen. Und wieder fiel er durch. Wir verzagten. Jemand schlug vor, ihn nach Afrika zu versetzen, mit besserem Gehalt und Aussicht auf Beförderung. Der Hauptmann nahm an, unsere Freunde wurden erneut tätig, und bald waren wir glückliche Mieter eines Hauses, das wir nie von näher als aus drei Kilometern Entfernung gesehen hatten.

Godiva war alt und müde, Gertrude Stein kaufte im Frühjahr einen neuen Wagen, und wir fuhren darin mit einem weißen Pudelbaby nach Bilignin, in das Haus, das alle unsere Träume übertraf.

7. KAPITEL

Schätze

Was ist das früheste Essen an dessen Anblick, wenn nicht Geschmack wir uns erinnern? Das erste, woran ich mich aus meiner frühesten Kindheit in San Francisco zu Beginn der achtziger Jahre erinnere, sind Bulgur mit Zucker und Sahne, Maismehl mit Melasse, Stärkebrei mit Honig zum Frühstück. Aber das erste Essen danach, das ich gesehen habe und an das ich mich genau erinnere, waren Soufflé-Krapfen, die nicht gerade Kindernahrung sind. Nora, die Köchin meiner Mutter, blieb glücklicherweise lange genug, daß ich ihre Krapfen noch probieren konnte. Nora verließ die Küche meiner Mutter, als sie schon fast vierzig war, um einen gutverdienenden Handwerker zu heiraten, und setzte dann fünf oder sechs Kinder in die Welt. Maggie, das Kindermädchen, besuchte sie oft und erzählte hinterher die unglaubliche Geschichte, daß Nora, die eine so außerordentliche Köchin gewesen war, ihre Familie, das Letztgeborene inbegriffen, nur mit Konserven ernährte. Sie war ihrer Zeit voraus. Und so macht man

Noras Soufflé-Krapfen

¼ Pfd. Butter mit ¼ l Wasser und 1 Prise Salz im Topf aufs Feuer setzen. Wenn die Butter geschmolzen ist und der Topfinhalt beinahe kocht, vom Feuer nehmen und sehr schnell 300 g Mehl unterrühren. Mit einem Holzlöffel kräftig rühren. Auf ganz schwache Flamme setzen und so lange rühren, bis die Masse sich vom Topfboden löst. In eine große Schüssel füllen, 10 Min. abkühlen lassen. Dann nacheinander unter ständigem kräftigen Rühren 8 Eier hineingeben, wobei das nächste erst drankommt, wenn das vorige vollständig untergerührt ist. Beim Schlagen den Teig in die Luft heben, so daß möglichst viel Luft hineinkommt. Nicht rühren, sondern 20 Min. kontinuierlich schlagen. 2 bis 3. Std. an einen kühlen Ort stellen, aber nicht in den Eisschrank. Danach Fritieröl mäßig erhitzen. Den Teig zu walnußgroßen Bällchen formen, in deren Mitte man ½ Tl. Johannisbeergelee gibt. Die Flamme höher drehen. Die Krapfen steigen an die Oberfläche, gehen auf, drehen sich von selbst um und werden goldbraun. Dann nimmt man sie aus dem Öl, bestreut sie ausgiebig mit Puderzucker und serviert sie sofort.

Noras Eiscreme ist unvergessen. Sie wurde in der damals gerade erfundenen automatischen Eismaschine gemacht, die nicht mehr gedreht zu werden brauchte. Meine Mutter stürzte sich mit Vergnügen auf die jeweils letzte Erfindung des Jahres. Was für eine Freude ihr die heutigen wöchentlichen Neuheiten gemacht hätten. Ich fand die Gebrauchsanweisung für die Eismaschine hinten in das Kochbuch

Das Golden Gate Klippenhaus in San Francisco.

eingeklebt, das sie für Nora gekauft hatte. Viele Jahre später erzählte Maggie meiner Mutter, daß Nora weder lesen noch schreiben konnte und sie deshalb Nora die Rezepte, die sie brauchte, hatte vorlesen müssen. Maggie wollte nicht, daß meine Mutter es erfuhr, solange Nora bei ihr angestellt war; sie dachte, es wäre für beide unangenehm.

Noras Eiscreme

1 l Sahne mit 150 g Puderzucker verrühren. 1 ¼ Tasse soeben geschmolzenes Himbeergelee dazutun. 5 geschlagene Eiweiß unterheben. Gefrieren.

Wenn ich an diese beiden Köstlichkeiten aus Noras Küche denke, stelle ich überrascht fest, wie lange es her ist, daß ich mit dem Sammeln von Schätzen begann, und daß folglich viele von ihnen längst keine Schätze mehr sind. Man muß doch sehr viel naiver und unerfahrener gewesen sein, als man selbst wahrhaben möchte. Sofern Geschmack eine Frage der Auswahl ist, ist die Anzahl der für dieses Buch verworfenen Rezepte weder schmeichelhaft noch ermutigend. Der Papierkorb ist zu klein. Aber wenn auch manche der ausgeschiedenen Rezepte von einer einst unzulänglichen Unterscheidungsfähigkeit zeugen, können, so hoffe ich, die aufgenommenen das inzwischen gewachsene Qualitätsempfinden belegen.

Schätze zu sammeln begann ich mit Süßem – Kuchen und Eis, Desserts und Bonbons –, was nachhaltig beweist, wie lange es her ist. Denn wenn man jung ist, interessiert einen das am meisten; das andere kommt später. Folgendes Rezept ist eines der allerfrühesten

Scheherazades Melone

Einen Deckel von 1 Melone abschneiden. Das Innere aushöhlen, ohne die Schale zu verletzen. Allen Saft abgießen. Das Melonenfleisch in gleichmäßige Stücke schneiden, ebenso Ananas und Pfirsiche. Bananen in dünnen Scheiben sowie ganze Erdbeeren und Himbeeren dazugeben. Nach Belieben zuckern. Wenn der Zucker sich aufgelöst hat, die Früchte mit ihrem Saft in die Melone füllen. Übergießen mit 4 Teilen trockenem Champagner und jeweils 1 Teil Kirsch, Maraschino, Crème de Menthe und Roselio*. Über Nacht in den Eisschrank stellen.

Dieses Dessert und eine komplizierte Bavaroise mit ähnlichem Geschmack, weil mit den gleichen Früchten und Likören und Cordials zubereitet, waren früher Favoriten. Das Rezept von Scheherazades Melone ist handgeschrieben im Kochbuch meiner Mutter überliefert.

Ein anderes frühes Rezept kannten meine Freunde in den letzten sechzig Jahren als

Alices Plätzchen

Auf ein mehlbestäubtes Backbrett 300 g Mehl sieben. Außerdem braucht man 1 Pfd. Butter, das Gelb von 6 Eiern und 100 g Puderzucker, unter den eine zerstampfte und durchpassierte Vanilleschote gemischt wird. Mit den Fingerspitzen vermengt man

* Roselio *ist ein Likör oder Getränk aus Katalonien, das auch in der Gegend von Perpignan gemacht wird. Seit dem Krieg wurde er nicht mehr nach England exportiert. Als Ersatz kann man Grenadine nehmen.*

ganz leicht jeweils 1/6 aller Zutaten miteinander, bis alles verarbeitet ist. Möglicherweise braucht man etwas mehr Mehl, was von der Größe der Eier und der Qualität der Butter abhängt. Nur soviel Mehl hinzufügen, wie zum Ausrollen nötig ist. Den Teig ½ cm dick ausrollen und mit einer runden Plätzchenform ausstechen – egal welche Größe, aber nicht größer als 7 cm Durchmesser. Die Plätzchen auf einem Backblech bei 150° ¼ Std. backen. Sie sollen hell bleiben. Wenn sie fertig sind, vorsichtig mit einem Metallspatel vom Blech nehmen. Sie sind ebenso zerbrechlich wie köstlich. Kräftig mit Puderzucker bestreuen. Nicht in Dosen legen, ehe sie kalt sind. In einer hermetisch schließenden Dose halten sie über 2 Wochen.

Da die Herstellung dieser Plätzchen ihre Zeit braucht, wurden sie zuletzt durch eine Art schottischer *short bread* ersetzt.

Namenlose Plätzchen

200 g Butter weiß rühren und sehr langsam 50 g durchgesiebten Puderzucker und 300 g durchgesiebtes Mehl unterrühren. Das bedeutet 20 Min. ständiges Rühren. Nicht schlagen, sondern rühren. Wenn die Hälfte des Mehls verarbeitet ist, 1 El. besten weißen Curaçao und 1 Tl. Cognac hinzugeben. Der Teig sollte nur so fest sein, daß er gerade in Form bleibt, wenn man ihn mit ausgestreckten Fingern zwischen den Handflächen zu kleinen daumendicken Würsten rollt. Die Würste auf das Backblech legen – in Abständen von 2 ½ cm, weil sie sich im Rohr, das auf 150 ° vorgeheizt sein sollte, ausdehnen. Die Plätzchen sollten sehr hell bleiben, wie von der Hitze unberührt. 20 Min. Backzeit reichen aus. Vorsichtig mit einem Metallspatel vom Blech nehmen und sofort Puderzucker darübersieben. In einer gut schließenden Blechdose kann man sie 3 Wochen aufbewahren. Die Textur der Plätzchen ist weniger fein als die von *Alices Plätzchen*; sie sind ein Ersatz, der weniger Zeitaufwand erfordert.

Es folgt ein Rezept, das auf meinen Wunsch für ein Geburtstagsessen diente, zu dem einige meiner Klassenkameradinnen eingeladen waren. Es ist benannt nach der Köchin.

Katies Kapaun

1 Kapaun in einem emaillierten Topf bei mittlerer Hitze von allen Seiten anbraten. Zudecken, die Hitze verringern. Nach ¼ Std. ¼ l heißes Wasser, ¼ l heißen Portwein, die Schale einer ½ Orange, 1 Tl. Salz, ¼ Tl. Pfeffer und 1 Prise Cayennepfeffer hinzufügen. Nach 20 Min. jede Viertelstunde begießen. In ¾ Std. ist der Kapaun gar. Aus dem Topf nehmen und in eine vorgewärmte Schüssel legen. Das Fett von der Sauce abschöpfen, die Sauce durchseihen. Auf ganz schwache Flamme zurückstellen und 75 g dicke Sahne einrühren. 4 El. Butter dazu. Nicht kochen lassen. Nicht rühren, sondern den Topf in alle Richtungen schwenken. Sehr heiß servieren. Die Sauce über den Kapaun gießen, damit sie sich mit dem Saft vermischt, der beim Tranchieren austritt. Kalt serviert, ist der Kapaun nicht weniger köstlich. Dazu muß man jedoch den Bratensaft mit Reisstärke oder Arrowroot – das benutzte man damals in der feinen Küche – eindicken und kalt werden lassen, ehe man ihn über den Kapaun gießt.

Wenn Schätze Rezepte sind, erinnert man sich ihrer weniger klar, weniger bestimmt, als wenn es sich um greifbare Gegenstände handelt. Dennoch rufen sie ein ebenso lebhaftes Empfinden hervor – jedenfalls für diejenigen unter uns, die Kochen als Kunst verstehen und spüren, daß eine bestimmte Art des Kochens etwas erzeugen kann, was einer ästhetischen Empfindung ähnelt. Wie kann man es noch sagen? Vor die Wahl gestellt, Pachmann nochmals die beiden Chopin-Sonaten spielen zu hören oder noch einmal im Café Anglais zu dinieren – wofür würde man sich entscheiden?

Doch zurück zu unseren Hammeln.

Hammelkeule à la Muscovite

3 große Zwiebeln, 3 große Karotten und 3 Staudenselleriehherzen zerkleinern. In 4 El. Butter auf mittlerer Flamme leicht anbräunen. ¼ l kochendes Wasser, 3 El. kochenden Essig, 1 Lorbeerblatt, 2 Knoblauchzehen, 3 Nelken, 1 Tl. Salz und ½ Tl. Pfeffer hinzugeben. Zudecken, die Hitze verringern und 20 Min. kochen lassen. Vom Feuer nehmen, abgekühlt durchseihen. Die Keule bei 250° in den vorgeheizten Ofen stellen. Nach 20 Min. anfangen, sie mit dem heißen Gemüsesud zu begießen. Die Bratzeit beträgt je nach Größe der Keule ungefähr ½ Std.

Hammelkoteletts im Schlafrock

6 Hammelkotelettes, eben mit Bouillon bedeckt, leicht gesalzen, mit 1 Kräuterbündchen bei mittlerer Hitze zugedeckt kochen. Wenn sie gar sind, nach etwa 15 Min. aus der Bouillon nehmen. Die Bouillon über mittlerer Hitze zu Glace einkochen lassen. Die Koteletts in den Topf zurückgeben und glasieren. Herausnehmen, und auf jedes einzelne etwas von folgendem Gemisch geben: feingehackte Petersilie, 1 feingehackte Schalotte, 2 gehackte hartgekochte Eier, ¼ Pfd. frische Champignons, die man zuvor 8 Min. in 2 El. Butter und 1 Tl. Zitronensaft gedünstet hat, ¼ Tl. Salz und 1 kräftige Prise Pfeffer. Die Zutaten bindet man mit 3 El. dicker Sahne. Die Mischung auf den Koteletts mit geschmolzener Butter einpinseln und mit frischen Semmelbröseln bestreuen. 15 Min. bei 270° überbacken. Sehr heiß servieren.

In meiner Rezeptsammlung ist eines, Rosbif de Mouton, aus einem handgeschriebenen Kochbuch, das mir von einer Freundin geliehen wurde. Mit *rosbif* meinen die Franzosen *roast beef.* Das erinnert an die Schilder, die man in Paris an feinen Teeläden sehen konnte: *Le Fif o'Clock à Toutes les Heures* – Fünf-Uhr (-Tee) zu jeder Tageszeit. Das Rezept für das Lamm-Roastbeef ist von keinem Geringeren als Alexandre Dumas d. Ä., dem Autor nicht nur der *Drei Musketiere*, sondern auch des *Grand Dictionnaire de la Cuisine.* Sein Rezept widmet sich ausschließlich der Art und Weise, wie man das Hinterteil eines Lamms an einem Bratenspieß befestigt, um es über offenem Feuer zu rösten. Deshalb gebe ich es nicht wieder, aber ich besitze zwei weitere Rezepte von Dumas in meiner Sammlung. Auch sie beziehen sich auf Lammzubereitungen. Eines ist

Foie de Mouton à la Patraque

(Hammelleber Kinkerlitzchen)

In dünne Scheiben geschnittene Schafsleber in sehr heißes Öl legen. Jede Seite 5 Min. braten. Das Fleisch herausnehmen und in das Öl den Saft von 2 Zitronen und die gleiche Menge Essig geben. Knoblauch und gut ausgewalztes Toastbrot hinzufügen. Gut 2 Min. lang vermengen. Dann das Fleisch mit etwas gehackter Petersilie in den Topf zurücklegen und sautieren, bis die Leber gar ist.

Man erkennt das Alter des Rezepts an der Verwendung von Toastkrumen zum Andicken der Sauce;

doch das wurde schon zu Dumas d. Ä. Zeiten nur noch selten gemacht. Hier noch ein anderes Dumas-Rezept:

Die siebenstündige Hammelkeule

In eine Steingutschüssel kleingehackte Speckschwarte geben. 1 Hammelkeule mit Schinken, Knoblauch und Speck spicken. Die Keule mit Salz, Pfeffer, 2 dicken Zwiebeln, 3 Glas Wasser und 1 Glas Weißwein in die Schüssel legen. Die Schüssel mit einem Teller zudecken. Schüssel und Teller rundherum mit einer Papierbanderole zukleben. Etwas Wein in den Teller schütten, und 7 Std. köcheln lassen.

Aus demselben reichen Fundus, aus dem die Dumas-Rezepte stammen, bieten sich noch mehr an, zunächst

Huhn à la Reine Marie

In einem Bratentopf über mittlerer Flamme 1 ¼ Pfd. Kalbsknie, geviertelt, von allen Seiten leicht anbraten, dann aus dem Topf nehmen. Die Butter sollte nicht braun werden. 4 große, in dicke Scheiben geschnittene Zwiebeln anbräunen, das Knie wieder dazugeben. Dann einen geviertelten Kalbsfuß dazutun. Mit ½ l heißem Wasser begießen, und 1 Kräuterbündchen hinzufügen. Den Topf zudecken; auf kleinster Flamme 4 Std. köcheln lassen. Achtgeben, daß das Wasser nicht völlig verdampft. Dann das Knie, den Fuß und das Kräuterbündchen herausnehmen. Die anderen Gemüse gut durch ein Sieb drücken, damit nichts vom Gemüseextrakt verlorengeht. 4 El. Butter über schwacher Flamme zum Schmelzen bringen. Mit 1 El. Mehl bestäuben, unter ständigem Rühren mit dem Holzlöffel leicht anbräunen. Ganz langsam den durchgeseihten Gemüsesaft hinzugeben. Die Sauce köcheln lassen, bis sie eindickt. Ein schönes Bratenhuhn zerteilen und in einem Gußeisentopf in 7 El. Butter von allen Seiten anbraten. ½ Tl. Salz und 3 El. guten trockenen Weißwein hinzufügen. Zudecken und je nach Größe des Brathuhns etwa ¾ Std. dünsten. Das Hühnerklein (die Innereien) hat inzwischen 2 ½ Std. mit 1 Karotte, 1 Rübe und 1 Stange Lauch geköchelt. Dabei sollte ⅓ l konzentrierte Brühe entstehen. In einem kleinen Töpfchen 4 El. Butter über schwacher Flamme auflösen. Mit 1 El. Mehl bestäuben und mit dem Holzlöffel gut verrühren. Mit der Bouillon auffüllen; wenn sie zu kochen beginnt, 350 g Sahne dazugeben. Würzen mit ½ Tl. Salz und ¼ Tl. Pfeffer. Zum Kochen bringen und vom Feuer nehmen. Die Hühnerteile auf einer Servierschüssel so zusammenfügen, daß sie wie ein unzerlegtes Huhn aussehen. Die Sauce lauwarm darübergießen. Kalt servieren.

Ein sehr angenehmes Hauptgericht für heißes Wetter. Dazu paßt grüner Salat.

Aus derselben Quelle

Eine Lachspastete

Für den Pastetenteig 600 g Mehl, 350 g Butter und ¼ Tl. Salz mit dem Teigmischer vermengen. Nur so viel kaltes Wasser dazugeben, daß der Teig zusammenhält. Die Masse nur zusammenbringen, nicht verkneten. ½ Std. zugedeckt stehenlassen. Dann zu einem Quadrat von 30 mal 30 cm ausrollen. Von oben zur Mitte einfalten. Ebenso von unten und von den Seiten. Zugedeckt wegstellen (Man kann heute den Teig in Fettpapier einwickeln, statt ihn, wie dieses alte Rezept empfiehlt, zuzudecken.) 2 Eier 11 Min. und 175 g Reis in ¾ l Wasser 15 Min. kochen.

Gertrude Stein und Alice B. Toklas in den zwanziger Jahren.

Den Reis im Ofen vollständig trocknen. Den Teig 7 cm dick ausrollen – am Rand rundherum aber nur halb so dick, die Teigmitte sollte doppelt dick sein. Eine 1 cm dicke Lage Reis (der völlig kalt sein muß) in die Mitte geben, darauf eine gleich starke Schicht dicker Sahne, auf die Sahne 1 Pfd. Lachs in 3 Scheiben legen, die einander überlappen, salzen und pfeffern. Noch einmal eine 1 cm dicke Schicht Sahne. Darüber die feingehackten hartgekochten Eiern streuen. Wieder eine 1 cm dicke Schicht Reis, dann leicht salzen und pfeffern. Den Teig mit etwas Wasser bestreichen und von oben und unter her zumachen. Die Seiten einschlagen. Oberfläche und Seiten mit geschlagenem Ei, vermengt mit 3 El. Wasser bestreichen. Die Seiten der *paté* mit einem Stück eingefettetem Papier zusammenhalten und mit einem Bindfaden festbinden. Mit der Gabel an mehreren Stellen den Teig einstechen. In der Mitte eine kleine runde Öffnung machen, indem man ein Stück Teig von 2 ½ cm ausschneidet. Die Pastete auf ein leicht eingefettetes Backblech schieben und bei 260° ins Rohr tun. Nach 10 Min. die Hitze auf 200° herunterdrehen. Sobald die *paté* braun zu werden beginnt, die Hitze auf 190° verringern. Nach ½ Std. das Papier, das die Pastete zusammenhält, entfernen und die Pastete noch ¼ Std. backen lassen. Aus dem Ofen nehmen und in das Loch im Teig 4 El. geschmolzene Butter träufeln. Servieren.

Dieses Omelett-Rezept stammt aus George Sands Kochbuch. Deshalb wäre der passende Name

Omelett Aurore

8 Eier mit 1 Prise Salz, 1 El. Zucker und 3 El. dicker Sahne schlagen. Das Omelett in der üblichen Weise zubereiten. Ehe man es zusammenfaltet, wird es gefüllt mit 1 Tasse in Würfeln geschnittenen kandierten Früchten und kleinen Stücken *marrons glacés*, die man zuvor ein paar Stunden in 2 El. Curaçao eingelegt hat. Das gefaltete Omelett in einer feuerfesten Form mit *marrons glacés* und kandierten Kirschen umlegen und unverzüglich mit einer Frangipan-Creme übergießen, die man folgendermaßen zubereitet hat: 2 ganze Eier und 2 Eigelb mit 3 El. Zucker so lange rühren, bis sie blaßgelb werden. 150 g Mehl und 1 Prise Salz hineinrühren, bis die Masse ganz glatt ist. ½ l Milch dazugießen und gut verrühren. Die Creme über schwacher Flamme so lange rühren, bis sie eindickt. Sie darf nicht aufkochen. Achtgeben, daß sie weder am Boden noch an den Seiten ansetzt. Wenn sie dick genug ist, 2 El. Butter und 3 zerriebene Makronen dazutun. Gut vermengen. Über das Omelett schütten und mit ¼ Tasse kleingehackter Angelika bestreuen. 6 zerbröselte Makronen darüberstreuen, mit 3 El. geschmolzener Butter begießen. Das Omelett in den auf 300° vorgeheizten Ofen schieben, gerade so lange, daß es eben anbräunt.

Omelett im Überzieher

3 El. Butter samt 1 El. gehackter Petersilie, ¾ Tasse in dünne Scheiben geschnittenen Champignons mit Stielen, 2 kleingehackten Frühlingszwiebeln und 2 feingehackten Schalotten bei mittlerer Hitze in einen Topf geben. Alles gut in der Butter wenden, dann 1 ½ El. Mehl und ¾ l Milch hinzufügen. So lange rühren, bis die Sauce dick wird. Wenn sie kocht, die Hitze verringern und 5 Min. köcheln lassen. 6 Eier weich, das heißt 4 Min. kochen, abschrecken, abpellen und vorsichtig darauflegen. Die Sauce 5 Min. zugedeckt in kochendes Wasser stellen. Aus 6 Eiern auf die bekannte Weise ein Omelett machen, mit dem man die Eier in der Sauce zudeckt. Darüber kommen 2 El. geschmolzene Butter, eine

dicke Schicht gebräunte Semmelbrösel und noch einmal 2 El. geschmolzene Butter. Im vorgeheizten Ofen bei 300° kurz überbacken. Sofort servieren.

Und noch ein Omelett, aber ohne Name, deshalb heißt es

Namenloses Omelett

In einer Schüssel 4 Eigelb mit 150 g dicker Sahne, 1 Prise Salz und 1 El. geriebenem Parmesan gut vermengen, 5 El. sehr weiche Butter darunterrühren. Die 4 Eiweiß schlagen und zusammen mit 1 ½ Tassen feingehacktem Schinken unter die Eimasse heben. In einer angewärmten, eingefetteten, feuerfesten Form in den auf 300° vorgeheizten Ofen stellen. Nach 5 Min. aus dem Ofen nehmen, schnell mit 200 g Sahne und ¼ Tasse kleingehacktem Schinken bedecken und zurück in den Ofen; bei 200° in etwas weniger als 15 Min. braun werden lassen. Sofort servieren.

Geröstete Nieren

In einer Pfanne bei mittlerer Hitze 1 zerteilte Kalbsniere anbraten. 6 El. Butter in kleinen Stücken darunterrühren, so daß alle Teile darin geschwenkt werden können. Salz, Pfeffer und ¼ l heißen Madeira zugeben. Die Hitze reduzieren, 6 Min. dünsten lassen. Die Nieren mit einem Schaumlöffel aus der Pfanne nehmen, 2 El. Butter auslassen, 6 Scheiben Brot auf beiden Seiten darin anbräunen und aus der Pfanne nehmen. Die Niere durch den Fleischwolf drehen. Mit 7 El. Butter, 1 El. gehackter Petersilie, 1 gehackten Schalotte, ½ Tl. Salz, ¼ Tl. Pfeffer und 4 Eigelb gut vermengen. Die 4 Eiweiß schlagen und unter die Masse heben. Das geröstete Brot in eine feuerfeste Form legen, eine Lage der Fleischmischung auf jedes Stück Brot geben und mit dem Messer flachstreichen. Mit feinen Semmelbröseln und geschmolzener Butter überziehen. 20 Min. im vorgeheizten Ofen bei 200° überbacken. Servieren mit

Sauce Ravigot

Über schwacher Flamme ¼ l kräftige Bouillon, 1 Tl. Essig, 1/3 Tl. Pfeffer, ½ Tl. Salz und 1 El. Butter, mit 1 Tl. Mehl vermischt, in einen kleine Topf geben. Rühren, bis es zu kochen beginnt. 5 Min. köcheln lassen. Dann 1 Tl. Kerbel, 1 Tl. Estragon, 1 Tl. gehackte Kapern, 1 Tl. gehackte Petersilie, 1 Tl. gehackte Schalotten und 1 zerdrückte Knoblauchzehe vermengen und im Mörser gut zerstampfen. Zur Sauce geben, erhitzen. Rühren, bis die Sauce grün ist. Nicht aufkochen lassen. Falls die Kräuter nicht fein genug zerstampft sein sollten – was ein bedauerlicher Fehler wäre –, alles durch ein Sieb treiben und in einem anderen Topf noch einmal erhitzen, aber nicht kochen lassen. Zu den Nieren servieren.

Die Rezeptsammlung enthält eine unverhältnismäßig große Anzahl von Zubereitungen für Huhn, aber im Zweifelsfall sind die Franzosen immer für Huhn. So serviert man witzigerweise

Geviertteiltes Huhn

Ein schönes Brathuhn in 4 Teile teilen. Jedes Teil vollständig in eine dünne Scheibe Speck einwickeln, die man mit einem Zahnstocher feststeckt oder zubindet. Im Bratentopf bei mittlerer Hitze in 4 El. Butter leicht anbräunen und dann mit 1 Trüffel, 1 großen Scheibe Schinken, 1 Kräuterbündchen aus Petersilie, Thymian, ½ Lorbeerblatt und ein paar

Blättern Basilikum oder ¼ Tl. Basilikumpulver, 1 Nelke, Salz, Pfeffer und 2 dl trockenem Weißwein ¾ Std. zugedeckt köcheln lassen. Die Trüffel, die Schinkenscheibe, das Gelb von 1 hartgekochten Ei und 10 Kapern zerhacken, und zwar alles getrennt. Die Hühnerteile auf der Servierplatte flach zusammensetzen. Die Sauce entfetten, durchseihen, wieder zum Kochen bringen, den Bratensatz von Boden und Wänden kratzen und 1 ½ El. Butter, gut vermengt mit 1 El. Mehl, hinzufügen. Verrühren, 3 bis 4 Min. sanft kochen lassen, bis die Sauce eindickt. Über die Hühnerteile gießen, von denen daraufhin eines mit gehacktem Schinken, eines mit passiertem Eigelb, eines mit Trüffelstücken und eines mit Kapern garniert wird.

Bei folgendem Rezept habe ich gelernt, Reis genau richtig zu kochen. Außerdem ist es ein ausgezeichnetes Gericht.

Reis à la Dreux

250 g Reis waschen, abtropfen und vollständig trokken werden lassen, 3 El. Butter über mittlerer Hitze schmelzen, den Reis dazugeben und rühren, bis die Butter den Reis ganz einhüllt. Die Hitze verringern, weitere 10 Min. rühren. Dann ¾ l Hühnerbrühe, ½ Tl. Salz und ¼ Tl. Pfeffer zugeben und zudecken. Der Reis ist gar, wenn sich an der Oberfläche kleine Löcher bilden. Den Topf ohne Deckel ins schwach geheizte Backrohr stellen, um den Reis zu trocknen. 1 Kalbsniere in dünne Scheiben schneiden und in einem Topf mit 3 El. geschmolzener Butter auf mittlerer Flamme leicht anbraten, dann mit 1 El. Mehl bestäuben. Gut verrühren, mit 2 dl heißer Hühnerbrühe und 3 El. Madeira aufgießen. Hitze reduzieren, wenn es aufkocht. Würzen mit ¼ Tl. Salz, ⅛ Tl. Pfeffer und 1 Prise Muskatblüte oder Muskatnuß. Zudecken, 10 Min. köcheln lassen. Rührei aus 8 Eiern in einer Pfanne mit 2 El. geschmolzener Butter machen. ¼ Tl. Salz und 100 g Sahne untermengen. Das Rührei nicht zu trocken werden lassen. Der Reis, den man zuvor unter Klopfen, damit sich keine Löcher bilden, in eine Kranzform gefüllt hat, wird nun auf die Servierplatte gestürzt. In die Mitte kommt das Rührei, die Nierenscheiben legt man um den Reis herum und übergießt sie mit der Sauce.

Pilz-Sandwich (1)

Champignon-Sandwiches sind Jahre hindurch meine Spezialität gewesen. Gemacht wurden sie mit in Butter und etwas Zitronensaft gedünsteten Champignons. Nach 8 Min. die Pilze vom Feuer nehmen, kleinhacken und im Mörser zu Paste zerstampfen, die dann mit Salz, Pfeffer und 1 Prise Cayenne sowie nochmals der gleichen Menge Butter vollständig vermengt wurde. So weit, so gut. Aber dieses nun ist die beträchtlich verbesserte Version; sie heißt ebenfalls

Pilz-Sandwich (2)

Die Methode ist bis zu einem gewissen Grad dieselbe wie oben. Hier die Proportionen: Zu ¼ Pfd. in 2 El. Butter gedünsteten Champignons fügt man 2 Rühreier und 2 El. geriebenen Parmesan hinzu und vermengt alles gut. Das Ergebnis des Rezepts: ein köstliches Sandwich, das wie Huhn schmeckt. Lobenderes könnte nicht einmal ein Franzose sagen. Was mir die Idee zu Hühnersandwiches eingab, bei denen gehacktes und zerstampftes Huhn die Champignons ersetzt. Natürlich fanden sie großen Anklang.

Womit wir wieder beim Huhn wären, mit einigen

weiteren Rezepten, köstlichen und originellen. Das folgende ist beides.

Eine Henne mit goldenen Eiern

Ein Huhn mit kaltem Wasser bedeckt aufsetzen und über starker Flamme zum Kochen bringen. Wenn es zu kochen beginnt, abschäumen, die Hitze reduzieren. Salz, Pfeffer, 1 Kräuterbündchen, 1 große Zwiebel, 1 große Karotte, 1 Lauchstange und 2 große Zweige Estragon hinzufügen. Es hängt vom Alter der Henne ab, ob sie in 1 ½ Std. oder in 3 Std. gar ist. Sie sollte aber nicht so lange kochen, bis sie weich ist. 10 Min. vor Ende der Kochzeit ½ Pfd. Champignons hinzufügen. Das Huhn herausnehmen. Wenn mehr als ½ l Bouillon übrigbleibt, einkochen lassen, durchpassieren; 200 g dicke Sahne und 200 g Butter hinzufügen. Nicht aufkochen lassen. Nicht rühren, sondern den Topf schwenken. Ins Innere der Henne legt man die goldenen Eier, die so gemacht werden: 1 kg Kartoffeln in der Schale kochen. Wenn sie gar sind, pellen und in den Mixer geben. Dem Püree unter kräftigem Schlagen 100 g Butter und 6 Eier hinzufügen; zu eierähnlichen Kugeln formen, die man in geschmolzene Butter taucht. Über mittlerer Hitze 5 El. Butter in der Pfanne heiß, aber nicht braun werden lassen; die Eier hineinlegen. Das Henneninnere mit Eiern füllen. Die Sauce über die Henne gießen, und diese mit den restlichen Eiern garnieren.

Das ist eine amüsante Art, Huhn zu servieren. Es ist ein köstliches Gericht.

Huhn à la Contadine

Eine junges Brathuhn in 8 Teile schneiden, die man salzt und pfeffert. Über mittlerer Hitze in 4 El. Butter leicht anbraten. Die Hitze verringern; Hühnerteile zugedeckt 20 Min. dünsten lassen, wobei der Topf oft bewegt werden sollte. Vom Feuer und aus dem Topf nehmen und mit dem Inhalt des Topfes übergießen. ⅛ l süßen italienischen Vermouth (Cinzano oder Rossi) in den Topf gießen. Erhitzen und flambieren. Noch während des Brennens die Hühnerteile in den Topf zurücklegen, die Flammen löschen. Unter Rühren weiter erhitzen. Mit 1 El. Tomatenkonfitüre, 1 gehörigen Prise Zimt und 1 dito Prise Cayennepfeffer würzen. 5 Min. weiterrühren, damit die Sauce das Huhn ganz überzieht, und servieren.

Hier ein Geflügel, gereicht mit Wein:

Ente in Portwein

24 Feigen in einem hermetisch verschlossenen breiten Topf 36 Std. in bestem trockenem Portwein marinieren. Die Ente bei 230° ins Backrohr stellen. Nach ¼ Std. die Ente mit dem Portwein, in dem man die Feigen mariniert und den man erhitzt hat, alle ¼ Std. begießen. Die Ente wenden, damit auch die Beine braun werden. Wenn der Port aufgebraucht ist, die Feigen um die Ente herumlegen; weiter mit Kalbsbouillon begießen. Die Ente sollte, wenn es nicht eine ganz alte Ente ist, in 1 Std. gar sein.

Ich kann Enten nach dem Monat September kein Interesse abgewinnen. Enten sollten jung sein, und es ist schade, daß sie nicht später im Jahr ausgebrütet werden, denn eigentlich sind sie ein Spätherbst- und Wintergericht.

Als nächstes ein sehr hübsches Gericht, originell, aber nicht exzentrisch. Im Gegenteil ist es dem Auge wie dem Gaumen gleichermaßen angenehm.

Rosa Barsch à la Pompadour

Barsch sollte nicht in *court-bouillon* gekocht werden. Einen 4 Pfd. schweren Barsch in heißes Salzwasser legen. Sobald das Wasser zu kochen beginnt, die Hitze verringern. Der fisch sollte nur köcheln. Das Wasser sollte ¾ Std. zittern oder frösteln, wie die Franzosen sagen. Den Fisch aus dem Sud nehmen, vorsichtig die Haut ablösen, abgekühlt auf die Servierplatte legen und mit einer blaßgrünen Mayonnaise überziehen – aus 2 Eigelb, ⅔ l Öl, dem Saft von 1 Zitrone, Salz, Pfeffer und in gleichen Mengen Kresse, Kerbel und Estragon, die man im Mörser zu einer homogenen Masse zerstampft, die 4 El. ergeben sollte. 1 kg Kartoffeln kochen, pellen und zusammen mit 1 Pfd. gekochter roter Bete im Mixer pürieren. Wenn beides sich gut vermischt hat, 1 El. Öl und den Saft von ½ Zitrone hinzufügen, Salz und Pfeffer und so viel dicke Sahne, daß das Ganze sich im Spritzbeutel zum Garnieren des Fisches verwenden läßt.

Und dies ist ein anderes gleichermaßen reizvolles wie schmackhaftes Gericht:

Riesentäubchen im Pyjama

Eine ganz junge große Taube mit einer dünnen Scheibe Speck umwickeln, zusammenbinden und dick mit Butter einstreichen. Wenn möglich den Speck mit Weinblättern bedecken. Zusammen mit 1 Zwiebel, 1 zerdrückten Knoblauchzehe, 50 g in Würfel geschnittener Speckschwarte, 1 El. Butter, etwas Pfeffer und 4 El. Cognac in den Bratentopf geben, zudecken und auf schwacher Flamme 2 Std. köcheln lassen. Den Speck abnehmen, die Taube auf eine Servierplatte legen. Aspik zubereiten, indem man 1 El. Gelatine in ⅛ l Wasser auflöst. ¼ l Portwein mit der gleichen Menge Hühnerbouillon zum Kochen bringen. Die aufgelöste Gelatine unterrühren. Wenn der Aspik kalt ist und einzudicken anfängt, die Taube damit übergießen. ½ Rotkraut in Scheiben schneiden, mit ½ Tl. Salz und ¼ Tl. Pfeffer würzen. 1 ½ El. Olivenöl und den Saft von 1 Zitrone hinzufügen. Gut vermengen und den Salat um die Taube herum legen. Die Taube und den Salat mit Kapuzinerkresseblüten garnieren.

Fasan mit Quarkfüllung

Den ausgenommenen Fasan mit Quark füllen, die Öffnungen gut zunähen. Mit einer dünnen Speckscheibe umwickeln, diese mit einem Bindfaden befestigen; das Ganze großzügig mit geschmolzener Butter bepinseln. 3 El. Butter bei mittlerer Hitze im Bratentopf auslassen. Wenn die Butter geschmolzen ist, den Fasan hineinlegen und die Hitze verringern. Salzen und pfeffern. Zudecken, bei schwacher Hitze 1 Std. braten, hin und wieder mit dem Bratfett begießen. ¼ Std. vor Ende der Bratzeit den Speck abnehmen und den Fasan von allen Seiten anbräunen. Dann den Vogel auf die Servierplatte legen und den Bratensatz mit 4 El. Cognac ablöschen. Gut vom Boden und von den Seiten abkratzen, über den Fasan gießen und servieren.

Muscheln in Sahnesauce (1)

2 l sorgfältig gewaschene und geputzte Muscheln mit 3 El. Butter, 3 gehackten Schalotten und 1 zerdrückten Knoblauchzehe in einen Topf geben. Zudecken, über größter Hitze 4 bis 5 Min. heiß werden lassen. Wenn die Muscheln sich öffnen, sind sie gar. Abgießen, den Kochsaft durch ein feines Haarsieb

geben. Die Muscheln aus ihren Schalen nehmen. Den Saft in eine Schüssel gießen; dabei bildet sich ein Rückstand; achtgeben, daß man ihn nicht in den Topf gießt. Den Saft langsam erhitzen, dann eine kleine Menge abnehmen und mit ½ El. Safran in einer Tasse gut vermengen. Das Gemisch zurück in den Saft gießen. 2 El. Mehl dazugeben, etwa 5 Min. rühren, bis die Sauce eingedickt ist. Die Muscheln dazugeben. Die Hitze verringern, 150 g dicke Sahne zufügen. Wenn alles gut erhitzt ist, in eine tiefe Servierschüssel füllen, mit gehackter Petersilie bestreuen und servieren.

Man kann die Muscheln kalt servieren mit einer

Fenchelsauce

Man kocht eine Fenchelknolle zugedeckt 3 Min. in kochendem Salzwasser. Blanchieren, abgießen, ausdrücken und trockenreiben. So fein wie möglich hacken und unter eine Sauce Mousselin rühren. Wer Muscheln überhaupt mag, mag sie wahnsinnig gern, und das ist der Grund, warum unter den Schätzen so viele Rezepte für ihre Zubereitung sind.

Hier ein weiteres und letztes:

Muscheln in Sahnesauce (2)

3 El. Butter bei mittlerer Hitze in einem Topf schmelzen. 1 große, in dünne Scheiben geschnittene Karotte dazugeben. Die Hitze verringern, zudecken, ½ Std. dünsten. Den Topf hin und wieder bewegen. Dann bei ganz großer Hitze 3 l gewaschene und geputzte Muscheln, ¼ Tl. Salz und ¼ Tl. Pfeffer hinzufügen. Zudecken, 4 Min. aufkochen lassen. Die Muscheln herausnehmen, abtropfen lassen, aus den Schalen nehmen. In einem Topf bei mittlerer Hitze 1 ¼ Tasse gehackte Champignons in 2 El. Butter erhitzen, darin 3 El. Mehl mit einem Holzlöffel verrühren. Langsam den durch ein Haarsieb passierten Muschelsaft zufügen. Weiter rühren. 4 Min. kochen lassen. Hitze verringern, 5 El. Butter und 100 g dicke Sahne hinzufügen. Nicht mehr kochen lassen und nicht rühren. Vermengen, indem man den Topf schwenkt. Von der Flamme nehmen; ein paar Tropfen Zitronensaft sind möglich für die, die es gern mögen.

Die meisten Schätze dieser Sammlung sind französisch, und das ist Absicht. Wenn das Sammeln auch in den Vereinigten Staaten begann, sind doch meine eigentlichen Kochjahre die in Frankreich. Aber auch ein paar spanische und italienische Schätze sind darunter, die zweifellos inzwischen in den Vereinigten Staaten Allgemeingut sind. Ein spanisches Rezept mag ich mir jedoch nicht versagen. Zugegebenermaßen stammt es von einer französischen Freundin und ist deshalb fraglos eine veränderte Version des Originals. Von allem Chauvinismus abgesehen, kann man nicht umhin, zu finden, daß es von einer natürlichen Vorliebe geprägt ist.

Hier ist es:

Fisch in Teig (spanisch)

Man vermengt ⅛ l Olivenöl, 1 Ei, 1 Prise Salz, 1 gute Prise zerstoßenen Anis, 1 ½ El. Cognac. Wenn alles gut vermischt ist, ½ Pfd. Mehl hinzufügen, mit dem Teigmischer vermengen, aber eher kurz. Nur so viel Wasser hinzugeben, daß der Teig zusammenhält. Auf ein mehlbestreutes Backbrett geben, mit den Handflächen zu etwa 1 cm Dicke auskneten. Zu einer Kugel zusammenrollen, Kneten und Ausrollen wiederholen. Zu einer Kugel zusammenrollen und einige Stunden (am besten 6 Std.) an einem kühlen

Ort ruhen lassen. Das Kneten sollte schnell passieren. Die Teigmenge ist ausreichend für einen 2- bis 2 ½pfündigen Fisch. Spanier ziehen Forellen allen anderen Fischen vor – sie verspeisen sie in unglaublichen Mengen. Es sollte also möglichst eine Forelle sein, aber jeder andere Fisch mit nicht zu kräftigem Geschmack tut es auch. Nachdem der Fisch gesäubert ist, schneidet man ihn an der Unterseite mit einem scharfen Messer auf. Wer geschickt ist, kann auch die Rückengräte auslösen. Auf jeden Fall wird der Fisch innen mit Salz und Muskatnuß ausgerieben, mit Olivenöl eingepinselt und mit Haselnüssen und kernlosen Rosinen in gleicher Menge gefüllt. Man erhitzt die Nüsse kurz im Backofen, dann läßt sich die noch heiße Haut mit einem Geschirrtuch leicht abreiben. Die Nüsse sollen völlig ohne Haut sein. Auf dem Teller ist sie wirklich störend. Der Fisch wird zusammengebunden. Den Teig ausrollen, den Fisch darauflegen, die Teigränder befeuchten. Den Fisch vollständig einwickeln. Die Teigränder aufeinanderdrücken, den Fisch in einer feuerfesten Form in sehr heißem Ofen – 250° – 35 bis 40 Min. backen. Ein köstliches Gericht.

Die Franzosen haben ihre eigene Version vom gedeckten Kürbiskuchen. Man ißt ihn so auf dem Land. In Paris kennt man ihn nicht. In Bugey, zur Weinlese, macht man ihn wie in Amerika, nur ohne Muskatnuß oder Zimt und Weinbeeren. Als wir das der Tochter eines Bauern erzählten, die uns einen brachte, den sie gebacken hatte, sagte sie, sie würden keine Gewürze anbauen, weil es dafür nicht heiß genug sei, und ihre Trauben eigneten sich nicht zum Trocknen und für Rosinen. Auf den Hinweis, Muskatnuß und Rosinen könne man in Belley kaufen, reagierte sie ganz entsetzt und meinte, außer Kaffee und Zucker würden sie nie etwas kaufen. Dies ist der Kürbiskuchen, aber kein süßer, er heißt

Der Citrouillat

Man schält 5 Pfd. Kürbis und schneidet ihn in ½ cm große Würfel. In eine Schüssel geben, lagenweise mit Salz bestreuen. Über Nacht stehenlassen. Das oben für die spanische Fischpastete angegebene Teigrezept paßt auch hier, wenn man das Öl durch Butter ersetzt und den Anis wegläßt. Am Morgen die Kürbiswürfel trockenreiben und in eine flache Gratinform geben; mit dem Teig zudecken. In der Mitte ein 2 ½ cm großes Loch lassen. Die Franzosen schmücken die Öffnung gern mit aus Teig gestochenen Blättern. Im vorgeheizten Ofen ¾ Std. bei 180° backen. Dann nimmt man den Kuchen aus dem Ofen und gießt in das Loch in der Mitte soviel dicke Sahne, wie der Kuchen aufnimmt, etwa eine Tasse, wenn man den Kuchen in alle Richtungen bewegt.

Ich hätte nicht gedacht, daß die Franzosen viel Maismehl verwenden, aber im Jura, sogar in Burgund ist es doch der Fall. Dies ist eins ihrer Kuchenrezepte:

Maismehlkuchen

(die Franzosen nennen sie croquants, in Amerika würde man crispies sagen)

Man vermischt gründlich 150 g Maismehl, 300 g Weizenmehl und 180 g Zucker. ½ Pfd. Butter über schwacher Flamme auflösen und über die trockenen Zutaten gießen. Sehr gut mit dem Löffelrücken vermengen. In eine ausgebutterte Springform drücken. Im vorgeheizten Ofen bei 180° 15 bis 20 Min. backen. Achtgeben, daß der Teig nicht zu dunkel wird. Man kann ihn mit einem Zuckerguß, dem man 1 Tl. Rum beifügt, glasieren. Heiß aufschneiden.

Und nun einige Nachtischrezepte.

Rue de Fleurus, 1922.

Eine englische Freundin erzählte mir eine Geschichte ihrer Großtante, einer Hofdame der Königin Victoria, die einen indischen Kamelhaarschal kaufte, um ihn bei Hofe zu tragen. Zu ihrer ewigen Schande vergaß man, ein Etikett zu entfernen, und es hing für jedermann sichtbar heraus. Ein Mitglied der königlichen Familie bemerkte es und las: Dezent, aber elegant. Das paßt auch auf dieses Dessert:

Reis mit Früchten

375 g Reis, gut gewaschen, in kaltem Wasser aufsetzen und schnell zum Kochen bringen. Über mittlerer Flamme 1 l Milch und 200 g Zucker mit dem Reis aufkochen, dann abgießen. Mit kaltem Wasser übergießen und abtropfen lassen. Auf ganz kleiner Flamme in 1 l Milch 1 Std. ohne umzurühren köcheln lassen. Eine Asbestplatte unter den Topf tun. Wenn der Reis gar ist, mit 1 Tl. Rum abschmecken und in eine leicht (am besten mit süßem Mandelöl) geölte Ringform geben. Wenn er kalt ist, stürzen und in den Eisschrank stellen. In die Mitte gibt man zum Servieren Schlagsahne, garniert mit Erdbeeren, und reicht dazu folgende Sauce: Erdbeeren und Himbeeren zu gleichen Teilen durch ein feines Haarsieb passieren, mit Puderzucker süßen und mit dem Saft von ½ Zitrone und 1 Tl. Rum aromatisieren.

Wie und wann das folgende Rezept in das Kochbuch einer französischen Familie kam, blieb ungeklärt. Aber die Handschrift konnte als die der Urgroßmutter identifiziert werden. Es ist für

Crème Marquise

(mit dem Vermerk: Jean-Jacques Rousseau)

Für 3 Personen 100 g Schokolade im Wasserbad schmelzen. Dann in jeweils kleinen Mengen 8 El. Butter hinzufügen. Ununterbrochen rühren. Nacheinander 3 Eigelb dazugeben, immer in eine Richtung rühren. Vom Feuer nehmen und unter die Masse 3 steifgeschlagene Eiweiß heben. Eisgekühlt servieren. Es ist die ganz ausgezeichnete Version eines eher gewöhnlichen französischen Desserts.

Dieses ist ebenfalls ein besonders gutes Rezept für ein wohlbekanntes Dessert, den

Riz à l'impératrice

100 g Reis gründlich waschen und 2 Std. in kaltem Wasser einweichen. Abtropfen lassen, in einem Topf mit kochendem Wasser schütten. Wenn das Wasser wieder aufkocht, den Reis nach 2 Min. herausnehmen und mit 150 g Zucker in ½ l kochende Milch geben. Eine ¾ Std. auf schwacher Flamme köcheln lassen. ½ l Sahne mit 50 g Zucker zum Kochen bringen. 4 Eigelb verrühren und mit der heißen Sahne vermengen. Mit dem Holzlöffel über möglichst schwacher Flamme so lange rühren, bis die Creme den Löffel überzieht. Vom Feuer nehmen, 1 El. Vanilleextrakt hinzufügen, gelegentlich, bis sie ganz abgekühlt ist, umrühren. 200 g geschlagene Sahne darunterheben. Vorsichtig 1 Tasse feingeschnittene gemischte Früchte – Bananen, Beeren, Aprikosen und Pfirsiche, die man zuvor in Rum und ihrem eigenen Saft ziehen läßt – und ¼ Tasse in winzige Würfel geschnittenes Angelika untermischen. In eine leicht geölte Form füllen, mindestens 2 Std. in den Eisschrank stellen.

Die Franzosen servieren dieses Dessert mit einer Frucht- oder Vanillesauce, aber wir würden wahrscheinlich Schlagsahne den Vorzug geben.

Eine ausgezeichnete Eiscreme macht man statt mit Zucker mit Honig.

Nougat-Eiscreme

Über schwachem Feuer 600 g flüssige Sahne im Topf erhitzen. 6 Eigelb verrühren und die erhitzte Sahne hinzufügen. Über möglichst schwacher Flamme rühren, bis die Masse am Löffel haftet. Vom Feuer nehmen und unter ständigem Rühren langsam 300 g Honig (bevorzugt Orangenhonig) hineingießen. 1 El. Orangenblütenwasser hinzufügen. Durch ein Sieb geben und 3 steifgeschlagene Eiweiß unterheben sowie 100 g blanchierte, geschälte und absolut trokkene Pistazienkerne und 50 g blanchierte Mandeln, der Länge nach durchgeschnitten (mit einem spitzen Messer; solange sie feucht sind, geht es leicht). Mit einem weiteren El. Orangenblütenwasser abschmecken, gefrieren lassen.

Hier sind vier Rezepte, die allein schon der Namen wegen, die damit verbunden sind, Interesse verdienen. Zunächst eines in Stéphane Mallarmés eigenen Worten. Er nennt es Marmelade, es ist aber als Dessert unvergleichlich.

Kokosnußmarmelade

Niemand, der in einen Laden trat und eine Kokosnuß sah und sie kaufte, wußte damit etwas anzufangen. Für die Pariser blieb diese klassische Frucht von weither, gleich Granatäpfeln oder Orangen und Ananas, eine nutzlose Kuriosität. – Aber hier nun der delikateste Leckerbissen von den Inseln und deren Gestaden. In einem Kupfertopf kocht man 1 Pfd. Zucker und ⅛ l Wasser bis zur kleinen Perle; dann läßt man geraspelte Kokosnuß hineinrieseln, rührt mit einem Holzlöffel um. Nach 15 Min. 2 Eier in einen anderen Topf geben, die Kokosnuß mischen, daraufgießen, während man in immer dieselbe Richtung rührt. Aromatisieren mit Vanille, Zimt oder Orangenblütenöl; 5 Min. auf die Flamme zurückstellen und die Mischung, nachdem man sie hat abkühlen lassen, in eine Kompottschüssel gießen und kalt servieren.

Es ist in der Tat ein delikates Naschwerk, aber der Sirup sollte nicht so lange kochen, wie das Rezept es empfiehlt. Mein Dessert war ein ausgezeichnetes Bonbon, einer chinesischen Süßigkeit ähnlich, lange bevor es Zeit war, die Eigelb unterzumischen. Deshalb wird es bei mir mit ¼ l Wasser gemacht und nur bis 150° gekocht.

So geht eine

Josephine-Baker-Creme

Man schlägt 3 Eier mit 3 El. Zucker auf. 2 El. Mehl erst in etwas Milch auflösen, dann ½ l Milch hinzufügen. Mit der Zucker-Eier-Mischung vermengen, dann passieren. 2 Tl. Kirsch und 2 Tl. Liqueur de Raspail hinzufügen, dann 3 in dünne Scheiben geschnittene Bananen und wenige winzige Stückchen Zest oder Zitronenschale. Gut vermischen, in eine feuerfeste Form gießen und bei 200° im vorgeheizten Ofen 20 Min. backen. Kalt servieren.

Der Liqueur de Raspail wird wahrscheinlich durch anderen Likör ersetzt werden müssen.

Rossini, der Trüffeln über alles liebte, erfand folgenden Salat, aber erst nachdem der jüngere Alexandre Dumas dem Publikum die bessere Version zur Kenntnis gebracht hatte.

Josephine Baker in den Folies-Bergere, Paris 1926

Rossini-Salat

Im Verhältnis 4 zu 1 in Scheiben geschnittene gekochte Kartoffeln und in Scheiben geschnittene, zuvor in Champagner gekochte Trüffeln mit einer üblichen Vinaigrette aus 3 Teilen Olivenöl und 1 Teil Essig, Salz und Pfeffer servieren.

Und hier der Beweis, daß der Meister größer ist als sein Nachfolger:

Alexandre Dumas' d. J. Francillon-Salat

Dies ist das Rezept, wie er es in seinem Stück *Francillon* gibt, dessen Uraufführung in der Comédie Française stattfand.

Annette: Kartoffeln werden in Bouillon gekocht, in Scheiben geschnitten wie zum gewöhnlichen Kartoffelsalat und, während sie noch warm sind, angemacht mit Salz, Pfeffer und einem sehr guten, fruchtigen Olivenöl, Essig...

Henri: Estragonessig?

Annette: Orléans-Essig ist besser, aber das ist eigentlich nicht so wichtig. Entscheidend ist ein halbes Glas Weißwein, Château Yquem, wenn möglich. Viel feingehackte Kräuter. Gleichzeitig in einer *court-bouillon* mit einem Stengel Sellerie sehr große Muscheln kochen; gehörig abtropfen lassen und zu den schon angemachten Kartoffeln tun.

Henri: Weniger Muscheln als Kartoffeln?

Annette: Ein Drittel weniger. Man darf die Muscheln erst nach und nach herausschmecken. Man darf sie weder vorweg- noch durchschmecken. Wenn der Salat fertig ist, ihn vorsichtig wenden und mit Trüffelscheiben bedecken – als richtiges Gelehrtenhäppchen.

Henri: In Champagner gekochte Trüffelscheiben?

Annette: Das versteht sich von selbst. Das alles muß zwei Stunden vor dem Essen geschehen, damit der Salat kalt ist, wenn man ihn serviert.

Henri: Man könnte Eisstückchen um den Salat herumlegen.

Annette: Nein, nein, nein. Man darf ihn nicht brüskieren, er ist sehr empfindlich, und die verschiedenen Geschmacksnuancen müssen einander in aller Ruhe durchdringen können.

Er ist köstlich und typisch französisch in seiner Zusammensetzung. Warum er gemeinhin unter der Bezeichnung Japanischer Salat bekannt ist, hat mir niemand erklären können.

Die Proportionen seiner heutigen Zubereitung sind: 1 kg Kartoffeln, 3 l Muscheln, Trüffeln, soviel das Portemonnaie erlaubt, ¼ l Olivenöl, 4 El. Essig, 1 El. Kräuter, ¼ Tl. Pfeffer, wenig Salz (die Muscheln sind salzig), 1 l Bouillon und 1 Stange Sellerie.

8. KAPITEL

Essen in den Vereinigten Staaten in den Jahren 1934 und 1935

Als Gertrude Stein sich im Sommer 1934 nicht entschließen konnte, ob sie nach Amerika fahren wollte oder nicht, war eine Sache, die sie bedenklich stimmte, das Essen dort. Würde es nach ihrem Geschmack sein? Ein junger Mann aus Bugey war kurz zuvor von einem Besuch in den Vereinigten Staaten zurückgekehrt und hatte berichtet, daß das Essen ihm fremder gewesen sei als die Menschen, ihre Wohnungen und wie sie darin lebten. Er sagte, das Essen sei gut gewesen, aber arg fremd. Mischgemüse aus der Dose und Fruchtsalat aus der Dose zum Beispiel. Sicher, sagte ich, aber Sie hätten es nicht zu essen brauchen. Sie hätten statt dessen etwas anderes essen können. Nein, sagte er, nicht wenn man Gast ist.

Zu eben der Zeit hatten wir einen amerikanischen Freund in Bilignin zu Gast, der versprach, eine Speisekarte des Restaurants zu schicken, das zu dem Hotel gehörte, in dem Gertrude Stein wohnen wollte, wenn sie zum Vortrag in seine Heimatstadt kam, was er pünktlich nach seiner Rückkehr tat. Die Vielfalt der Gerichte war eine angenehme Überraschung, wenn auch die Gemüsecocktails und Fruchtsalate aus der Dose überwogen. Zum Trost gab es Honigmelonen, *soft shell crabs* und erstklassigen Rinderbraten. Wir würde das große Unternehmen wagen.

Bei der Überfahrt auf der Champlain bekamen wir bestes französisches Essen. Es ließ mich an ein in meiner Jugend populäres Schülerlied denken, *Home Will Never Be Like This*. Wenn auch das Essen, das uns im Algonquin-Hotel erwartete, nicht zu vergleichen war mit dem auf dem französischen Dampfer, war es auf seine Weise doch sehr gut – einmalige T-bone-Steaks und *soft shell crabs* und unbeschreibliche Eiscremes.

Mr. Alfred Harcourt, Gertrude Steins Verleger, hatte uns eingeladen, das Thanksgiving-Wochenende mit Mrs. Harcourt und ihm in ihrem Haus in Connecticut zu verbringen, und da aßen wir zum erstenmal mit verhohlener Erregung und Neugier wilden Reis. Er ist für mich immer etwas Außergewöhnliches geblieben. Carl van Vechten schickt ihn uns. Zum Hochgenuß meiner französischen Freunde serviere ich

Wilden Reis

½ Pfd. wilden Reis im Dampftopf garen. ½ Pfd. grob gehackte Champignons, 10 Min. in 3 El. Öl und 2 El. Zitronensaft gekocht, 2 grob gehackte harte Eier, 1 feingehackte grüne Paprikaschote, 1 ½ Tasse ausgelöste Krabben mit dem Wildreis kurz vermischen und servieren mit

Aioli- oder Ailloli-Sauce

Im Mörser 4 Knoblauchzehen zerstampfen, 1 Prise Salz, weißen Pfeffer und 1 Eigelb dazu. Diese Zutaten zu einer homogenen Masse zerstampfen. Man kann fortfahren mit dem Stampfer oder auch eine Holzgabel nehmen, einen Holzlöffel oder einen Schneebesen. Die richtigen provenzalischen Aioli-Macher verwenden durchgängig den Stampfer. Für welches Instrument Sie sich auch entscheiden, Sie fangen damit an, tropfenweise bestes Olivenöl unterzurühren. Wenn das Ei 3 El. Öl absorbiert hat, ½ El. Zitronensaft hinzufügen. Unter Rühren das Öl jetzt schneller einlaufen lassen. Der Masse, die bald wieder steif wird, 1 Tl. lauwarmes Wasser hinzufügen (ich wiederhole: *lauwarmes* Wasser). Fortfahren, Öl, Zitronensaft und lauwarmes Wasser hinzuzufügen. 1 Eigelb nimmt etwa ¼ l Öl auf, 1 ½ El. Zitrone und 2 Tl. lauwarmes Wasser.

Aioli ist natürlich nichts anderes als eine Knoblauchmayonnaise, eine cremige Mayonnaise. Mayonnaise mit lauwarmem Wasser ist cremiger als ohne. Dem Eigelb einer Mayonnaise sollte mehr Salz und Pfeffer zugefügt werden als dem von Aioli, zudem Senfpulver und Paprika.

Gertrude Stein sagte, sie wolle vor ihren Auftritten mit niemandem zu Mittag oder zu Abend essen; wir sollten unter uns bleiben und einfach essen. Vor ihrem ersten Vortrag bestellte sie zum Abendessen Austern und Honigmelone. Sie sagte, das sei nach ihrem Geschmack. Während ihrer Reise durch zwölf verschiedene US-Staaten wich sie so wenig wie möglich von diesem ersten Menü ab. Gelegentlich mußten die Austern durch Fisch oder Huhn ersetzt werden. Die Honigmelonen, die es überall gab, fand ich von Anfang an fade. Melonen sind für mich Erfrischungen an heißen Tagen. Bis zu 25° und darüber geheizte Räume haben nichts mit Sonne zu tun. In jedem Fall ist mir der Geschmack von spanischen Melonen lieber als der von persischen und Honigmelonen. Die ausgefallensten Gerichte wurden ausprobiert, nur nichts, was den Eindruck einer Drugstore-Spezialität machte.

Gertrude Stein blieb an den Tagen ihrer Vorträge bei dem ihr zusagendem *régime*. Sonst aßen wir üppig bei Freunden und in Restaurants, zunächst in New York, dann ein ausgezeichnetes Gasthausabendessen in Princeton, im Signet Club in Harvard mit einem halben Dutzend seiner Mitglieder und niemandem sonst – auf Gertrude Steins Wunsch – und sehr gut im Smith College. Dann weilten wir bei entzückenden Leuten in einem alten historischen Haus inmitten seltener und wunderschöner Gegenstände und aßen abends und mittags von erlesenem Porzellan, mit Kristall und Silber, auf einem kostbaren Tafeltuch aus Spitze und fuhren, eigentlich hungrig, weiter und bekamen nachmittags, fünfzig Meilen entfernt, ein anspruchsloses, aber sorgfältig gekochtes Mahl in einer kleinen Stadt; die Austern, den gebratenen Truthahn mit seinen Beilagen und einen ungewöhnlich guten Reispudding schafften wir mühelos. Wir baten, die Köchin zu sprechen, um uns zu bedanken, und sie gab mir das Rezept für

Reispudding

¼ Pfd. Reis gründlich waschen und in 1 l Milch mit 1 Prise Salz im Wasserbad kochen. 8 Eier mit dem Holzlöffel verrühren, dann langsam 200 g Zucker und 5 El. Milch untermengen. 10 Min. rühren, nach und nach ½ l abgekochte Milch hinzufügen. Auf möglichst schwacher Flamme so lange rühren, bis die Creme am Löffel haftenbleibt. Vom Feuer nehmen, durchpassieren, 1 El. Vanilleextrakt hinzufügen. Wenn der Reis gar ist, langsam die Eier-Zucker-

Auf dem Weg nach Chicago, 7. November 1934.

Milch-Mischung hinzufügen. Dann vorsichtig 3 steifgeschlagene Eiweiß darunterheben. In eine ausgebutterte Form füllen und 20 Min. bei mäßiger Hitze im Ofen backen. Abkühlen lassen, ehe man ihn aus der Form nimmt. Servieren mit

Vanillesauce

6 Eigelb gründlich mit 200 g Zucker verrühren. Gut ½ l abgekochte heiße Milch zugießen. Über ganz schwacher Flamme mit einem Holzlöffel so lange rühren, bis die Mischung den Löffel überzieht. Vom Feuer nehmen, mit 1 El. bestem Kirsch abschmecken. Durch ein Haarsieb passieren. Hin und wieder durchrühren, bis die Creme erkaltet ist und man sie in den Eisschrank stellen kann. Vor dem Servieren hebt man vorsichtig 1 Tasse geschlagene Sahne unter.

Gertrude Steins und Virgil Thomsons Oper wurde in Chicago aufgeführt. Sie hatte sie noch nie gehört, und als Bobsie Goodspeed uns anrief und sagte, wenn wir sie hören wollten, müßten wir das Flugzeug nehmen – die Zeit würde nicht ausreichen, um zwischen zwei Vorträgen mit dem Zuge hinzufahren –, stimmte Gertrude Stein zu, aber unter der Bedingung, daß Carl van Vechten mitkam. Nach einer vortrefflichen Aufführung von *Four Saints in Three Acts* gab Bobsie ein Souper. Sie war bekannt für ihre ausgezeichnete *cuisine*. Unter den vielen Gängen erinnere ich mich nur noch des ersten und des letzten, einer klaren Schildkrötensuppe und einer phantastischen *pièce montée* aus Nougat und Rosen, Creme und kleinen farbigen Kerzen. Das Dessert erinnerte mich an eine Postkarte, die Virgil Thomson uns einmal von der Côte d'Azur geschickt hatte – entzückend gelegen, mit Blick aufs Meer, Kiefern und Nachtigallen, alles in Butter gekocht. Dies ist das Rezept für

Klare Schildkrötensuppe

½ Pfd. an der Sonne getrocknetes Schildkrötenfleisch vier Tage lang in kaltem Wasser einweichen, das täglich erneuert werden muß. Am 4. Tag 1 Stange Sellerie, 1 Stange Lauch, 1 Karotte, 2 Zwiebeln und 1 Rübchen herrichten. 12 Pfefferkörner, 3 Nelken, 8 Korianderkörner, jeweils 1 Stengel Basilikum, Rosmarin, Majoran und Thymian in eine Gazesäckchen binden. Die Gemüse, das Säckchen mit den Gewürzen und Kräutern und das Schildkrötenfleisch in einen großen Topf geben. In 4 l Brühe ohne Deckel zum Kochen bringen, gründlich abschäumen, zudecken und mindestens 8 Std. köcheln lassen. Möglicherweise muß weitere Brühe hinzugegeben werden, aber nur in kleinen Mengen und kochend. Das Schildkrötenfleisch, wenn es weichgekocht ist, aus dem Topf nehmen und aufheben. Die Suppe durch ein Mulltuch passieren. Wenn das Fett an die Oberfläche steigt, alles sorgfältig abschöpfen. Zum Klären der Suppe 3 Eiweiß und den Saft von ½ Zitrone hinzufügen über mittlerer Hitze unter ständigem Schlagen mit dem Schneebesen zum Kochen bringen. Wenn sie kocht, Hitze verringern und zudecken. Nach 10 Min. durch ein Mulltuch gießen. Sie ist von wunderschöner Durchsichtigkeit. Das Schildkrötenfleisch in 2½ cm dicke Scheiben schneiden, in die durchpassierte Suppe legen, Salz, 1 gute Prise Cayenne und ⅛ l vom besten Sherry pro Liter Suppe hinzufügen. Heiß servieren. Eine schmackhafte, nahrhafte, aber leichte Suppe.

Durch eine Winterlandschaft wurden wir zu einem Frauen-College gefahren, wo Gertrude Stein die Einladung zum Essen mit einigen Mitgliedern des Lehrkörpers angenommen hatte. Der Speisesaal war eigentlich eine riesige Messe mit einer Akustik, die aus den tausend - oder waren es nur hundert – Stimmen ein Pandämonium machten. Es waren die wunderschönen Studentinnen, die den Höllenlärm machten. Kein Wunder, wir hatten uns College-Insassen immer als tragische und vermutlich verdammte Sirenen vorgestellt. Ein karges Essen mit einem den Umständen entsprechenden Service wurde aufgetischt. Gertrude Stein bat um ein weichgekochtes Ei und eine Orange.

Nach Gertrude Steins Auftritten in Neuengland begaben wir uns nach Wisconsin, Ohio, Illinois und Saint Louis; das Essen war von gleichmäßiger Qualität mit Ausnahme eines hervorragenden Mittagessens, das eine Freundin von Carl van Vechten auf ihrem riesigen Landgut in der Nähe von Minneapolis gab. Die Wohnzimmer und das Eßzimmer waren voller Blumen, meistens Orchideen, die ersten tiefblauen Orchideen, die wir je sahen. Auf dem Tisch im Eßzimmer stand eine Schale mit mehreren Sorten Treibhaustrauben mit Rankenwerk und zarten Blättern – und draußen schneite es ununterbrochen. Unsere Gastgeberin hatte etwas von den Heldinnen Dumas' d. J., auch wenn sie, vermute ich, das Vorbild von Carl van Vechtens *Tattooed Countess* abgegeben hat. Es bedarf keiner Erwähnung, daß die Speisenfolge rein französisch war, und deshalb gehört auch einer der Gänge eigentlich nicht hierher. Die Versuchung ist jedoch zu groß. Dies ist die Zubereitung von

Hummer Archiduc

Einen 3 Pfd. schweren lebenden Hummer gründlich unter fließendem Wasser säubern. Ihn in kochendes Wasser tauchen, in der Flüssigkeit abkühlen lassen. Erst der Länge nach durchschneiden, dann halbieren, die Scheren abnehmen, das Corail und die Eier beiseite legen. In einem hohen Topf 4 El. Butter mit 4 El. Öl erhitzen. Wenn das Fett sprudelt, die Hummerteile mit Schale hineingeben. Gründlich erhitzen, mit einem Holzlöffel wenden, so daß die Teile von allen Seiten in Butter und Öl geschwenkt sind. Dann den Topf zudecken und die Hitze verringern. ½ Std. garen lassen. Abgießen. Alles Fleisch aus den Schalen lösen und zusammen mit der Sauce wieder in den Topf geben. Zurück aufs Feuer stellen und langsam erhitzen. Corail oder Eier, 4 El. Cognac, ⅛ l besten Portwein und 2 El. Whisky hinzufügen. Mit Salz und Cayennepfeffer würzen. Zudecken, 5 Min. kochen lassen. 400 g dicke Sahne hinzufügen. Alles aufkochen. 2 Eigelb unterrühren, gut heiß werden, aber nicht aufkochen lassen. Den Saft von ¼ Zitrone und 5 El. Butter in ganz kleinen Stücken langsam, bis sie jeweils geschmolzen sind, unterrühren. Servieren. Ein Gericht von sublimem Geschmack.

Als wir in St. Paul waren, erreichte uns zu unserer Überraschung und zu unserem Entzücken eine telephonische Nachricht von Sherwood Anderson. Er hatte gehört, daß wir in der Nachbarschaft waren. Er schlug vor, uns abzuholen, damit wir seine Frau kennenlernen konnten – sie hielten sich bei ihrer Schwester und deren Mann auf –, was er dann auch tat, durch Kilometer von Eis und Schneetreiben, zu entzückenden Leuten und einem Festessen. Es war ein gelungenes Zusammensein. Daß wir gerade bei ihnen unter all den aufgetischten Leckerbissen zum erstenmal Minzgelee aßen, mag seltsam anmuten.

In Columbus, Ohio, gab es ein kleines Restaurant, das Gerichte servierte, die mich mit Stolz erfüllt hätten, wären sie aus unserer Küche auf unseren Tisch gekommen. Die Köche waren Frauen, Besitzer war eine Frau, und die Geschäftsführung besorgten Frauen. Die Küche war unvergleichlich, nicht undifferenziert und auch nicht schlaff, wie Frauenküche sein kann, sondern herzhaft und kraftvoll. Später gab es in Fort Worth ein ähnliches

Restaurant, das wir durch Miss Ela Hockaday kennenlernten. Wir hatten einen Flug nach Kalifornien vor uns, und im Restaurant versorgte man uns mit einem Lunchpaket – ein besseres Picknick hat es nie gegeben. Es wäre ein Vergnügen, etwas auch annähernd Ähnliches heute in einem Flugzeug zu bekommen. Ob die Verpflegung in den amerikanischen Flugzeugen auf den Inlandlinien – nicht bei Überseeflügen – besser geworden ist? In Europa ist es nicht der Fall; sie ist unglaublich schlecht, schlechter noch als in den Zügen. Als ob diese Mahlzeiten auf den Lokomotiven oder in den Flugzeugrümpfen zubereitet würden.

In Detroit, wo das Hotel einen finsteren Eindruck auf uns machte, kam es zu einem seltsamen Zwischenfall. Die hartgesottenen Besucher aus Europa bekamen es mit der Angst. Gertrude Stein hatte die Gewohnheit, nach dem Abendmahl, das man fälschlicherweise Dinner nennt, eine Stunde spazierenzugehen. Sie machte sich auf ihren Beruhigungsspaziergang, kam aber nach ganz kurzer Zeit aufgeregt zurück. Nicht weit vom Hotel entfernt, erging aus einem Lautsprecher von einem Turm mit einem kreisenden Suchlicht aus die Warnung, die Straße zu meiden, bis ein bewaffneter Verbrecher gefaßt sei. Ein Mord sei geschehen. Mir fuhr plötzlich Joseph Brewers Name durch den Kopf. Hatten wir nicht gesagt, wir würden bei ihm absteigen, wenn wir in die Gegend kämen? Er war der Präsident des Olivet College. So riefen wir ihn an und baten ihn, uns zu retten. Er sagte, er werde uns und unser Gepäck auflesen, was am nächsten Morgen unter Beteiligung seines Lehrkörpers mit mehreren Wagen auch geschah. Es war eine anregende Fahrt durch Schnee und Sonnenschein nach Lansing, wo ein sorgfältig zubereitetes Mittagessen auf uns wartete. Zum Nachtisch gab es einen altmodischen

Vogelnest-Pudding

Eine Puddingschüssel aus Porzellan mit Butter einfetten, 8 Äpfel in Scheiben hineinschneiden und mit Zucker bestreuen. Aus 200 g saurer Sahne, 150 g Mehl, 3 Eigelb, 1 knappen Tl. Backpulver einen Eierkuchenteig machen, und alles mit ¼ l Milch gut vermengen. Die 3 Eiweiß zu Schnee schlagen und unterziehen. Bei mittlerer Hitze ½ Std. im Ofen backen. Mit geschmolzener Butter bepinseln und mit Zucker bestreuen. 10 Min. im Ofen braun werden lassen. Mit gesüßter dicker Sahne servieren. Ein nicht zu verachtender Pudding.

Nach ein paar erholsamen Tagen bei Joseph Brewer und den Studenten in Olivet waren die Schrecken von Detroit vergessen, und wir brachen von neuem auf. Bei Gertrude Steins Verwandten in deren Heim in der Nähe von Baltimore kamen wir zum erstenmal in den Genuß von Südstaatengastlichkeit. In Baltimore machten wir Scott Fitzgerald einen Besuch, der uns zum Tee Unmengen der verschiedensten *canapés* servierte, um uns, wie er sagte, Paris in Erinnerung zu bringen. In Washington ging es weiter mit Südstaatengastlichkeit. Der Einfallsreichtum der schwarzen Köchin stand durchaus nicht im Mißverhältnis zu der riesigen Küche, in der sie das Regiment führte. Die Sorge um das Wohl der Gäste vollzog sich so lückenlos, daß keine Zeit blieb, auch nur nach einem Rezept aus ihrem umfassenden Repertoire zu fragen. Sie machte Kuchen und Eiscremes, Punchs und Sandwiches für die Parties und komplizierte Mittag- und Abendessen, die einander ablösten. Der Rede nicht wert, sagte sie, wenn man für alles die besten Zutaten zur Verfügung hat.

Ein Gericht, sagte mein Vater einmal, kann nur nach soviel schmecken, wie bei seiner Zubereitung verwendet wurde.

Francis Scott Fitzgerald (1896–1940)

In New York holten wir Carl van Vechten ab, der uns nach Richmond begleitete, um uns dort bei einigen Freunden einzuführen. Wir machten halt in Charlottesville, wo Gertrude Stein an der University of Virginia eine Vorlesung zu geben hatte. Dort aßen wir ganz ausgezeichnet zu Mittag mit einigen Fakultätsmitgliedern, deren geteilte Meinungen über Edgar Allan Poe und Julien Green uns amüsierten. Bei einem epikuräischen Abendessen in Miss Ellen Glasgows Haus war ich zunächst starr vor Schrecken darüber, mich bei Tisch neben Mr. James Branch Cabell plaziert zu finden, aber sein harmloses: Sagen Sie, Miss Steins Schreiben ist doch nicht ernst gemeint, nicht wahr, ließ mich meine Fassung völlig wiederfinden, so daß wir uns dann sehr gut verstanden.

Am William and Mary College gab es ein offizielles Essen mit dem Präsidenten im Haus des Gouverneurs. Auf dem Weg nach Charleston nahmen wir in einem alten Pflanzerhotel ein kräftiges und reichhaltiges Mittagsmahl zu uns, eines, für das die Franzosen die schöne Bezeichnung *platureux* haben. Wir wurden nach Strawberry zum Essen eingeladen. War das erlesene Essen das Reizvollere, oder waren es die unglaublichen Wasserspiele der Gärten, war die Zubereitung der Speisenfolge in der Villa Margharita aufregender, oder waren es die Kamelienalleen? Ich habe mich nie entscheiden können. Heute hat sich alles zu einem einzigen Ganzen verbunden. Beim Umsteigen auf dem Flughafen von Atlanta las Gertrude Stein zu ihrem Entzücken auf einer riesigen Reklametafel in der Nähe: *Buy Your Meat and Wheat in Georgia.*

In New Orleans stieß Sherwood Anderson wieder zu uns und führte uns zum Essen aus zu Antoine's und in ein kleines Restaurant, das uns noch besser gefiel; dort aßen wir zum erstenmal

Rockefeller-Austern

Die Austern in einer Schalenhälfte auf eine mit Sand gefüllte (silbriger Sand gleißt so schön), vorgewärmte, etwas vertiefte Platte legen. Die Austern dick mit einem Gemisch aus je ¼ feingehackter Petersilie und rohem Spinat und je ⅛ ebenfalls feingehackt, Estragon, Kerbel, Basilikum und Schnittlauch dick bestreuen. Mit gesalzenen und gepfefferten frischen Semmelbröseln die Kräuter ganz überdecken, mit geschmolzener Butter begießen. 4 bis 5 Min. in den 235° vorgeheizten Offen stellen. Siedendheiß servieren.

Diese Zubereitung hat ungeheuren Erfolg bei französischen *gourmets.* Sie verschafft den Vereinigten Staaten mehr Freunde als irgend etwas anderes, wovon ich wüßte.

In New Orleans bin ich jeden Morgen zum Markt gegangen, wohlwissend, daß ich für den Rest meines Lebens davon nur noch würde träumen können. Wie sollen Produkte von solcher Qualität und Mannigfaltigkeit und in dieser Überfülle nicht zu kreativem Kochen inspirieren? Gewiß, ist das ein Terminus, der oft leichtfertig angewandt wird, und auch der Glaube, es sei verbreitet, ist übertrieben. Können Reihen von Fertiggerichten in Dosen inspirierend wirken? Niemals. Man muß, um schöpferisch zu sein, der Schöpfung näherrücken, auch in der Küche.

Bei unserer Abreise gab Miss Henderson uns zwei Flaschen Orangenwein, der noch bei ihr im Haus hergestellt wurde. Ein paar Wochen später in Chicago öffneten wir eine Flasche, und der Wein kam uns vor wie reinstes Ambrosia.

In Chicago wohnten wir bei Thornton Wilder. Er hatte gemeint, es sei bequem für Gertrude Stein,

Chicago, Blick von der Sall Street Bridge.

weil ganz in der Nähe der Universität, wo sie eine Vorlesung zu halten hatte. Von der kleinen Wohnung aus hatte man einen weiten Blick. Er war wirklich aufregend, randvoll und ausgedehnt. Die Küche, obgleich nicht größer als ein Eßzimmertisch, gestattete einem durch ihre moderne Einrichtung und dank telephonischer Einkaufsbestellung mit einem Minimum an Zeit und Mühe, recht gute Essen zuzubereiten. Jene Tage sind für mich noch immer das Ideal gelungener Haushaltsführung. Wieder hatten wir gutes Essen bei Bobsie Goodspeed und in altmodischen Restaurants mit Freunden und ein köstliches Abendessen mit Thornton Wilder in einem Restaurant am See. Wir hatten sogar Tischgäste in seinem Appartement. Das in Fettpapier eingepackte Fleisch und Geflügel wurde vom Flur aus direkt in den Eisschrank geliefert, ebenso die Gemüse, Sahne, Milch, Butter und Eier. Dann nach Dallas, wo wir bei Miss Ela Hockaday in ihrem Junior College untergebracht waren. Es war eine frische neue Welt. Gertrude Stein war angetan von den jungen Studentinnen, von Miss Hockaday und dem Leben in Miss Hockadays Haus und auf dem Campus. Miss Hockaday behauptete, alles gute texanische Essen komme aus Virginia. Miss Hockadays Küche war die schönste, die ich je gesehen habe – nur altes Kupfergeschirr auf dem Herd und an den Wänden, mit einer riesigen, kupfernen Dunsthaube über dem Herd. Alles andere war in modernem weißem Email. Das einzige Rezept, das ich von ihr mitnahm, waren Maisstangen, nur war nicht klar, daß man, um sie zu backen, ein spezielles Eisen braucht. Aber als wir uns zur Rückreise nach Frankreich einschifften, wartete eines für mich in meiner Kabine, zum Beweis für Miss Hockadays unermüdliche Aufmerksamkeit. Es war mein Stolz und mein Entzücken in Paris, wo es bestimmt das einzige war. Was wollten die Deutschen, als sie es 1944 mitnahmen, wohl damit anfangen? Und was machen sie jetzt damit?

An der Universität von Austin lud die Fakultät ein paar Studenten nach der Vorlesung zu einem Treffen mit Gertrude Stein ein. Es wurde ein steifer Punch serviert, aber als ich mir eine Zigarette anzünden wollte, wurde ich gebeten, es zu unterlassen. Nur die Männer rauchten.

Dann machten wir uns auf den Weg ins Gelobte Land. Es übertraf noch die von meinen Erinnerungen gespeisten Erwartungen. Es gab mehr Leute und mehr Häuser, aber auch entsprechend mehr Felder, mehr Obsthaine, mehr Gemüse und mehr Gärten. Ein großer Teil der Vereinigten Staaten, den wir gesehen hatten, war für mich neu, es war die Entdeckung der Schönheit unseres Landes, aber nichts war Kalifornien vergleichbar. Sonne und fruchtbarer Boden bringen Großzügigkeit und Gelassenheit, Liebenswürdigkeit und Aufgeschlossenheit hervor. Es war über die Maßen wohltuend. In Pasadena sahen wir zwischen Oliven- und Orangenhainen zum erstenmal Avocadobäume und ihre Früchte, zu Pyramiden aufgehäuft, zum Verkauf angeboten, fast genauso alltäglich wie später in der Saison Tomaten. Auf dem Weg nach Norden erzählte man uns, daß gerade die wilden Wüstenblumen in Blüte standen, und so legten wir einen Tag ein, um sie und die Dattelpalmen zu sehen. Durch Kilometer von Ländereien mit Obstgärten und Artischockenfeldern nahmen wir unseren Weg nach Norden, nach Monterey, dem Ort glücklich verbrachter Jugendtage in dem Lehmhaus, in dem meine Freundin Señora B. geboren worden war. Man erzählte sich, General Sherman habe ihr im Garten ihres Hauses den Hof gemacht und beim Abschied von Monterey dort einen Rosenstock gepflanzt, dessen Blüten später als Sherman-Rosen Berühmtheit erlangten. Als ich bei ihr wohnte, war sie schon eine zerbrechliche, winzige alte Dame mit blitzenden schwarzen Augen. Sie pflegte mir einen ihrer Schals um die Schultern zu werfen und mit diabolischem Funkeln in den Augen zu sagen: Geh, stell dich unter den Rosenbaum und laß dich von den Touristen aus Del Monte photographieren. Sie werden dir ein paar Münzen zuzustecken versuchen, du drehst dich dann einfach weg.

Señora B. bereitete eine einfache spanische Süßigkeit, deren simplere Version das mexikanische *panoche* ist. So machte sie es und nannte es ganz einfach

Dulce (1)

In einen Kupfertopf gibt man viel Kristallzucker, befeuchtet ihn mit Sahne, rührt ununterbrochen mit einem Kupferlöffel, bis es fertig ist. Dann gießt man es in Gläser.

Señora B. sagte, daß der Geschmack um so besser werde, je länger es koche. Señora B. pflegte früh am Morgen damit anzufangen und vertraute es mir an, wenn sie zur Messe ging. Es war eine Auszeichnung, auf die ich gut hätte verzichten können. Da sie so klein war, stellte sie sich auf einen Fußschemel vor ihrem Holzkohleofen. In ihren einfachen, aber ausladenden Kaschmirgewändern sah sie aus wie ein Engel von Zurbarán. Hier ist meine Version von

Dulce (2)

400 g Zucker und 200 g flüssige Sahne zusammen aufsetzen und zum Kochen bringen. Dann augenblicklich die Hitze verringern, unter ständigem Rühren 1 Std. lang ganz leicht köcheln lassen. Es wird dann dick und steif und hat die Farbe seines Geschmacks. Es gibt Leute, die das sehr gerne mögen.

Wir machten halt in Monterey, damit Gertrude Stein das Haus von Señora B. sehen konnte, aber es stand nicht mehr da. Ein Verkehrsschutzmann trat auf uns zu und erkundigte sich barsch, was wir vorhätten.

– Señora B.s Haus suchen, das mal hier stand.

Das stand hier, sagte er, bis vor einigen Jahren einer von diesen reichen Leuten aus dem Osten kam, es kaufte und in die Berge abschleppte.

Ein Lehmhaus wegschleppen, murmelte ich. Aber er winkte uns nur, weiterzufahren.

In Del Monte galt dem Kochen noch immer das leidenschaftliche Interesse der Geschäftsführung des Hotels. Backhuhn und junger Truthahn vom Rost, Frühlingslamm, am Spieß gebraten und begossen, bepinselt mit einem Strauß aus frischer Minze, serviert mit Stachelbeergelee, und ein Eissoufflé waren unvergeßliche Erlebnisse.

So macht man

Stachelbeergelee

Man reinigt 6 Pfd. Stachelbeeren von Stiel und Blüte und gibt sie über schwacher Flamme mit 2 l Wasser in einen Topf. Köcheln lassen, bis sie weich sind. In ein Geleetuch schütten, den Saft durchlaufen lassen. Den Saft wiegen. Bei schwacher Flamme kräftig kochen lassen. Die gleiche Menge Zucker hinzugeben. Gut vermengen und zum Kochen bringen, ¼ Std. kochen lassen oder bis der Sud geliert.

Hier ist das Rezept für das unvergeßliche

Eis-Soufflé

400 g Zucker in einem schweren Emailletopf zusammen mit 8 Eigelb und 1 ganzen Ei auf möglichst schwacher Flamme schmelzen. Mit einem elektrischen Schneebesen schlagen, bis die Masse ziemlich dick wird. Vom Feuer nehmen und mit 1 El. Kirsch

oder Anisette abschmecken. Zum Abkühlen auf Eis stellen. In eine Souffléform gießen und mit 3 im Ofen getrockneten, zerstoßenen Makronen bestreuen. 3 Std. in den Eisschrank stellen. Männer schätzen es besonders.

Im Del Monte aßen wir zum erstenmal Abalone und fanden sie köstlich. Sie wurden in ihrer Schale serviert, in einer Sahnesauce, mit Bröseln leicht überbacken und ohne Käse, wie wir dankbar feststellten. Abalone hat einen feinen Eigengeschmack und braucht keine Barbecue-Sauce oder ähnliche barbarische Zutaten.

In San Francisco gaben wir uns gastronomischen Orgien hin – Rotzungen *meunière*, Regenbogenforellen in Aspik, gegrillte *soft shell crabs*, *paupiettes* aus Schweinefilets, Eier Rossini und *Tarte Chambord*. Die *tarte Chambord* war die Spezialität eines der drei großen Konditoren von San Francisco vor dem großen Brand. Zu meiner Überraschung war sie in Paris völlig unbekannt.

An der Fisherman's Wharf bestellten wir zwei riesige Krebse, die in einem Kessel auf dem Gehsteig gekocht wurden und noch warm waren, als wir sie zu Mittag im Napa County verspeisten. Gertrude Atherton führte uns auch in ein Restaurant, dessen Karte fast ausschließlich aus Gerichten mit Schalentieren bestand, perfekt zubereitet, und in ihren Club, in dem unglaublich gut gekocht wurde, und zum Abendessen in einen Schriftstellerclub, in dem man mehr Wert auf die Gespräche legte.

Und dann schickte unsere allerliebste Freundin einen Korb mit Früchten und Blumen, der aussah wie ein Vorwurf für die italienischen Renaissancemaler, und wir kosteten zum erstenmal Passionsfrüchte. In Paris hatten wir Passionsfruchtsirup kennengelernt und seinen Geschmack ausgezeichnet gefunden (besonders geeignet zur Herstellung von Eiscremes). Und nun erklärte man uns, die Passionsfrucht sei die Frucht der Passionsblume. Ganz bestimmt nicht der Passionsblume, einer Kletterpflanze, die ich in all meinen Gärten besessen hatte.

Dann war die Zeit gekommen, Abschied zu nehmen von Kalifornien und den Vereinigten Staaten und zurückzukehren nach Frankreich, um unseren Garten im Ain zu bebauen. Die Arbeit in diesem Garten ging mir über alles, aber die Vereinigten Staaten zu verlassen fiel mir schwer.

Erst als wir wieder auf der Champlain waren, ermaß ich, daß die sieben Monate, die wir in den Vereinigten Staaten verbracht hatten, ein Erlebnis und ein Abenteuer waren, die durch nichts, was danach kam, je wettgemacht werden konnten.

9. KAPITEL

Wenig bekannte französische Gerichte, die sich für die amerikanische und englische Küche eignen

Vielleicht können die folgenden Gerichte zur Bereicherung des amerikanischen und britischen Speisezettels beitragen. Für Frankreich sind sie weder neu noch etwas Besonderes und zeichnen sich auch nicht durch Ausgefallenheit aus, die nach einem von Gertrude Steins Vettern darin besteht, daß man etwas sechs Wochen früher tut als alle anderen. Im Gegenteil haben die meisten von ihnen sich über einen langen Zeitraum entwickelt, wie es auch bei großer Kunst geht – alles wartet nur auf den großen Einzelnen, der es erfaßt und sich über das Veraltete hinwegsetzt. Sogar die Art, ein Ei zu kochen, nimmt diese Entwicklung, um irgendwann die klassische zu werden. Uns zum Vergnügen und vielleicht auch für das Ei.

Natürlich, das kennt man doch, sagen immer die, die es nicht lassen können und respektlos zu allem einen Spritzer aus der Flasche und eine Prise aus der Dose dazutun müssen und meinen, etwas Neues erfunden zu haben. Das allerdings ist im wahren Sinne des Wortes eine Frage des Geschmacks, über die man nicht streiten kann. Mit Vergnügen nehmen wir davon Abstand.

Zu diesen Gerichten gehören bestimmte klassische Saucen und das, was die Franzosen *beurre composé* – Buttermischungen – nennen. Die in den nachfolgenden Rezepten angegebenen Mischungen halten sich an diese Regeln und Konventionen. Beginnen wir mit den Vorspeisen:

[I]

KALTE HORS D'ŒUVRES

Muscheln

Nach gründlichem Bürsten und Abspülen gibt man 2 l Muscheln in einen Topf über lebhaftem Feuer mit ¼ l trockenem Weißwein, 1 El. zerdrückter Schalotte, 2 Stengeln Petersilie, 1 Zweig Thymian, ¼ Lorbeerblatt*, Salz und Pfeffer. Zudecken. 2 Min. kochen lassen, dann nachsehen, ob die Muscheln sich geöffnet haben. Wenn das der Fall ist, sie vom Feuer nehmen, gründlich abtropfen lassen, aus den Schalen entfernen. Das Muschelfleisch abkühlen lassen und in den Eisschrank stellen. Kurz vor dem Servieren eine ¾ Tasse Sauce Tartare untermengen. Sehr kalt servieren.

* *Wann immer in meinen Rezepten* Lorbeer *verwendet wird, handelt es sich um* laurus nobilis.

Auberginen provenzalisch

6 Auberginen oder Eierfrüchte gut abreiben, aber nicht schälen; in 3 ½ cm dicke Scheiben schneiden, salzen und pfeffern, in brodelndem Olivenöl über mittlerer Hitze von allen Seiten leicht anbräunen, aus dem Fett nehmen und abtropfen lassen. In das Öl, in dem man sie angebraten hat, 3 geschälte, entkernte und grob gehackte Tomaten geben; Salz, Pfeffer, 1 zerdrückte Knoblauchzehe und 2 gehackte Anchovis hinzufügen. Über schwacher Hitze dünsten, bis die Tomaten gar sind. Vom Feuer nehmen und mit 1 El. feingehacktem Basilikum würzen. 1 Tl. dieses Pürees auf jede Auberginenscheibe streichen. Auf die Creme legt man 1 dünne Zitronenscheibe, auf die Zitrone 1 gerollte Anchovis, und in die Anchovis steckt man aufrecht 1 schwarze Olive.

Kleine Fische orientalisch

Für 4 Fische – alle kleinen Fische bieten sich dazu an, vorzüglich aber Meerbaren von etwa ½ Pfd. Fische säubern, abtrocknen, eventuell schuppen. In sehr heißem Olivenöl über starker Hitze auf beiden Seiten 3 Min. braten. Aus der Pfanne nehmen; in einer feuerfesten Form mit 8 El. Tomatenmark bedecken, das man vorher 10 Min. in ¾ l Weißwein, mit ¼ Tl. Safranpulver, ¼ Tl. gestoßenem Thymian, ¼ Tl. gestoßenem Lorbeer und ⅛ Tl. gestoßenem oder gemahlenem Koriander, 1 zerdrückten Knoblauchzehe, 1 Tl. gehackter Petersilie und Salz und Pfeffer gekocht hat. Im letzten Moment 4 El. Olivenöl hinzugeben, die nicht mehr aufkochen sollten. Zugedeckt im vorgeheizten Ofen bei 200° 8 Min. backen. Eisgekühlt servieren.

Gefüllte Gurken

Ungeschälte Gurken der Länge nach halbieren. 2 Min. blanchieren. Vom Feuer nehmen und unter fließendes kaltes Wasser halten, abtropfen lassen und sorgfältig trocknen. Abgekühlt mit einem spitzen Messer bis auf ½ cm von der Schale entfernt aushöhlen und mit gekochten, eisgekühlten, kleingeschnittenen grünen Bohnen und Erbsen füllen. In den Eisschrank stellen. Mit grüner Mayonnaise bedecken. Mit feingehacktem Schnittlauch bestreuen.

Grüne Mayonnaise

1 Eigelb mit ½ Tl. Salz und ¼ Tl. Pfeffer in einer kleinen Schüssel gut vermengen. 2 El. Olivenöl tropfenweise unter ständigem Rühren hinzufügen. Wenn die Mischung steif zu werden beginnt, ein paar Tropfen Zitronensaft dazugeben und das Öl schneller zufließen lassen. Im Ganzen braucht man ¼ l Öl und den Saft von ½ Zitrone. Diese Mayonnaise muß besonders steif sein. Dann fügt man in kleinen Mengen folgendes Püree hinzu:

Man nimmt zu gleichen Teilen Blätter von Spinat, Kresse, Kerbel und Estragon, blanchiert sie 2 Min. in ungesalzenem Wasser, zerstampft sie im Mörser zu Mus, das man durch ein Mulltuch passiert; das sollte etwa 4 El. Flüssigkeit ergeben. Der Mayonnaise hinzufügen, die dadurch nicht nur gefärbt, sondern auch gewürzt wird.

Froschschenkel à la parisienne

Die Froschschenkel mit trockenem Weißwein bedeckt, Salz, Pfeffer und dem Saft von 1 Zitrone – für 50 Froschschenkel – über mittlerer Hitze aufsetzen.

10 Min. pochieren. Vom Feuer nehmen und abtropfen lassen. In einer Schüssel in gleicher Menge gekochte Kartoffeln würfeln, pfeffern und salzen. Mit Mayonnaise vermischen – ¼ Tasse Mayonnaise auf 2 Tassen Kartoffeln. Die Froschschenkel auf den Kartoffelsalat legen. Mit Mayonnaise bedecken.

Blumenkohl mit Senf-Sahne-Sauce

Die Blumenkohlröschen 10 Min. in Salzwasser abkochen. Abgießen, abkühlen lassen und in den Eisschrank stellen. Vor dem Servieren folgende Sauce darübergeben:

In einem Topf 1 El. Butter schmelzen. 1 El. Mehl und 1 El. Senf hinzufügen. Gründlich vermischen und mit ⅛ l kochendem Wasser aufgießen. Mit dem Schneebesen schlagen. 2 Eigelb, mit 1 El. geschlagener Sahne vermischt, darunterrühren. Über die Röschen gießen und sofort servieren.

[II]

WARME HORS D'ŒUVRES

Pochierte Eier Babouche

Für 4 Personen 2 große Tomaten halbieren, Kerne und Wasser herauspressen, Hälften braten. In jede Tomatenhälfte gibt man 1 El. Reis, auf den man 1 pochiertes Ei legt. 2 Tassen Sahnesauce, mit 1 Tl. Curry vermischt, aufkochen lassen. Über die Eier gießen.

Ausgebackene Käsecreme

2 ganze Eier mit 3 Eigelb vermengen und langsam 165 g Mehl sorgfältig unterrühren. Die Masse sollte vollkommen glatt sein. ¼ Tl. Salz, je 1 Prise Pfeffer und Muskat und 1 l heiße Milch unterrühren. Über schwacher Hitze so lange weiterrühren, bis die Masse sehr dick ist, aber nicht aufkochen lassen. Vom Feuer nehmen und ¼ Pfd. geriebenen Schweizer Käse oder Parmesan hinzufügen. Auf einer gut mit Butter eingestrichenen Marmorplatte oder einem großen flachen Teller ausbreiten. Die Masse sollte etwa 2,5 cm dick sein. Darauf achten, daß der Rand gleichmäßig ist. Wenn sie abgekühlt ist, in Vierecke schneiden. In geschlagenes Ei tauchen und in trockenen Weißbrotbröseln wälzen. Kurz vor dem Servieren in Öl ausbacken.

Austern in Sauce Mornay

Austern im eigenen Saft erhitzen, gut abtropfen lassen und zurück in die Schalen legen. Sauce Mornay ist eine Sahnesauce mit Käse in folgenden Proportionen: wenn es große Austern sind, braucht man 5 Dtzd. und 2 Tassen dicke Sahnesauce, der man über schwacher Hitze 2 El. geriebenen Schweizer Käse und 2 El. geriebenen Parmesan hinzugefügt hat. 4 El. Butter in kleinen Stückchen unterrühren. Nicht aufkochen lassen. Vom Feuer nehmen, die Austern vollständig damit bedecken. Mit etwas geriebenem Käse bestreuen und 4 bis 5 Min. bei 230° überbacken. Sofort servieren.

Omelett Palermo

8 ganze Eier mit 4 El. gehackten Trüffeln, 3 El. geriebenem Parmesan und 2 El. hellbrauner Butter vermengen. 3 El. Butter über großer Flamme hellbraun werden lassen. Die Eiermasse in die Pfanne schütten, nach 2 Min., damit sie stockt, in die Mitte der Pfanne bringen. Wenn nötig, die Pfanne hin und her

bewegen. Nach weiteren 2 Min. sollte das Omelett fertig sein. 3 El. heißes Tomatenmark, vermischt mit 2 El. Butter, auf eine Hälfte des Omeletts verteilen. Die andere Hälfte von der Mitte aus darüberfalten; das Omelett auf eine heiße Platte gleiten lassen. Mit einer dicken Tomatensauce rundherum servieren.

Fritierte Austern

Die Austern 1 Min. im eigenen Saft pochieren. Vom Feuer nehmen, abtropfen und trocknen lassen. Kräftig mit Olivenöl begießen, salzen und pfeffern. 1 Std. marinieren lassen. Die einzelnen Austern in gesalzenen Backteig tunken. In Fett ausbacken. Auf einer heißen Servierplatte auftürmen, umgeben von hauchdünnen Zitronenscheiben. Die Spitze mit leicht fritierter Petersilie in großer Menge verzieren.

SUPPEN

Soupe Mimosa

1 Tasse grüne Bohnen in Salzwasser abkochen. Wenn sie weich sind, was von ihrer Größe und ihrer Frische abhängt, vom Feuer nehmen, abgießen und in Stücke schneiden. 4 hartgekochte Eigelb durch ein großes Sieb treiben. Kurz vor dem Servieren 1 l Bouillon zum Kochen bringen. Die gewürfelten Bohnen und das Eigelb hineintun. Noch einmal aufkochen, sofort vom Feuer nehmen und servieren.

Erbsencremesuppe

2 Tassen Erbsen in einem Topf mit 1 ½ l kochendem Wasser, 1 mittelgroßen Zwiebel, Salz, Pfeffer und 1 Stengel Petersilie bei mittlerer Hitze ohne Deckel kochen, bis die Erbsen weich sind – etwa 25 Min., hängt ab vom Alter und Frischegrad. Kleine Croûtons zubereiten. 1 El. Kerbel feinhacken. 3 Eigelb mit 6 El. Sahne vermengen und den Kerbel hinzugeben. Vor dem Servieren Zwiebel und Petersilie entfernen. 100 g in Stückchen zerteilte Butter zufügen, nicht verrühren, nur den Topf schwenken. Über die mit der Sahne vermischten Eier gießen. Croûtons daraufgeben. Servieren.

Consommé mit Parmesancroûtons

3 El. geriebenen Parmesan mit 1 El. Mehl vermengen. Das geschlagene Eiweiß unter das Eigelb von 2 Eiern und den mit Mehl vermengten Parmesan geben. Salzen und pfeffern. Das Gemisch etwa 1 cm dick auf leicht gebuttertes Brot streichen, das 20 Min. im mittelheißen Ofen überbacken wird. Sofort in Vierecke, Kreise oder Ovale schneiden und zu 1 ½ l heißer Bouillon servieren.

Zwiebelsuppe

In einem Topf über mäßiger Hitze 4 in dünne Scheiben geschnittene Zwiebeln unter Rühren mit einem Holzlöffel anbräunen. Nach 20 Min. 1 Tl. Zucker über die Zwiebeln streuen. 1 ½ l kochendes Wasser zugießen. Salzen und pfeffern. Zugedeckt 10 Min. kochen lassen. In eine feuerfeste Form oder einen entsprechenden Topf ½ Pfd. in 1 cm dicke Scheiben geschnittenes Brot legen und auf jedes Brotstück 1 dünne Scheibe Schweizer Käse. Dazu wird etwas mehr als ¼ Pfd. Käse benötigt. Die Flüssigkeit aus dem Topf darübergießen. Die Brotscheiben steigen nach oben. Mit 4 El. geschmolzener Butter übergießen. 20 Min. bei 200° im vorgeheizten Ofen überbacken. Sehr heiß servieren.

Meurette

Sie ist für Burgund, was für Marseille die *bouillabaisse* ist. Die Fische sind gemischte Flußfische und sollten klein sein – Forelle, Barsch, Aal, Hecht und Karpfen eignen sich am besten. Wenn möglich, alle 5 Sorten nehmen. 3 Pfd. Fisch ausnehmen, schuppen, Flossen abschneiden, waschen. Sollte einer als Portion zu groß sein, kleinschneiden. Über schwacher Flamme einen – möglichst burgunderähnlichen – Rotwein zusammen mit 1 großen Zwiebel, 3 mittelgroßen Karotten, dem Weißen von 2 Stangen Lauch, 3 Knoblauchzehen, Salz, Pfeffer, einem winzigen Stück Muskatnuß oder 1 Messerspitze geriebenem Muskat, 1 Zweig Thymian, 1 Lorbeerblatt und 1 Nelke zum Kochen bringen. ¼ Std. köcheln lassen. Dann durch ein Sieb über den Fisch gießen, den man in eine feuerfeste Form getan hat, 2 Likörgläser Trester oder Weinbrand hinzufügen, zudecken und ½ Std. garen lassen. 5 El. Butter in kleinen Stücken nach und nach hinzufügen. Nicht rühren, sondern den Topf schwenken. Nicht aufkochen lassen. Auf dem Boden einer Terrine 8 getoastete und mit Knoblauch eingeriebene Brotscheiben verteilen, den Fisch darauflegen und die Bouillon darübergießen.

Maifisch im Ofen

3 Pfd. Maifisch schuppen, die Flossen abschneiden. Gründlich waschen, aber nicht im Wasser liegen lassen. Abtropfen lassen und abtrocknen. In Scheiben schneiden. Den Boden einer gut eingefetteten feuerfesten Form mit 4 feingehackten Schalotten, ¼ Pfd. gehackten Champignons und 1 El. feingehackter Petersilie bestreuen. Die Fischstücke darauflegen, indem man sie zusammensetzt, der Kopf auf der einen Seite, der Schwanz auf der anderen. ¼ l trockenen Weißwein hinzufügen. In den auf 190° vorgeheizten Ofen stellen. Häufig übergießen. Nach 20 Min. 100 g Sahne hinzugeben und weitere 10 Min. garen lassen. Dazu erhöht man die Hitze auf 220°.

Seezungenfilets Périnette

4 große Seezungenfilets salzen und pfeffern. 2 Tassen Kartoffelpüree mit 2 El. Sahne, 1 Ei, Salz und Pfeffer gründlich mischen. Das Gelb von 2 Eiern durch ein Haarsieb treiben. 40 g Trüffel sehr fein hacken. Die Eigelb und die Trüffeln mit dem Püree vermengen. Diese Mischung auf 2 der Filets ausbreiten und mit den anderen beiden Filets bedecken. Zusammendrücken und mit 1 geschlagenen Ei, vermischt mit 1 El. Olivenöl und 1 El. Wasser, übergießen . Mit zerriebenen Brotkrumen bestreuen. 100 g Butter in der Pfanne über mittlerer Hitze auslassen. Darin die Filets braten, bis der Fisch gar ist. Auf der vorgewärmten Servierplatte das mit 4 El. brauner Butter vermengte Kartoffelpüree verteilen. Die Filets auf das Püree legen, auf die Filets im Wechsel dünne Trüffel- und Zitronenscheiben.

Dorsch Mont-Bry

3 Pfd. Dorsch in dünne Scheiben schneiden. ¼ l Olivenöl über mittlerer Flamme erhitzen. Die Fischscheiben, die man mit Salz und Curry eingerieben hat, in das heiße Fett legen. Bei verringerter Hitze den Fisch von beiden Seiten anbräunen. Servieren auf einem Bett von Tomaten-Auberginen-Püree: 6 geschälte und zerkleinerte Tomaten und 4 geschälte und gewür-

felte Auberginen in 3 El. Olivenöl und 1 l Weißwein 20 Min. dünsten. Salzen, pfeffern und durchpassieren. Auf jede Fischscheibe eine dünne Zitronenscheibe legen und auf die Zitronen 1 El. in Olivenöl geschmorte zerkleinerte Paprika. Servieren mit

Currysauce

1 große Zwiebel kleinhacken und 20 Min. über schwacher Flamme in 3 El. Olivenöl zugedeckt dünsten. 1 Tasse Béchamelsauce* hinzufügen. Durchpassieren und wieder über schwacher Flamme aufsetzen. 1 Prise Safran und 2 El. Curry dazugeben. Salzen und Pfeffern. Aufkochen lassen und in einer Sauciere zum Fisch servieren.

Stint à la Diable

6 Stinte ausnehmen, Flossen abschneiden, waschen und trocknen. In einer Schüssel 1 ½ El. Senfpulver, 1 ½ El. Dijon-Senf, 3 El. Olivenöl, 3 Eigelb, ½ Tl. Salz, 1 El. Sardellenpaste, ¼ Tl. Cayennepfeffer, ¼ Tl. Safranpulver sorgfältig vermengen. Die Fische auf beiden Seiten damit bestreichen. Mit geschmolzener Butter begießen und mit einer dicken Schicht zerbröseltem Zwieback bedecken. Über schwacher Flamme braten. Servieren mit

* Béchamel *ist eine der Basissaucen aus jeweils gleichen Mengen von Butter und Mehl und unter Zusatz von soviel Milch, daß die Mischung cremig wird.*

Teufelssauce

3 El. Weißwein, 1 El. Essig, 1 El. gehackte Schalotten und ¼ Tl. Pfeffer über schwacher Flamme in einem kleinen Topf unter ständigem Rühren um die Hälfte einkochen lassen. ¼ l Tomatensaft und ¼ l Weißwein hinzufügen, aufkochen lassen. 1 ¼ El. Mehl und 1 ¼ El. Butter gut vermengen und unterrühren; die Sauce muß ganz glatt sein. 1 El. Senfpulver, 1 El. Dijon-Senf, ½ El. Sardellenpaste, ¼ Tl. Cayennepfeffer, ¼ Tl. Safranpulver gut unterrühren, 10 Min. köcheln lassen. Vom Feuer nehmen, in die Sauciere durchpassieren und zum Fisch servieren.

Geschmorte Makrelen mit Paprika

Wenn es kleine Makrelen sind, nimmt man 4 ganze, sonst 4 Stücke. Ausnehmen, Flossen abschneiden, waschen und abtrocknen. In einem Schmortopf 6 El. Butter über schwachem Feuer zum Schmelzen bringen; 4 mittelgroße, in dünne Scheiben geschnittene Zwiebeln hinzufügen. Zudecken und mindestens 20 Min. oder bis die Zwiebeln glasig sind, dünsten lassen, wobei man den Topf schwenkt. Dann 1 El. Paprika und Salz und Pfeffer hinzufügen. Den Fisch gesalzen und gepfeffert auf die Zwiebeln legen. Mit ¼ l heißem Wasser aufgießen. Zudecken und das Feuer ein wenig aufdrehen. 20 Min. kochen lassen. 1 Tasse in dünne Scheiben geschnittene Champignons dazugeben. Zudecken und weitere 8 Min. kochen lassen. Mit einem Schaumlöffel den Fisch auf die Servierplatte legen, die vorgewärmt sein muß. In den Topf gibt man eine in der Zwischenzeit zubereitete Sauce aus 2 El. Butter mit 1 ½ El. Mehl vermengt, die man über schwacher Flamme mit sehr heißem Wasser aufgießt und 5 Min. ziehen läßt. Würzen mit Salz, Pfeffer und ½ Tl. Paprika. Noch einmal

5 Min. kochen lassen. Dann 150 g dicke Sahne hinzugeben. Die Sauce gründlich erhitzen, aber nicht aufkochen lassen. Über den Fisch gießen und servieren.

Stockfisch à la monégasque

6 Stockfischfilets über Nacht einweichen. Am Morgen unter fließendes Wasser halten. Abtropfen lassen, in einer Schüssel 2 Std. in Milch einlegen. Dann in Wasser pochieren, bis sie weich sind. Abtropfen lassen, gründlich abtrocknen und über schwacher Flamme 20 Min. kochen lassen. Den Topf häufig bewegen und die Filets einmal wenden. Sie auf eine vorgewärmte Servierplatte legen, umgeben mit 2 cm dicken, leicht in Öl gerösteten Brotstückchen. Dazu eine dicke Tomatensauce servieren, in der Kapern mitgekocht wurden.

Rochen in brauner Butter

Der beste seiner Art ist der Nagelrochen. Die großen werden kochfertig angeboten. Die kleinen müssen enthäutet werden. Man entfernt sorgfältig die Galle, den Kopf und den Schwanz, säubert und wäscht die Flügel. 3 Pfd. Rochen, mit Wasser bedeckt, 1 El. Salz und 2 El. Essig aufsetzen und bei mittlerer Hitze zum Kochen bringen. Wenn der Sud kocht, die Flamme so weit wie möglich herunterdrehen. Große Stücke ½ Std., kleine 20 Min. ziehen lassen. Aus dem Wasser heben und gut abtropfen lassen. In ein Tuch einschlagen und ins lauwarme Backrohr stellen, während man die braune Butter zubereitet.

200 g Butter über mittlerer Hitze mit 1 Tl. Salz, ¼ Tl. Pfeffer und 1 Tasse unzerkleinerter Petersilie in die Pfanne geben. Dann den Saft von 1 Zitrone hinzufügen. Alles zusammen über den auf die vorgewärmte Servierplatte gelegten Fisch gießen.

Huhn in Halbtrauer

4 Trüffeln, mit Madeira bedeckt, auf kleinster Flamme zugedeckt 20 Min. ziehen lassen. Vom Feuer nehmen und im Wein erkalten lassen. Ein schönes Huhn in einen Bratentopf mit gut schließendem Deckel legen. Mit heißer Kalbsbrühe bis zur halben Höhe übergießen, dazu 1 Tl. Salz, ½ Tl. Pfeffer, ein Bouquet aus Petersilie, Thymian und ½ Lorbeerblatt geben. Über mittlerer Flamme zum Kochen bringen; die Hitze langsam verringern, bis sie so schwach wie möglich ist. 1 Std. und das Huhn ist gar. Für die Sauce gibt man über mittlerer Hitze 100 g Butter in einen Topf, fügt 3 kleine El. Mehl hinzu und nach und nach ¾ l Kalbsbouillon und ¼ Tasse zerkleinerte Champignons. Mit einem Holzlöffel umrühren. Wenn es aufkocht, die Hitze vermindern und ohne Deckel ½ Std. kochen lassen. Durchrühren, um Anbrennen und Absetzen zu verhindern. Vom Feuer nehmen, durchpassieren, abschäumen, 100 g Crème fraîche und 1 ½ feingehackte Trüffeln hinzugeben. Das Huhn tranchieren und auf eine vorgewärmte Servierplatte legen. Die Sauce heiß werden, aber nicht aufkochen lassen. Über das Huhn gießen, auf jedes Hühnerstück die Trüffelscheibe legen und servieren.

Schmorhuhn mit Nudelfüllung

80 g schmale Bandnudeln in Salzwasser kochen, abgießen unter fließendes kaltes Wasser halten und abtropfen lassen. 100 g geriebenen Parmesan, 100 g geriebenen Schweizer Käse und 150 g Crème fraîche mit einer Gabel leicht vermengen. Eine ¾ Tasse kleine Champignonköpfe, Salz und Pfeffer hinzufü-

gen. Gut vermengen. Mit dieser Farce das Huhn füllen. Die Öffnung mit einem Zahnstocher verschließen oder zusammennähen. Das Huhn dressieren, damit es beim Kochen die Form behält. 4 El. Butter über mittlerer Hitze in einen Emailletopf geben. Das Huhn darin leicht anbraten. Mit ¼ l heißer Hühnerbrühe aufgießen. Zudecken, Hitze vermindern, 1 Std. köcheln lassen, von Zeit zu Zeit begießen. Eine Sauce Mornay zubereiten. Das ist eine Béchamel, der geriebener Käse hinzugefügt wird. Die für dieses Huhn erforderlichen Mengen sind 2 ½ El. Butter, 2 El. Mehl, ½ l Milch, ¼ Tl. Salz. ½ Std. köcheln lassen. Oft umrühren, um das Anbrennen zu verhindern. Vom Feuer nehmen und 100 g geriebenen Parmesan untermengen. Das Huhn in eine Gratinform legen. Mit der Sauce Mornay bedecken und 10 Min. im vorgeheizten Ofen bei 235° überbacken.

Hahn in Wein

1 jungen Hahn oder auch 1 junges Huhn in Servierportionen zerteilen. In einem Emailletopf 3 El. Butter auflösen; 1 ¾ Tasse gewürfelten Bauchspeck, 6 kleine Zwiebeln, 4 Schalotten und 1 in dünne Scheiben geschnittene mittelgroße Karotte hinzufügen. Alles in der Butter anbräunen und aus Topf nehmen. Das Huhn hineinlegen und über kräftiger Hitze anbräunen. Salz, Pfeffer und 2 zerdrückte Knoblauchzehen dazugeben. 3 El. Weinbrand erhitzen, über das Huhn gießen, flambieren. Mit ¾ El. Mehl bestäuben. Mit dem Holzlöffel 2 bis 3 Min. verrühren, dann 1 Tasse frische Champignons und ¼ l Weißwein hinzufügen. Flamme aufdrehen, den Speck und die Gemüse hineingeben. ¼ Std. ohne Deckel kochen lassen. Sehr heiß servieren.

Eine schöne fette Poularde

1 schöne fette Poularde säubern, den Brustknochen mit einem kleinen Messer entfernen und den Vogel gut dressieren. 150 g Schweineschmalz, 150 g Butter, 4 El. Olivenöl und die Poularde in einem Topf bei mittlerer Flamme erhitzen. Wenn das Fett heiß ist, die Hitze verringern – das Huhn darf nicht anbräunen. 2 El. Schalotten, 6 El. Champignons, 2 El. Petersilie, alles fein gehackt, sowie ½ Tl. Salz und ¼ Tl. Pfeffer hinzufügen. 10 Min. kochen lassen. Das Huhn herausnehmen und mit dem Topfinhalt übergießen. Während das Huhn abkühlt, muß diese Prozedur einige Male wiederholt werden. Wenn es ganz erkaltet ist, das Huhn in 1 dünne Scheibe Speck einwickeln. 6 Blätter weißes Papier, groß genug, um das Huhn vollständig einzuwickeln, ausgiebig mit Öl bestreichen. Das Huhn auf das erste Blatt legen und die Seiten bis zur Brustmitte des Huhns einschlagen. Mit den anderen Blättern entsprechend verfahren, bis das Huhn vollständig eingewickelt ist, und dann ganz fest verschnüren. Das Huhn in den Topf geben und im vorgeheizten Ofen bei 180° 1 Std. braten. Vor dem Servieren die Fäden um die Blätter durchschneiden. Wenn die beiden äußeren Blätter durch die Hitze im Ofen zu dunkel geworden sind, diese entfernen. In den verbleibenden Blättern auf den Tisch bringen.

Patentanten-Huhn

Das Innere eines schönen Huhns füllen mit einer Farce aus ¼ l Hühnerbouillon, 100 g Butter und 1 großen Strauß Estragon. Die Öffnung zunähen, Schenkel und Flügel dressieren. Das Huhn auf mittlerer Flamme in ½ l Hühnerbrühe mit Salz und Pfeffer aufsetzen. Wenn die Brühe zu kochen beginnt, fest zudecken und auf kleinster Flamme ¾ Std. köcheln lassen. Sud und Saft aus dem Inneren des Huhns in den Topf laufen lassen, das Huhn warm stellen. Die Flüssigkeit im Topf um über die Hälfte einkochen lassen. Vom Feuer nehmen und 100 g weiche Butter hinzufügen. Rühren, bis sie sich aufgelöst hat. Würzen mit Salz, Pfeffer, ein wenig Muskatnuß und 1 Prise Cayennepfeffer. Zurück auf schwache Flamme stellen. Wenn erhitzt, vom Feuer nehmen und den Saft von ½ Zitrone und 2 El. Madeira hinzufügen. Das Huhn mit der Sauce übergießen.

Huhn Montsouris

1 Huhn den Rücken entlang aufschneiden und mit einem Fleischklopfer flachklopfen. Über kräftiger Flamme mit ¼ Pfd. Butter, Salz und Pfeffer in den Bratentopf geben. Sobald die Butter brutzelt, bei 205° ins vorgeheizte Backrohr stellen. Häufig begießen. Nach 35 Min. aus dem Ofen nehmen. Das Huhn auf eine Servierplatte legen. Den Topf über mittleres Feuer stellen, 2 feingehackte Schalotten hineingeben. 1 dl Weinbrand erhitzen, über das Huhn gießen und flambieren. 2 El. Crème fraîche und 1 Tl. feingehackten Estragon hinzufügen. Mit dem Holzlöffel verrühren. Ehe die Mischung zu kochen anfängt, 5 El. in Stückchen zerkleinerte Butter beimengen. Den Topf schwenken, bis die Butter geschmolzen ist. Die Sauce über das Huhn gießen und servieren.

Minutentaube (oder Täubchen)

Die Täubchen halbieren, sachte mit dem Fleischklopfer flachschlagen. Mit geschmolzener Butter einstreichen. 2 Tauben in 100 g Butter bei starker Hitze in die Pfanne legen und ständig wenden, damit sie nicht anbrennen. In 12 Min. sind sie gar. Wenn sie halb fertig sind, 1 El. Zwiebelsaft hinzufügen. Die Täubchen auf eine vorgewärmte Servierplatte legen. Mit 1 El. Cognac den Bratensatz in der Pfanne ablösen, mit ⅛ l Bouillon löschen. 1 Tl. gehackte Petersilie hinzufügen, alles über die Tauben gießen.

Gebratene Tauben auf canapés

Das Innere der Tauben salzen und pfeffern. Die Tauben in dünne Scheiben fetten Speck einwickeln. Fest zusammenbinden. In den bei 205° vorgeheizten Backofen stellen. 20 Min. braten, zweimal begießen. Die Fäden durchschneiden, den Speck wegnehmen, die Tauben auf *canapés* legen. *Canapés* sind in geschmolzene Butter getauchte Brotscheiben, die in der Pfanne nur heißgemacht, aber nicht geröstet und mit einem Püree aus Pilzen und Trüffeln bestrichen werden. Für 4 *canapés* zerkleinert man ½ Tasse Champignons und treibt sie mit dem Kartoffelstampfer durch ein Sieb. Man gibt das Mus mit 2 El. Butter in einen Topf über mittlerer Hitze, bis alle Flüssigkeit verdampft ist. Salzen und pfeffern, ¼ Tasse Béchamelsauce und 1 El. Crème fraîche hinzugeben. 10 Min. oder bis die Sauce eingedickt ist köcheln lassen. Wegstellen. 4 Trüffeln in fetten Speck vollständig einwickeln. Jede Trüffel einzeln zubinden. Mit 2 El. Madeira in den Topf geben. Bei schwacher Flamme zugedeckt 20 Min. kochen lassen. Den Speck abnehmen. Die Trüffeln durch ein Sieb passieren und dem Champignonpüree hinzufügen. Den Sud, in dem die Trüffeln gekocht wurden, in den Topf füllen, in dem man die Tauben gebraten hat. Über mittlerer Flamme 2 El. Madeira und ⅛ l Bouillon hinzugießen. Aufkochen lassen und über die Tauben gießen.

Gertrude Stein in Billignin, 1930.

Ente mit Bordeaux-Sauce

Eine 3 Pfd. schwere Ente braucht zum Garwerden etwa 1 Std. im vorgeheizten Ofen bei 205°. Sie innen salzen und pfeffern. Den Vogel mit 4 El. Butter bestreichen und in den Ofen stellen. Nach ¼ Std. mit dem Begießen beginnen. Da Entenschenkel kräftiger sind als die vom Huhn, die Ente nach ½ Std. Bratzeit je 10 Min. auf die eine und die andere Seite legen.

Bordeaux-Sauce

Die Leber der Ente und eine zweite durch ein Sieb treiben und wegstellen. 2 gehackte Schalotten in 2 El. Butter über mittlerer Hitze dünsten. Wenn alle Flüssigkeit verdampft ist, sie ein wenig ansetzen lassen. 1 El. Tomatenmark in ⅛ l Bouillon auflösen und 1 El. Mehl und 1 El. Butter hinzugeben. 4 El. erhitzten Weinbrand darübergießen und flambieren. Langsam zum Kochen bringen. Würzen mit Salz, Pfeffer und 1 Prise Cayenne. 10 Min. köcheln lasen. Noch ⅛ l Bouillon dazugeben, aufkochen lassen. Langsam die Hälfte des Topfinhalts über die durchpassierte Leber gießen. Die Mischung in den Topf geben, unter ständigem Rühren auf schwacher Flamme 4 El. Butter hinzufügen. Den Topf schwenken, nicht rühren. Wenn die Butter aufgelöst ist, die Sauce in eine vorgewärmte Sauciere schütten und zusammen mit der Ente servieren.

Junger Truthahn mit Trüffeln

Für einen 6 bis 7 Pfd. schweren Truthahn braucht man 3 Pfd. Nierenfett. Das Fett schmelzen und durchpassieren. Die Trüffeln werden halbiert oder geviertelt, je nach Größe, ¼ Std. in ¼ des Fetts pochieren, mit dem restlichen Fett vermengen und abkühlen. Die Mischung in den Truthahn füllen, den man zuvor innen mit Salz, Pfeffer und ein wenig Muskatnuß ausgerieben hat. Die Öffnung zunähen, Flügel und Schenkel zusammenbinden. An einen kalten Ort stellen, aber nicht in den Eisschrank – im Winter 2 Tage, im Sommer 1 Tag. Danach wickelt man den Truthahn in ein mit Butter ausgepinseltes Fettpapier und brät ihn bei 205° im Rohr, 10 Min. pro Pfund. ½ Std. vor Ende der Bratzeit das Papier wegnehmen. Dreimal begießen. Auf die Servierplatte legen. Das Fett vom Bratensaft abschöpfen, ¾ l Brühe hinzufügen, die man folgendermaßen bereitet hat: Innereien, Kragen, Flügelspitzen, 1 Kräuterbündchen, Salz und Pfeffer für 2 Std. in Wasser kochen. Fest über den Boden rühren, um den Bratensatz abzulösen. In der Sauciere zum Truthahn servieren.

FLEISCH

Frühlingsnavarin

Vom Metzger 2 Pfd. Lammschulter in Würfel schneiden lassen – 2 Würfel pro Person. In einem gußeisernen oder emaillierten Topf 2 El. Butter schnell zum Schmelzen bringen. Wenn die Butter sehr heiß ist, die Fleischstücke hineingeben. Mit dem Holzlöffel umrühren, bis sie auf allen Seiten leicht gebräunt sind. Salzen, Pfeffern und mit 2 El. Mehl bestäuben, nachdem man zunächst das Fett abgeschöpft hat. 10 Min. rühren. Unter weiterem Rühren mit heißem Wasser aufgießen. Die Sauce sollte vollkommen glatt sein. 1 Kräutersträußchen, 1 Messerspitze geriebene Muskatnuß, 1 dicke Zwiebel mit 1 hineingesteckten Nelke und 1 zerdrückte Knoblauchzehe hinzufügen. Dazu 1 Pfd. geschälte, entkernte und zerkleinerte Tomaten. Aufkochen lassen, zudecken und die Hitze verringern. 1 Dtzd. neue Kartoffeln waschen, trocknen und die Schale abreiben. 1 Dtzd. junger Karotten putzen, waschen und abtrocknen, die äußere Haut von 1 Dtzd. junger Frühlingszwiebeln abziehen, 1 Tasse junge Rübchen schälen. 4 El. Butter über mittlerer Hitze zum Schmelzen bringen. Wenn sie heiß ist, die Rübchen hineinlegen und mit 1 Tl. Zucker bestreuen. Unter ständigem Rühren von allen Seiten anbräunen. Abtropfen lassen und beiseite stellen. 1 Tasse Erbsen enthülsen. Die Spitzen von 1 Tasse ganz jungen grünen Bohnen abknipsen. Nach 1 Std. das Kräuterbündchen und die Zwiebel aus dem Topf nehmen. Fett auf der Sauce nötigenfalls abschöpfen. Gut aufkochen lassen und die Kartoffeln, die Karotten, die Zwiebeln und die Rübchen dazugeben. Zudecken, auf mittlere Hitze verringern. In getrennten Töpfen die Erbsen und Bohnen 10 Min. in Salzwasser abkochen. Wenn die anderen Gemüse ½ Std. gekocht haben, Erbsen und Bohnen dazugeben. Noch ½ Std. kochen lassen. Die Sauce von neuem abschöpfen und das Ragout sehr heiß in einer tiefen Schüssel servieren.

Bœuf Bourguignon (2)

2 Pfd. runde Rindsschulter vom Metzger in Würfel schneiden lassen, 2 Stück pro Person. 6 Std. in 6 El. Weinbrand unter häufigem Wenden marinieren. In einem gußeisernen Topf 4 El. Butter über starker Hitze auflösen. Die Fleischstücke nebeneinander, nicht übereinander, in das sehr heiße Fett legen. Von allen Seiten anbraten, herausnehmen und beiseite stellen. 1 Tasse gewürfelten Bauchspeck anbraten und herausnehmen. 12 kleine Zwiebeln anbräunen und herausnehmen. Etwa ⅔ des Fetts abschütten. 1 ½ El. Mehl in den Topf tun, 10 Min. verrühren, das Fleisch hineingeben. ¾ l erhitzten roten Burgunder darübergießen oder einen anderen Rotwein, der ihm am nächsten kommt, und ¼ l heißes Wasser. Salz, Pfeffer, die Speckwürfel, 1 Kräuterbündchen, 1 Prise geriebene Muskatnuß und 1 zerdrückte Knoblauchzehe hinzufügen, zudecken und, wenn der Topfinhalt zu kochen beginnt, auf mittlere Hitze zurückstellen. 2 ½ bis 3 Std. kochen lassen. Die Zwiebeln hinzufügen und eine weitere ½ Std. kochen lassen. Die Kräuter herausnehmen, wenn nötig Fett abschöpfen, das Gericht in eine tiefe Schüssel füllen und mit 1 El. gehackter Petersilie bestreuen.

Es hebt den Geschmack sehr, wenn man im letzten Augenblick 2 Tassen kleiner Pilze hinzugibt, die man zuvor 10. Min. in 4 El. Butter über schwacher Flamme gedünstet hat.

Kalbsragout Marengo

1 kg Kalbsschulter vom Metzger in Stücke schneiden und alle Knochen entfernen lassen. Im gußeisernen Topf ⅛ l Olivenöl schnell erhitzen. Wenn es zu brodeln beginnt, die Fleischstücke nebeneinander hineinlegen. Von allen Seiten anbraten und wieder herausnehmen. 12 kleine Zwiebeln in den Topf geben, anbräunen und herausnehmen. ⅔ des Fetts abschütten, das Fleisch hineinlegen. Mit 1 ½ El. Mehl bestäuben, gut mit dem Holzlöffel umrühren und 2 bis 3 Min. anbräunen. ⅓ l erhitzten trockenen Weißwein und dieselbe Menge heißes Wasser dazugießen. Dazu 2 mittelgroße geschälte, entkernte und zerkleinerte Tomaten, 1 Kräuterbündchen, 2 zerdrückte Schalotten, 1 Knoblauchzehe, Salz und Pfeffer. Die Zwiebeln und die Champignons hinzufügen. Zugedeckt bei schwacher Flamme 1 Std. dünsten lassen. Das Fett abnehmen, das Bündchen herausnehmen, den Topf zudecken und noch 10. Min. kochen lassen. Das Ragout in eine vorgewärmte Schüssel füllen und mit 1 cm dicken dreieckigen Brotstücken umgeben, die man leicht in Öl angebraten hat.

Rindsfilet Adrienne

Eine Marinade zubereiten aus 1 Flasche trockenem Weißwein – je besser der Wein, um so besser die Sauce – ⅛ l Olivenöl, 1 Kräuterbündchen, 2 in Scheiben geschnittenen mittelgroßen Karotten, 1 in Scheiben geschnittenen mittelgroßen Zwiebel, Pfeffer und Salz. Darin 3 Pfd. Rindsfilet einlegen. Zudecken und 40 Std. marinieren lassen, aber nicht im Eisschrank. Das Fleisch zweimal täglich wenden. Zu Beginn des dritten Tages aus der Marinade nehmen und gut abtrocknen. In 1 dünne Scheibe fetten Speck einwickeln, fest zusammenbinden. In das auf 180° vorgeheizte Backrohr stellen. Die Marinade mit den Zwiebeln über schwacher Flamme heiß werden lassen. Nach ¼ Std. das Filet wenden. Nach ½ Std. beginnen, den Braten mit 4 El. heißer Marinade zu begießen. Der Braten braucht 1 Std. Aus dem Ofen nehmen, den Speck entfernen, den Braten auf die Servierplatte legen. Den Bratensaft wieder aufkochen, 1 El. Mehl, vermengt mit 1 El. Butter, etwas heißes Wasser und 3 Tl. Johannisbeergelee hinzufügen. Alles gut vermischen und aufkochen lassen. 2 El. Weinbrand hinzufügen. In eine Sauciere durchpassieren. Jede Filetscheibe beim Servieren einzeln salzen.

Daube im Scheiben Nicolette

Eine *daubière* ist ein für seinen Durchmesser verhältnismäßig hohes Geschirr. Fleisch, in einem solchen Geschirr zubereitet, heißt *en daube* gekocht. 3 Pfd. Rindsfilet in dünne Scheiben schneiden und flachklopfen. Jede Fleischscheibe mit 1 dünnen Scheibe Speck in gleicher Größe belegen. 3 große Zwiebeln, ½ Tasse Petersilie, 2 Knoblauchzehen, 3 Schalotten, ½ Tasse Kerbel und 4 Trüffeln zerkleinern. Je ½ Tl. zerstoßenen Thymian, Lorbeer und Salz, je ¼ Tl. Pfeffer, Zimt und Nelken hinzufügen. Gründlich vermengen. Etwas von dieser Mischung auf den Speck geben und mit einer zweiten Speckscheibe bedecken. Dann wieder mit 1 Scheibe Filet belegen, und so weiter. Alles aufeinanderlegen und fest verschnüren. 50 g Butter in der *daubière* oder einem irdenen Topf mit fest schließendem Deckel über mittlerer Hitze auflösen. Dazu 1 Tasse grob gewürfelten Speck, das Filet, 1 Kalbsfuß, 1 Bündchen aus Petersilie, Kerbel, Thymian und Lorbeer, je ½ Tl. Salz und Curry, ¼ Tl. Pfeffer und 4 El. Tomatenmark. Aufgießen mit 1 Flasche Marsala und ½ l heißem Wasser. Zudecken, zum Kochen bringen, Hitze verringern und 4 Std. köcheln lassen. Die *daubière* vom Feuer nehmen, das Fleisch aus der Sauce nehmen und in eine Schüssel legen. Wenn es etwas abgekühlt ist, die Fäden aufschneiden. Die Scheiben sollten sich nicht verschieben. Den Saft über das Fleisch passieren, das ganz davon bedeckt sein sollte. 24 Std. an einen kühlen Ort stellen. Zum Servieren in eine andere Schüssel umfüllen.

Rindsrosetten

Für 6 Portionen 12 Scheiben vom schmalen Ende des Rindsfilets nehmen. 50 g Butter in einem feuerfesten irdenen oder emaillierten Topf mit gut schließendem Deckel über mittlerer Hitze auflösen, die Filetstücke hineingeben. 4 El. Weinbrand erhitzen, über das Fleisch gießen und flambieren. 1 dicke feingehackte Zwiebel dazugeben und mit Crème fraîche und ⅛ l kräftiger Rindsbrühe bedecken. Salzen und pfeffern. Zudecken und 1 ½ Std. bei 180° in den vorgeheizten Ofen stellen. Auf eine Servierplatte legen und mit der Sauce übergießen.

Chicorée

12 Chicorée abreiben, die äußeren Blätter entfernen und beide Enden abschneiden. 50 g Butter in einen Topf mit fest schließendem Deckel geben. Über schwacher Flamme erhitzen. Die Chicorée hineinlegen, mit ½ Tl. Salz und ¼ Tl Zucker bestreuen. Den Saft 1 Zitrone darübergießen. Abdecken mit einem kräftig gebutterten Fettpapier. Das Feuer so klein wie möglich stellen, Topf zudecken, 5 Min. ziehen lassen. Das Feuer ganz aufdrehen und weitere 20 Min. kochen lassen. Den Topf hin und wieder schütteln, aber nicht vor der Zeit öffnen.

Überbackener Spinat Margarethe

4 Pfd. Spinat fünfmal waschen. Abtropfen lassen, soviel Wasser wie möglich herausdrücken. Je 1 Handvoll Spinat bei starker Hitze in einen Topf geben. Mit dem Holzlöffel rühren, so daß jede frische Handvoll den Boden des Topfes berührt. Wenn die 4 Pfd. erhitzt sind, den Topf zudecken. Nach und nach die Hitze auf ein Minimum verringern. 5 Min. kochen lassen, abtropfen lassen und unter fließendem Wasser abkühlen. Über schwacher Hitze im Topf so lange rühren, bis alles Wasser verdampft ist. Ein Pilzpüree zubereiten, indem man 1 Pfd. frische Champignons durch ein Sieb passiert, in einem Topf auf schwaches Feuer stellt und mit dem Holzlöffel rührt, bis alle Feuchtigkeit verdampft ist. 1½ Tassen steife Béchamelsauce über mittlerer Hitze in einen Topf füllen. 1 Tasse Crème fraîche unterrühren; rühren, bis die Sauce eindickt. Salz, Pfeffer, 1 Prise Muskat, die Pilze und 4 El. Butter hinzufügen. Gut vermengen, vom Feuer nehmen. In eine kräftig ausgebutterte Form in Lagen den Spinat und das Pilzpüree einfüllen – 3 Lagen von jedem. ½ Tasse geriebenen Schweizer Käse unter 1 ½ Tassen Béchamelsauce rühren und damit den Auflauf bedecken. Mit 3 El. geschmolzener Butter beträufeln. In ein Gefäß mit heißem Wasser stellen und bei 150° in das vorgewärmte Backrohr stellen. Das Wasser darf nicht kochen. 1 Std. backen.

Gurken in Sahne

12 Gurken schälen. In 2,5 cm große Würfel schneiden. Zugedeckt in 1 l kochendem Salzwasser über mittlerer Hitze weich kochen – zwischen 5 und 10 Min. –, nicht zu weich werden lassen. Vom Feuer nehmen, unter fließendem Wasser abkühlen, abtropfen lassen und trocknen. 1½ l Sahnesauce über schwacher Flamme aufsetzen. Wenn sie erhitzt ist, die Gurken dazugeben. Durchrühren, um ein Anbrennen zu verhindern. Wenn sie zu kochen beginnen, 4 El. zerkleinerte Butter hinzufügen. Die Flamme kleinstellen, den Topf schwenken, bis die Butter sich aufgelöst hat. In eine vorgewärmte Servierschüssel füllen und sofort auftragen.

In Butter geschmorte Kartoffeln

2 Pfd. mittelgroße Kartoffeln schälen und achteln. 150 g Butter über mittlerer Flamme aufsetzen. Wenn sie sich aufgelöst hat, die Kartoffeln hineingeben und zudecken. Von Zeit zu Zeit mit dem Holzlöffel durchrühren. Nach ¾ Std. die Flamme kleinstellen. Wenn nicht mehr genügend Butter im Topf ist, weitere hinzufügen (die richtige Menge hängt ab von der Kartoffelsorte). Die Hitze zunächst mittel, dann ganz aufdrehen. Die Kartoffeln sollten außen geröstet und fest sein und innen weich. Salzen (keinen Pfeffer) und sehr heiß servieren.

Die einzig richtige Art, Pommes frites zu machen

Kartoffeln schälen und in gleich lange und dicke Stäbchen schneiden. Sie in mäßig heißes Öl, Schmalz oder ganz weißes Rindsfett legen – und zwar genügend Fett, daß die Kartoffeln auch Platz haben. Wenn sie nach oben steigen, sofort herausnehmen. Das Fett dann über höchster Flamme schnell erhitzen. Die Kartoffeln sollten nicht länger als 2 Min. außerhalb des Topfes bleiben. Sie ein zweites Mal ins Fett tauchen und sofort herausnehmen. Mit Salz bestreuen und servieren.

SALATE

Bagration-Salat

6 Artischockenherzen in 1 cm dicke Scheiben schneiden, rohen Sellerie raspeln. Beiseite stellen. In 1 l sprudelnd kochendes Salzwasser ¼ Pfd. in 7 cm große Stücke gebrochene Makkaroni werfen; sobald sie kochen, die Hitze verringern und 15 Min. ruhig kochen lassen. Dann abstellen, aber die Makkaroni noch 5 Min. zugedeckt im Wasser stehenlassen. Gut abtropfen und abkühlen lassen. Die Gemüse und die Makkaroni vermischen, salzen, pfeffern und 1 ½ Tassen mit 3 El. Tomatenmark vermischte Mayonnaise unterrühren. In der Mitte der Servierschüssel auftürmen und rundherum einen Rand aus 4 gehackten Eigelb von hartgekochten Eiern, einen Rand aus 8 zerkleinerten Scheiben geräucherter Zunge und einen Rand aus dem gehackten Eiweiß legen. Die Mitte des Salats und die Ränder mit feingehackter Petersilie bestreuen.

Cancalaiser Salat

Je Portion 1 Blatt Salat. Darauf kommen 3 El. gekochte, gewürfelte Kartoffeln und 1 Tl. Mayonnaise sowie 3 pochierte Austern, die man zum Abtropfen auf ein Leintuch gelegt und mit Öl, Zitronensaft und Pfeffer gewürzt hat. Auf die Austern je 1 dünne Trüffelscheibe legen. Die Salatblätter mit ihrer Füllung kreisrund auf einer Platte anordnen und eins in die Mitte setzen.

Nizza-Salat

Man nimmt zu gleichen Teilen zerkleinerte Kartoffeln und zerkleinerte grüne Bohnen. Getrennt kochen – die Kartoffeln zugedeckt in kaltem Salzwasser aufsetzen, die grünen Bohnen in kochendem Salzwasser. Nicht zu weich werden lassen. Abschütten und abtropfen lassen. Wenn die beiden Gemüse kalt sind, vermengen und 2 Teile Öl zu 1 Teil Zitronensaft, Salz und Pfeffer dazugeben. In einer Salatschüssel in der Mitte aufgetürmt anrichten und garnieren mit Anchovis, entkernten schwarzen Oliven und Kapern. Rundherum geviertelte, geschälte Tomaten legen. Ausgiebig mit gehacktem Basilikum bestreuen.

Port-Royal-Salat

Zu gleichen Teilen gekochte, in Scheiben geschnittene Kartoffeln, geraspelte, geschälte Äpfel und in Würfel geschnittene, abgekochte grüne Bohnen. Die abgekühlten Kartoffeln und Bohnen vermengen mit Äpfeln, Salz, Pfeffer und Mayonnaise. In die Salatschüssel geben, mit einer dünnen Schicht Mayonnaise bedecken und mit Bohnenstückchen garnieren. Rundherum geviertelte Salatherzen und geviertelte hartgekochte Eier legen.

Raphael-Salat

Salat in Streifen schneiden und mit Mayonnaise vermengen, die man statt mit schwarzem Pfeffer mit Paprika würzt. Rundherum abwechselnd Gurkenscheiben, geschälte, geachtelte Tomaten und Salatherzen legen, zwischen diese Gemüse 4 kleine, in dünne Scheiben geschnittene, geputzte Radieschen. Über die Salatumrandung *vinaigrette* aus 2 Teilen Öl, 1 Teil Zitronensaft, Salz Pfeffer und gehacktem Kerbel gießen.

Kartoffelsalat

In eine große Schüssel gibt man 1 El. französischen Senf, ¼ Tl. Pfeffer, 1 El. gehackten Kerbel, 1 El. feingehackten Schnittlauch, 1 El. feingehackten Estragon und 1 El. gehackte Petersilie. Von 1 Salzhering Haut, Kopf, Schwanz und Gräten entfernen. Den Fisch zerstampfen und durch ein feines Sieb treiben. Der Sauce hinzufügen. Ebenso einen festen, geraspelten Apfel. Mit 2 El. Olivenöl gut vermengen und dann langsam ⅛ l kräftige Rindsbrühe unterrühren. Die Sauce sollte ganz sämig sein. Dann fügt man langsam ¼ l trockenen Weißwein dazu. 2 Pfd. ungeschälte Kartoffeln über starkem Feuer aufsetzen. Zudecken, und wenn sie kochen, die Flamme kleiner stellen. Nicht zu lange kochen. Abschütten, abtropfen lassen, pellen, noch heiß in dünne Scheiben schneiden und in der Schüssel mit der Sauce vermischen. Den Topf mit den Kartoffeln dabei zugedeckt halten und nur jeweils 1 Kartoffel herausnehmen. Beim Vermischen vorsichtig vorgehen, um die Kartoffeln nicht zu zerquetschen. Wenn alles gut vermischt ist, wegstellen und mindestens 3 Std. bis zum Servieren vergehen lassen.

Mélio-mélo-Salat

10 Austern, 1 Min. pochiert und vermischt mit 10 Muscheln, ½ Tasse Krabben, das Fleisch von 1 mittelgroßen Hummer, eine ¾ Tasse ganz junge Böhnchen, 5 in Scheiben geschnittene Artischockenherzen, ¼ Tasse zerkleinerte rote Bete und ½ Tasse in Scheiben geschnittenen Staudensellerie sowie Salz und Pfeffer leicht vermengen, über alles ⅓ l trockenen Champagner gießen.

Wintersalat

Dicke, süße spanische Zwiebeln, in dünne Scheiben geschnitten, in folgende Sauce geben: 2 El. französischer Senf, ½ Tl. Salz, ¼ Tl. Pfeffer, 1 El. Paprika, 1 Tasse Crème fraîche. Gut vermengen und erst kurz vor dem Servieren über die Zwiebeln gießen.

Livland-Salat

Eine Mischung aus der Jahreszeit entsprechenden Gemüsen zu gleichen Mengen. Dazu eine Sauce aus ½ Tl. Salz, ¼ Tl. Pfeffer, 1 Tl. französischem Senf, 3 El. Weinbrand, 3 El. Madeira, 2 El. Öl und 1 El. Essig.

KALTE DESSERTS

Bayerische Creme Vollkommene Liebe

400 g Zucker und 8 Eigelb verrühren, bis sie zitronenfarben sind. Langsam ½ l Milch, in der man 6 Nelken mit aufgekocht hat, hinzufügen. Mit einem Holzlöffel ununterbrochen in dieselbe Richtung rühren, bis die Masse am Löffel haftenbleibt. Nicht kochen lassen. Vom Feuer nehmen und ½ El. zuvor 5 Min. in 3 El. Wasser aufgelöste gemahlene Gelatine untermengen. Immer in eine Richtung rühren, bis die Gelatine gut verteilt ist; durchsieben und hin und wieder immer in gleicher Richtung durchrühren, bis die Creme erkaltet ist. Dann mit 3 Tassen Schlagsahne, der man die geriebene Schale von 2 Zitronen zusetzt, vermengen. In eine leicht mit Öl ausgestrichene Form gießen und 4 Std. im Eisschrank stehenlassen. Aus der Form auf eine Servierplatte stürzen. Man kann die Creme auch mit einem Fruchtpüree machen: 1 ½ Tassen Püree, vermischt mit 1 El. Zitronensaft und 100 g Puderzucker.

Eine Schokoladencreme macht man, indem man 100 g Schokolade in Milch auflöst, eine Mokkacreme, indem man anstelle der Milch ½ l starken Kaffee nimmt. Sonst verfährt man wie oben.

Charlotte

Die halbe Menge der Creme des vorhergehenden Rezepts zubereiten. Löffelbiskuits für eine leicht mit Öl eingestrichene Form zuschneiden: passend für den Boden; für die Seiten jeweils ein Ende glatt abschneiden, die Spitzen begradigen, nachdem die Creme eingefüllt ist. Alle Geschmacksvarianten der Creme eignen sich. Zum Servieren mit Hilfe einer Spritztüte die gestürzte Charlotte mit Schlagsahne verzieren und rundherum mit Früchten belegen – den gleichen, die man zur Creme verwendet hat, zuvor in Sirup gekocht und gut abgetropft. Statt einer Fruchtcreme kann man die Bayerische Creme Vollkommene Liebe nehmen, nur ohne Zitronen und Nelken zubereitet; statt dessen fügt man 1 ½ Tassen frische Früchte und Beeren hinzu, die man vorher ein paar Stunden in bestem Kirsch oder Curaçao eingelegt und gut abgetropft hat. Einer mit Fruchtpüree bereiteten Creme kann man auch andere zerkleinerte und eingelegte Früchte hinzufügen, bei Erdbeer- oder Himbeerpüree zum Beispiel gewürfelte Pfirsiche und Aprikosen. Den Kombinationen sind keine Grenzen gesetzt.

Crème renversée à la cévenole

(Maronencreme)

2 ganze Eier und 4 Eigelb mit 200 g Zucker so lange rühren, bis die Masse blaßgelb wird. Langsam ½ l heiße Milch hinzufügen. Durch ein Haarsieb gießen. Von Zeit zu Zeit umrühren, bis die Creme erkaltet ist. Nun zum Maronenpüree: Man schält 25 Maronen und kocht sie vorsichtig 7 bis 8 Min. Vom Feuer nehmen, abgießen und zurück in den zugedeckten Kochtopf legen. Immer nur einige herausnehmen, um die Haut abzuziehen – es geht leichter, wenn sie warm sind. Die abgezogenen Maronen über mittlerer Flamme aufsetzen in ½ l Milch mit 1 El. Butter, 1 aufgeschlitzten Vanillestange und 1 Prise Salz. Zum Kochen bringen; dann den Topf zugedeckt in das auf 150° vorgewärmte Backrohr für etwa eine ¾ Std. stellen. Eventuell heiße Milch nachgießen. Wenn die Maronen weich sind, noch sehr heiß durch ein feines Haarsieb treiben. Auf schwache Flamme stellen und 100 g Zucker hinzufügen. Wenn der Zucker

sich aufgelöst hat, vom Feuer nehmen. Wenn die Masse kalt ist, mit der Eiercreme vermengen. In eine mit Butter eingefettete Form gießen und in ein Gefäß mit heißem Wasser stellen, das bis etwa 2,5 cm unter den Rand der Form reicht. Eine ¾ Std. im vorgeheizten Ofen bei 150° backen. Es ist wichtig, daß das Wasserbad nicht kocht. Wenn das Wasser verdampft, heißes Wasser nachgießen. Die Creme nicht aus der Form nehmen, ehe sie kalt ist.

Dieses Dessert kann man in einer Ringform bereiten und mit leicht gesüßter Schlagsahne in der Mitte servieren. 1 Tasse Schlagsahne fügt man 1 El. Puderzucker und 1 El. Kirsch hinzu. Man kann die Creme in jeder Geschmacksrichtung parfümieren, wenn man die Menge der Eiermilch verdoppelt und das Maronenpüree wegläßt – zum Beispiel gestürzte Mokkacreme, für die man ¼ l Milch durch ¼ l starken Kaffee ersetzt, oder Schokoladencreme, indem man 60 g geschmolzene Schokolade in die Milch gibt.

Careme-Creme

Dieses Dessert ist eine Kreation von Careme, dem großen Koch aus dem frühen 19. Jahrhundert, der einige der wichtigsten französischen Kochbücher geschrieben hat. 8 Eigelb mit ¼ Pfd. Zucker und 1 El. Reismehl (oder etwas weniger als 1 El. Maismehl) verrühren, bis die Masse blaßgelb wird. Sehr langsam ¾ l heiße Milch hinzufügen. Über ganz schwacher Flamme in einem Topf so lange rühren, bis die Creme den Löffel überzieht. Vom Feuer nehmen, hin und wieder umrühren, bis sie kalt ist. In den Eisschrank stellen (Careme sagt, auf Eis und mit Eis rundherum). Hin und wieder aus dem Eisschrank holen, um umzurühren. Unmittelbar vor dem Servieren 1 dl besten Maraschino und 1 ½ Tassen Schlagsahne unterrühren. Dann hat man (das sind Caremes Worte) eine leichte, samtige, liebliche Creme.

Apfelmousse

8 Äpfel schälen, Kerngehäuse entfernen, Äpfel achteln und mit 200 g Zucker, ¼ l Wasser und der Schale von 1 Zitrone über mittlerer Hitze aufsetzen; von Zeit zu Zeit umrühren und nach und nach die Hitze verringern. Kochen lassen bis das Mus ziemlich eingedickt ist. Ehe man es vom Feuer nimmt, 15 g Gelatine in 3 El. Wasser eingeweicht, hinzufügen. Gut vermengen, den Saft 1 Zitrone hinzufügen. Durchpassieren und mit einem Mixer oder einem Schneebesen die Apfelsauce schaumig schlagen. In den Eisschrank stellen. Bevor sie ganz steif wird, nach etwa ½ Std., 1 ½ Tassen ungesüßte, mit Likör – Grand Manier, wenn es genehm ist – abgeschmeckte Schlagsahne unterheben. 3 El. Likör reichen. Man kann nehmen, was einem paßt, sollte aber besser einen Likör auf Frucht- als einen auf Kräuterbasis verwenden. Eisgekühlt in einer Schale servieren.

Fruchtmousse

1 Pfd. gemischte Früchte, je nach Jahreszeit – Bananen und frische Ananas kann man das ganze Jahr über nehmen. Die Früchte schälen, Steine entfernen, die Bananen in der Mitte durchschneiden und dann der Länge nach halbieren. Die Ananas in dünne Scheiben schneiden – nicht halbieren –, von großen Früchten ganz absehen. In einer tiefen Servierschüssel arrangieren und vor dem Servieren mehrere Stunden im Eisschrank kühlen. Unmittelbar vor dem Servieren 8 Eigelb mit ¼ l bestem Kirsch und 200 g Zucker vermengen – mit dem Messer oder dem Schneebesen –, bis die Masse dick und schaumig wird. Über die Früchte gießen und servieren.

Am Palais Idéal in Hautrives, 1939.

Äpfel mit Himbeersirup

1 ½ Pfd. Äpfel schälen, Kerngehäuse entfernen, Äpfel vierteln. Über starker Hitze 200 g Zucker, ⅛ l Wasser und die Schale von 1 Zitrone aufsetzen. Rühren, um Anbrennen zu verhindern. 20 bis 25 Min. kochen lassen. Vom Feuer nehmen und in eine leicht mit Butter eingefettete Form durchpassieren, deren Boden man zuvor mit einem Stück passend zugeschnittenen weißen Papiers ausgelegt hat. Gekühlt für mehrere Stunden in den Eisschrank stellen. Zum Servieren aus der Form auf eine Platte praktizieren. 2 Tassen Erdbeer- oder Himbeerpüree darübergießen. Außerhalb der Saison nimmt man 1 ½ Gläser Gelee, das man mit 2 El. Wasser erhitzt, nur bis es flüssig wird. Ehe man es verwendet, läßt man es wieder abkühlen.

Geeiste Pfirsiche

6 feine Pfirsiche zum Abziehen in heißes Wasser tauchen. Einen Sirup aus 200 g Zucker und ¼ l Wasser zubereiten. Die abgezogenen Pfirsiche 4 Min. im Sirup pochieren. Dann herausnehmen und abtropfen lassen. Den Sirup etwa 3 Min. eindicken lassen und über die Pfirsiche gießen. Er sollte an den Pfirsichen haftenbleiben. Die Pfirsiche für mindestens 2 Std. in den Eisschrank stellen. Ein Püree zubereiten aus 1 Pfd. frischen Erdbeeren, 60 g Puderzucker sowie 2 El. Weinbrand und 1 Tasse Schlagsahne. Mindestens 2 Std. im Eisschrank stehenlassen. Unmittelbar vor dem Servieren über die Pfirsiche gießen.

Apfelküchlein

6 Äpfel schälen, das Kerngehäuse entfernen, Äpfel in 1 cm dicke Scheiben schneiden. ½ Std. einlegen in eine Marinade aus dem Saft 1 Zitrone, 2 El. Zucker und 3 El. Alkohol. Mehrere Male wenden und darauf achten, daß alle Scheiben gut getränkt sind. Den Fritierteig bereitet man aus 150 g gesiebtem Mehl, 1 Ei, ¼ l leichtem Bier, 3 El. Weinbrand und 3 El. Olivenöl. Gut vermischen, bis der Teig ganz glatt ist. Am besten, wenn möglich, den Teig am Vorabend zubereiten, auf jeden Fall mehrere Stunden bevor man ihr verwendet. Die Apfelscheiben in den Teig tauchen und in Fett ausbacken. Wenn sie braun sind, mit dem Schaumlöffel herausnehmen und ausgiebig mit Puderzucker bestreuen. Noch heiß zum Karamelisieren in den heißen Backofen schieben.

Man kann diese Küchlein mit den verschiedensten Früchten zubereiten.

Omelett Bourbonnaise

1 Omelett auf die übliche Art zubereiten – aus 6 Eiern und 1 El. Zucker. Ehe man es faltet, 1 Tasse zerkleinerte Ananas, vermischt mit ¼ Tasse durchpassierter Aprikosenkonfitüre, darauf verteilen. Dann falten und 60 g Zucker über das Omelett sieben, mit ¼ l heißem Rum übergießen und am Tisch flambieren.

Diese Art Omelett kann man auch mit 1 Tasse durchpassierter Konfitüre und jedem zum Geschmack der Konfitüre passenden Likör füllen, beispielsweise Erdbeer mit Kirsch oder Orange mit Curaçao.

Früchtesoufflé

Einen dicken Sirup aus 200 g Zucker und 3 El. Wasser zubereiten. 5 Min. kochen lassen. Mit 1 ½ Tassen Püree aus frischen Früchten eigener Wahl vermengen. Falls es zu flüssig ist, einkochen lassen und dann abmessen. Bei Beeren könnte sich das als nötig erweisen. Leicht, aber schnell den Schnee von 6 im letzten Moment geschlagenen Eiweiß – man darf ihn nicht stehenlassen – unterheben. In eine mit Butter eingefettete und mit Zucker ausgestreute Souffléform füllen und im vorgeheizten Backrohr bei 180° 20 Min. backen. Nach 18 Min. zum Glasieren Puderzucker darübersieben.

Veilchensoufflé

2 El. Butter im Topf über mittlerer Flamme auslassen; unter ständigem Rühren 2 El. Mehl hinzufügen. Mit ¼ l heißer Milch aufgießen und kochen lassen, bis die Masse dick wird. Vom Feuer nehmen und abkühlen lassen. 2 El. Zucker und 1 El. Kümmellikör hinzufügen und 3 Eigelb nacheinander vollständig einrühren. 4 Eiweiß schlagen und leicht und schnell unter die Masse heben. ½ Tasse in 3 bis 4 Stücke zerteilter kandierter Veilchen hinzufügen. Das Soufflé mit einem Kranz aus Veilchen belegen. In einer Souffléform 20 Min. im vorgeheizten Ofen bei 180° backen.

Croûte à la Belle Aurore

Einen trocken gewordenen Kuchen in 1 cm dicke Scheiben schneiden. Diese ausgiebig mit Rum beträufeln. Die Hälfte der Scheiben mit einer sehr dicken Apfelsauce bestreichen, der man pro Tasse 1 Tasse dicke Sahne und 3 El. winzigkleine gemischte glasierte Früchte hinzufügt. Mit der anderen Hälfte der Scheiben belegen; die »Sandwiches« drücken, damit sie haften. In geschlagenes Ei tauchen, in gestoßenen und durchgesiebten Zwiebackbröseln wenden und über mittlerer Hitze in Butter backen. Dazu servieren eine

Warme Sabayon-Sauce

Für 6 Portionen in einem Topf über ganz schwacher Flamme oder auch im Wasserbad 3 Eigelb mit 8 El. Zucker verrühren. Sehr langsam ½ l Marsala hinzufügen. Mit dem Schneebesen schlagen, bis die Masse steif wird. In einer vorgewärmten Schüssel oder Sauciere servieren.

10. KAPITEL

Dienstboten in Frankreich

Bedauerlicherweise gab es zu viele von ihnen in meinem Dienste. Bedauerlicherweise gab es zu viele unbefriedigende, und von den zufriedenstellenden blieben zu viele nicht lange genug. Meine Haushaltspraxis in Paris begann im Jahr 1908, und in 45 Jahren kommen und gehen viele Dienstboten aus vielen Gründen. Die Erinnerung an einige von ihnen ist undeutlich, sogar bei solchen, die zufriedenstellend waren und recht lange blieben, das heißt verhältnismäßig lange. Aber an einige, die nur wenige Tage blieben, ist die Erinnerung ganz lebendig, und vielleicht ist das bloß natürlich.

Die erste Bedienung, die ich einstellte, hinterließ eine angenehme Erinnerung. Mit einer Freundin nahm ich 1908 eine kleine, sonnige und freundliche Wohnung. Nachdem sie eingerichtet war, wurde es Zeit, an ein Dienstmädchen zu denken, das sie in Ordnung halten würde. Als ich Gertrude Stein fragte, wie man da in Paris am besten vorgehe und welche Fragen beim Einstellungsgespräch richtig seien, war ihre Antwort, das einfachste und zuverlässigste sei, sich bei Leuten im Viertel umzuhören, und fragen müsse man, ob die Betreffende ein gutes Omelett machen könne. Am nächsten Tag meldete sich ein nettes junges Mädchen von selbst, eine Italo-Schweizerin. Sie war die Nichte von Gertrude Steins Concierge. Folglich würde sie, das konnte man in jenen Tagen annehmen, ehrlich und ordentlich sein, und sie sagte, sie mache ein gutes Omelett. So wurde sie eingestellt. Nach ein paar Tagen zogen wir ein, und Célestine, nett, lächelnd und schüchtern, war da, uns in Empfang zu nehmen und ihre Arbeit anzutreten. Als sie dann einkaufen gehen sollte und die Einkaufsliste zusammen mit etwas Geld und dem Rechnungsbuch bekam, gestand sie, daß sie das noch nie gemacht hatte. Sie war niedergeschlagener als ich. Wir kauften zusammen ein. Wenn sie ordentlich kochen konnte, würden Erfahrungen das übrige besorgen. Das Mittagessen war ungenießbar – allem voran das Omelett. Sie hatte offensichtlich nicht den leisesten Instinkt fürs Kochen. Ich ließ Gertrude Stein wissen, weshalb wir sie nicht behalten konnten, und zusammen sagten wir es Gertrude Steins Concierge, die meinte, ihre Nichte solle sich wohl besser nach einer Stelle als Kammerzofe umsehen.

Dann empfahl uns eine Freundin eine baskische Köchin mittleren Alters, die bereit war, für zwei Damen zu kochen und den Haushalt zu besorgen. Maria Lasgourges war eine Perle, eine ausgezeichnete Köchin, umsichtig und erfahren. Den ganzen Winter über hatten wir Gäste, geladene, unerwartete und ungeladene, die Marias gleichbleibend köstliches Essen vorgesetzt bekamen. Sie legte unseren Bohème-Bekanntschaften gegenüber ein umständliches, förmliches, feierliches Benehmen an den Tag. Nur einmal unterlief ihr ein Schnitzer. Wir erwarteten sechs Gäste zum Weihnachtsessen, und Maria sollte ein dem Anlaß und unseren Gästen angemessenes Abendessen zubereiten. Wie üblich blieb ihr ohne Rücksprache überlassen, das Menü zusammenzustellen; wir trugen ihr nur auf, alles für ein gutes Abendessen Nötige zu besorgen. Wie groß war die Überraschung und Beschämung, als sie zur Vorspeise einfach gekochte Flußkrebse in der Schale servierte. Was folgte, war wie üblich gekonnt zusammengestellt und gekocht. Als ich mich bei ihr bedankte, nachdem die Gäste gegangen waren, und sie lobte, blieben die Krebse unerwähnt. Am nächsten Morgen brachten wir unsere Verwunderung darüber zum Ausdruck. Damit habe sie gerechnet, sagte sie, und gezögert, soviel Geld auszugeben, aber Krebse gehörten nun einmal zu einem Weihnachtsessen.

Als wir im Frühjahr unsere Sommerferien planten, sprachen wir mit Maria und ließen sie wissen, daß wir ihr den Lohn während unserer Abwesenheit weiter zu bezahlen gedachten. Vielleicht wolle sie zu ihrer Familie aufs Land fahren. Sie dankte uns und sagte, sie werde zu alt zum Arbeiten und habe vor, für immer nach Hause zurückzugehen. Es war ein Schlag für uns. Sie war eine hervorragende Köchin und Haushälterin gewesen und eine warme und freundliche Präsenz in der Wohnung.

Bei unserer Rückkehr nach Paris fragte uns eine Bekannte, die Paris verließ, ob wir nicht ihr perfektes Dienstmädchen, für das sie nach einer passenden Stellung Ausschau hielt, übernehmen wollten. Maria Entz war Schweizerin, mit allen Schweizer Tugenden und Beschränktheiten. Sie war sauber, arbeitsam und ehrlich, aber was sie kochte, war nicht aufregend, entweder zu schwer oder zu sparsam. Wir waren ihrer heillosen Sentimentalität ausgeliefert. Sie kochte gerne Gerichte, deren Hauptzutat entweder Käse oder Schokolade war, die sie brieflich aus der Schweiz anforderte. Sie machte Honigkuchen in Form von Gemüsen, Obst und Blumen, Männern, Frauen und Kindern, Vögeln und Tieren, Gartenwerkzeug und Küchengeräten. Damit und mit ihrer gleichbleibenden Zuverlässigkeit mußten wir uns zufriedengeben, ohne der wundervollen anderen Maria nachtrauern zu dürfen. Wieder kam die Zeit, unsere Pläne und Vorschläge zu besprechen. Maria Entz ließ uns wissen, sie stünde sowieso kurz vor der Heirat (Erröten und Kichern), da die Anschaffung ihrer Leib- und Haushaltswäsche mehr oder weniger abgeschlossen sei. Es war überraschend für uns; wir hatten sie für eine eingefleischte alte Jungfer gehalten. Wir brachten unsere Hoffnung zum Ausdruck, daß sie glücklich sein werde und daß ihr Zukünftiger ihrer auch würdig sei. Unter noch mehr Erröten und Kichern sagte sie, das werde sich erweisen, er sei noch jung und sie könne ihn formen, mit 22 sei das ein leichtes. Unser angemessenes Hochzeitsgeschenk war ein Schleier mit einem Kranz aus Rosen.

Nach den Ferien 1910 zog ich zu Gertrude Stein, deren großartiges Dienstmädchen Hélène sich um sie und ihren Haushalt kümmerte. Hélène traf alle praktischen Entscheidungen. Eine Freundin, der das auffiel, bemerkte, daß sie hoffentlich bei der Wahl der Picassos Gertrude freie Hand lasse. Niemand konnte mit so wenig Anstrengung in so kurzer Zeit soviel zustande bringen wie Hélène. Sie war der seltene Fall einer gleichbleibend perfekten Köchin. Sie beherrschte alle Feinheiten bei der Zusammenstellung von Menüs. Ein besonderer Gast bekam eine *omelette soufflée* mit einer komplizierten Sauce, ein uninteressanter ein Omelett mit Pilzen oder mit *fines herbes*, und als Beleidigung gab es Spiegeleier. Als Fleischgang gab es im ersten Fall ein Rindsfilet mit Madeirasauce, im zweiten eine Lammkeule oder einen Lammsattel, als letztes ein Huhn. Schwierige Desserts zu machen, sagte sie, sei nicht die Aufgabe einer einfachen Köchin, und schwierig war für sie jedes Dessert, das komplizierter war als ein Soufflé. Als sie den Kuchen sah, den ich zum Tee bei einem phantastischen Wiener Bäcker bestellt hatte, riet sie mir, das Dessert für das Abendessen dort zu bestellen. Sie war entsetzt über die Kosten, aber beeindruckt, und trug ihn stolz auf, als hätte sie ihn selbst gemacht.

Hélène war humorlos und immer pragmatisch. Als die Titanic sank, bemerkte sie, sie finde die angelsächsische Ritterlichkeit, erst Frauen und Kinder zu retten, unvernünftig und unnatürlich. Sie war der Meinung, zuerst müßten die Familien gerettet werden und dann erst Einzelpersonen. Was sollten Witwen, fragte sie, ohne Männer machen, die für sie aufkamen? Sie hatte die Vorstellung, daß es in Amerika keine Maler gab, weil die ja alle nach Paris kamen, um malen zu lernen. Als ich sie fragte, was ihrer Meinung nach Amerikaner taten, war die Antwort, die meisten seien sicher Zahnärzte. Von Hélène habe ich das Kochen betreffend nichts gelernt. Sie hätte das unangebracht gefunden. Eine Dame kocht nicht. Im Frühjahr 1914 sagte Hélènes Mann, sie solle nicht länger für andere Leute kochen, sondern zu Hause bleiben und für ihn sorgen. Gertrude Stein sollte die Trennung nicht leichtfallen, da Hélène sie über neun Jahre bewundernswert versorgt und sich um sie gekümmert hatte.

Schließlich wurde wieder eine gute Köchin gefunden – von Gertrude Stein bekam sie sofort den Spitznamen Muggie Moll –, eine schöne Frau mit einem Silberblick, den sie vorteilhaft für sich einzusetzen verstand. Ihr Ehemann war *gendarme*, was eine Gewähr für ihre Ehrlichkeit und Ehrbarkeit war. Wir brachen kurz vor dem unheilschwangeren Tag von Sarajevo zu einer Reise nach England auf und konnten bis nach der Schlacht an der Marne nicht nach Frankreich zurückkehren. Muggie Moll, deren Mann im Krieg war, schaffte es, trotz der Engpässe ordentliche Nahrungsmittel aufzutreiben. Dann erklärte sie, aus Gründen, die nicht von ihr abhingen, gehen zu müssen.

Eine Concierge aus unserem Viertel empfahl uns eine junge Frau, die sie seit Jahren kannte. Jeanne sei genau richtig für uns, sie habe sechs Jahre in einer Familie gearbeitet und war kürzlich entlassen worden, aus Gründen, die nicht genannt wurden. Sie riet uns, sie zu nehmen. Wir ließen Jeanne kommen, und sie erwies sich als ein Schatz. Sie war eine sehr gute Köchin, sie hielt den Pavillon (unser Gartenhaus) peinlich sauber und hatte ein Gespür für das, was wir brauchten. Unsere Gäste kamen in jenen Tagen häufig unerwartet. Jeanne war solchen Situationen stets gewachsen.

Einmal, als ich sie seufzen hörte, fragte ich sie, was sie bekümmere. Belgien sei von den bösen Deutschen besetzt, sagte sie, und das bedeute, daß es den ganzen Winter über keinen Chicorée geben werde, da der beste aus Belgien sei. Als es Zeppelinalarm gab, sagte Jeanne, zum Himmel weisend, daß wir bald was draufbekommen würden. Um mich unbesorgt zu geben, meinte ich, es müsse ja nicht gerade uns treffen. Ja, sagte Jeanne, aber solche dicken schwarzen Wolken sind immer Vorboten eines Gewitters.

Als wir mit unserer Arbeit für die französischen Verwundeten begannen, verließen wir Paris, um die Krankenhäuser aufzusuchen, und Jeanne säuberte den Pavillon von oben bis unten. Als wir von einer unserer Touren zurückkamen, teilte sie uns mit, daß sie bald heiraten werde. Der Krieg hatte unsere Einstellung zu so manchen Dingen verändert. Jeanne zu verlieren war nicht so tragisch, wie es hätte befürchtet werden können, aber bedauert habe ich es jahrelang.

Dann begann unsere Geschichte mit *femmes de ménage*, eine lange und nicht immer glückliche Geschichte. Léonie, die erste in der Reihe, kam gleich nach Unterzeichnung des Friedensvertrages zu uns. Zu geschäftig für ihr Alter, machte sie mir angst mit ihrer unbändigen Energie und Tollkühnheit. Mit langen Armen und dünnem Körper turnte sie mit der Wendigkeit und dem unnatürlichen Lächeln eines Berufsakrobaten auf der Leiter herum. In ihrer schroffen Art fragte sie mich eines Tages, ob sie uns Kuchen backen dürfe. Mehr neugierig als erwartungsvoll stimmte ich zu. Sie sagte, sie hießen

Visitantinnen

Man löst 250 g Butter in einem Pfännchen auf und läßt sie goldbraun werden. Vom Feuer nehmen und abkühlen lassen. Man verrührt 6 ungeschlagene Eiweiß eins nach dem anderen eher langsam mit 250 g Zucker und 140 g Maismehl. Das nimmt etwa 15 Min. in Anspruch. Dann fügt man 100 g durchgesiebtes Mehl hinzu. Zu einem ganz glatten Teig verrühren. 1 Tl. Vanilleextrakt zugeben, dann die abgekühlte, geschmolzene Butter. 2 geschlagene Eiweiß darunterheben. In kleinen, gut gefetteten Kuchenformen im vorgeheizten Ofen bei 200° backen, bis sie hellbraun werden. Wenn sie fertig sind, auf einen Kuchendraht setzen und mit eingekochter, durchpassierter Aprikosenkonfitüre bestreichen. Mit einer Kirschglasur überziehen.

Sie waren zart und köstlich und ließen Léonies Möglichkeiten erahnen. Wenn sie so gut backen konnte, wie es die Visitantinnen zeigten, konnte sie vielleicht ebensogut kochen. Da wir sie für die gröbere Arbeit eingestellt hatten, war es nicht an mir, sie zu fragen, ob sie kochen könne, bis sie es selbst vorschlug, was sie tat. Wir hatten bald herausgefunden, daß sie gut kochte. Zweifellos hatten wir das Glück, an gute Köchinnen zu geraten, wenn sie auch in anderer Hinsicht Schwachstellen besaßen. Gertrude Stein pflegte mir zu bedenken zu geben, daß sie ohne diese Fehler nicht für uns arbeiten würden. Das erste Gericht, das Léonie uns zubereitete, war

Überbackene Zucchini

Möglichst kleine und wirklich feste Zucchini waschen, abtrocknen, aber nicht schälen. Der Länge nach halbieren. Das Fleisch bis auf ½ cm Abstand zur Schale, aber nicht am Boden, mit einem scharfen Messer einritzen. In kochendem Salzwasser 4 bis 6 Min. – je nach Größe – blanchieren. Gut abtropfen lassen und trockenreiben. 3 El. Olivenöl in der Pfanne erhitzen; für 4 mittelgroße Zucchini 4 mittelgroße Zwiebeln zerkleinern, im Öl dünsten. Das Fleisch der blanchierten Zucchini auslösen, ohne den Boden zu verletzten, zerkleinern, zusammen mit ½ Tasse frischer Brotkrumen, 2 zerdrückten Knoblauchzehen, Salz und Pfeffer zu den Zwiebeln geben. Gut vermengen und vom Feuer nehmen. 2 El. gehacktes Basilikum und 1 El. gehackte Petersilie hinzugeben. Nach 10 Min. 2 kräftig geschlagene Eier unterrühren. Gut vermengen, die ausgehöhlten Zucchini mit der Mischung füllen. Die Zucchini mit einer dicken Schicht Semmelbröseln bestreuen. Ausgiebig mit Öl besprengen. ½ Std. im vorgeheizten Ofen bei 190° überbacken. Zwei- bis dreimal begießen.

Nachdem die Zucchini uns geschmeckt hatten, übernahm Léonie nach und nach den größten Teil des Kochens, und ich machte mehr Haushaltsarbeit. Léonie war physisch nicht in der Lage, mehr zu arbeiten, als sie anfangs angeboten hatte, und wir hätten es ohnehin nicht bezahlen können. Sie war weiterhin eine verläßliche Köchin und bat mich um ein paar Rezepte, die ich ihr auch gab, aber offensichtlich wog sie die Zutaten nie ab. Sie zog es vor zu beten. Wenn ich sie hänseln wollte, sagte ich, sie würde nicht immer zum richtigen Heiligen beten.

Zwei Jahre gingen dahin, und wir wiegten uns in der Hoffnung, es würde so weitergehen mit Léonie.

Aber noch vor Ende des dritten Jahres hatte sie uns verlassen, und wir müssen gestehen, daß wir uns später nicht erinnern konnten, weshalb sie ging, obgleich wir ihre treuen Dienste sehr zu schätzen gewußt hatten.

Dann zeigte eine Perle sich liebenswürdigerweise bereit, für uns zu arbeiten. Diese zweite Jeanne war im wahrsten Sinne des Wortes nicht zu bezahlen. Tagelang war sie sich nicht sicher, was sie bezahlt bekommen solle, während wir uns sicher waren, daß kein Preis zu hoch sein konnte. Jeanne war sanft, mit dem Lächeln einer *cocotte*, trug elaborierte Kopfbedeckungen und war naiv und unerfahren wie ein Baby. Nach Verlauf einer Woche einigten wir uns auf den Lohn, den sie bekommen sollte. Erst da sagte sie, sie wolle mir, wenn ich einverstanden sei, jeden Morgen die Ausgaben des Vortags sagen. Mit »sagen« meinte sie offensichtlich »abrechnen«. Das war die Erklärung für ihr Zögern, und es lüftete ein wenig ihr Geheimnis. Sie konnte weder schreiben noch lesen. Von da an sagte sie mir, was sie am vorhergegangenen Tag ausgegeben hatte, indem sie das restliche Geld auf den Tisch legte und mich fragte, ob sie richtig gerechnet habe. Sie war rührend. Sie sprach wenig mit ihrer sehr reizenden, leisen Stimme. Sie war seltsam, aber auf eine angenehme Art. Gertrude Stein war nicht in der Lage, Jeannes Geheimnis zu deuten.

Jeanne und ihre Küche erschlossen sich uns gleichzeitig. *La cuisine c'est la femme.* Ihre Saucen waren von fremdartigem Geschmack, fein, aber exotisch. Einem Gericht konnten etwa ganz überraschend ein paar Tropfen Orangensaft beigemischt sein. In all ihren Nachspeisen verwendete sie Rum. Als sie Huhn mit frischer Kokosnuß zubereitete, hatten wir die Antwort für einige ihrer Fremdartigkeiten. Pondicherry. Und damit gaben wir uns zufrieden. Und das größte Vergnügen bereitete sie uns mit Gerichten wie

Cremetorte

3 Eigelb mit 50 g Zucker und 1 El. Mehl verrühren, bis das Gemisch hellgelb wird. Langsam ¼ l heiße Milch hinzufügen. In einen Topf schütten und über ganz schwacher Flamme so lange rühren, bis sie Masse dick wird. Nicht aufkochen lassen. Durch ein Haarsieb passieren. Eine Kuchenform (20 cm Durchmesser) mit Blätterteig auslegen. Die erkaltete Creme darauf streichen. Sie bedecken mit

Kokoskompott

Über schwacher Flamme 400 g Zucker in ¼ l Wasser auflösen. Rühren, bis der Sirup kocht. Wenn der Sirup einzudicken beginnt, 1 ½ Tassen frisch geriebene oder auch eingelegte geraspelte Kokosnuß zugeben. Kochen, bis die Mischung glasig wird. Über die Creme auf den Tortenboden gießen; den Kuchen im vorgeheizten Ofen bei 180° backen, bis die Creme steif und die Oberfläche leicht gebräunt ist.

Es ist immer noch einer unserer liebsten Kuchen. Aber kam er wirklich aus Pondicherry?

In uns regte sich eine Ahnung, daß Pondicherry nicht alle Befremdlichkeiten um Jeanne erklärte. Erfahren sollten wir das erst, als sie schon sieben oder acht Monate bei uns war. Da erschien sie eines Morgens nicht. Ein *pneumatique* erklärte, weshalb sie nicht gekommen war. Sie war plötzlich krank geworden, hatte hohes Fieber und würde uns, sobald der Arzt dagewesen sei, weiter informieren. Am folgenden Tag erhielten wir weitere nichtssagende Botschaften. Am dritten Tag schauten wir nachmittags bei ihrer Concierge vorbei, die kurz angebunden sagte, Jeanne sei ernsthaft krank und könne uns nicht empfangen, aber man werde uns über alles auf dem Laufenden halten. Weitere Bulletins regneten auf uns herab. Am Wochenende erklärte uns die seltsam genierte Concierge, daß Jeannes Zustand weiterhin unverändert sei. Wir waren dabei, uns noch weitere Auskünfte von der Concierge geben zu lassen, als Jeanne, putzmunter mit Päckchen in jeder Größe und Form und einer Hutschachtel an einem Finger schlenkernd, hereinplatzte. Von uns vieren hatte nur die Concierge genügend Geistesgegenwart. Sie schob Jeanne hinaus; sie solle auf ihr Zimmer gehen, und sie werde alles erklären. Die Geschichte war unumwunden und plausibel.

An die zwanzig Jahre war es her, daß Jeanne das Zimmer mit Küche, in dem sie lebte, gemietet hatte. Anfangs arbeitete sie nicht; einige Jahre hindurch bekam sie Briefe aus Martinique – nicht aus Pondicherry. Dann hörten die Briefe auf. Die Leute, die sie besuchten, benahmen sich ordentlich, weder Lärm noch Störendes hörte man aus ihrem Zimmer. Dann begann sie zu arbeiten. Nach mehreren Monaten blieb sie in ihrem Zimmer und nahm erst etwa einen Monat später eine neue Arbeit an. Während dieser Zeit ging sie nachts allein aus.

Wir sagten der Concierge, wir hätten Madame Jeanne, wie wir sie nannten, gerne und sähen es gerne, wenn sie sobald wie möglich zurückkäme. Am selben Abend ließ man uns wissen, daß Jeanne am folgenden Montagmorgen zurückkommen werde. Das geschah auch, und auf beiden Seiten blieb die Krankheit oder Einkaufsexpedition unerwähnt. Wir erfreuten uns von neuem an ihrer reizenden, leisen Stimme, an ihrem sanften Benehmen und ihrem koketten Lächeln. Sie kochte ihr subtil abgeschmecktes Essen, das weder mit Pondicherry noch mit Martinique etwas zu tun hatte, sondern nur mit ihr selbst. Und zu unserem Vergnügen und unserem Küchenzettel zur Abwechslung machte sie

Hühnerkroketten mit Eiern

Soviel Huhn gehäutet durch den Fleischwolf drehen, daß es 4 ½ Tassen ergibt. Würzen mit Salz, Pfeffer, 1 Prise Cayenne, 1 zerdrückten Knoblauchzehe, ¼ Tl. Muskatblüte und 2 El. Frischkäse. Die Hände leicht mit Mehl bestäuben und runde, flache Kroketten formen. In 4 El. Butter auf beiden Seiten anbraten, die letzten 5 Min. auf schwächerer Flamme, und über die Kroketten 6 gutverquirlte Eier gießen. Das Ei möglichst nicht auf den Pfannenboden gelangen lassen. Es sollte die Kroketten bedecken und in etwa 3 Min. nur leicht stocken. Umgekehrt auf eine vorgewärmte Platte stülpen. Heiß servieren mit

Sauce für Kroketten

Über schwacher Flamme 1 ½ Tassen Hühnerbrühe aufsetzen mit Salz, Pfeffer, ¼ Tl. Muskatblüte, 1 Prise Cayennepfeffer und 2 El. Tomatenmark. 3 El. Frischkäse zufügen, gut heiß werden, aber nicht aufkochen lassen. Durchpassieren und in der Sauciere zu den Kroketten servieren.

Eines Morgens war Jeanne nicht da, um mir meinen Kaffee zu machen. Aber als sie diesmal nicht zur Arbeit erschien, gab es keine Bulletins, ihren Gesundheitszustand betreffend. Am zweiten Nachmittag gingen wir zu ihrer Concierge, um ihr zu sagen, sie solle Jeanne wissen lassen, daß wir, falls sie am folgenden Morgen nicht erschien, auf ihre weiteren Dienste verzichteten. Als sie am nächsten Morgen nicht auftauchte, machte ich mich schweren Herzens daran, eine Nachfolgerin für sie zu suchen. Es war nicht so einfach, eine uns zusagende Bedienung zu finden. Ich wunderte mich nicht, niemanden zu finden, den man einstellen mochte, aber ich wunderte mich sehr, Jeanne am nächsten Morgen meinen Kaffee bringen zu sehen. Keine Seite erwähnte ihr unerlaubtes Fernbleiben. Jeanne behielt ihre reizende, leise Stimme, ihr kokettes Lächeln und ihr sanftes Benehmen, obwohl die Einkaufsexpedition diesmal verkürzt worden war.

Jeannes Küche war voller Abwechslung. Lächelnd, nicht prahlerisch sagte sie, sie kenne wahrscheinlich an die hundert verschiedene Arten, Eier und Kartoffeln zuzubereiten.

Hier ein Beispiel, was sie mit Eiern machte:

Für 4 Eier ¼ Pfd. Champignons zerkleinern und in 2 El. Butter mit Salz und ein wenig Zitronensaft 8 Min. zugedeckt über schwacher Flamme dünsten. Soviel Huhn zerkleinern oder durch den Fleischwolf drehen, daß es 1 ½ Tassen ergibt. Dem Gehackten halb soviel Butter, etwa 5 El. untermengen. Würzen mit Salz und Paprika. Daraus winzig kleine runde Kroketten formen, die man in 2 El. Butter leicht auf beiden Seiten anbrät. Die Pilzmasse in einer gut eingefetteten, feuerfesten Form verteilen, darauf 4 Spiegeleier plazieren und auf jedes Eigelb 1 Tl. Butter. Im vorgeheizten Ofen bei 200° 5 Min. backen. Die Hühnerkroketten müssen bereit und heiß sein, ebenso 1 Tasse Sahnesauce, der man 1 Eigelb zugefügt hat, weshalb sie nicht mehr aufkochen darf. Die fertigen Eier aus dem Ofen nehmen, die Kroketten rundherum plazieren und um sie herum einen schmalen Streifen Sahnesauce gießen.

Hier ist eine andere und gleichermaßen originelle Art, wie Jeanne Eier zubereitete:

Pochierte Eier à la Sultane

Blätterteig in geriffelten paté-Formen backen. Wenn die Teigschalen fertig, aber noch heiß sind, in jede ein pochiertes Ei setzen. Mit folgender Sauce bedecken:

Für 6 Schalen: 1 ½ El. Butter über schwacher Flamme zergehen lassen. 1 ¼ El. Mehl hinzufügen, gut mit dem Holzlöffel vermengen. Dann ¼ l kräftige heiße Hühnerbouillon langsam unterrühren. Auf ganz schwacher Flamme 5 Min. ununterbrochen rühren. 100 g dicke Sahne hinzufügen. Nicht aufkochen lassen. 40 g Pistazien abziehen, indem man sie 3 Min. in heißes Wasser taucht und mit einem Tuch abreibt, so daß die Haut im Tuch bleibt. Im Mörser zerstampfen. Hin und wieder 1 Tropfen Wasser hinzufügen, damit das Nußöl nicht austritt. Wenn sie sich durch ein Sieb passieren lassen, 100 g weiche Butter hinzufügen und gut vermischen. Dieses Gemisch (das, versteht sich, Pistazienbutter heißt) der Sauce hinzufügen. Gut heiß werden, aber nicht aufkochen lassen. Über die Eier gießen und sofort servieren. Schmeckt genauso gut, wie es aussieht.

Dies ist eine von Jeannes vielen Arten, Kartoffeln zuzubereiten:

Crainquebille-Kartoffeln

2 große Zwiebeln zerkleinern und in 4 El. Butter über schwacher Flamme dünsten, bis sie glasig sind; in eine flache, feuerfeste Form geben, darauf große neue Kartoffeln legen. Jede Kartoffel mit 1 Tl. geschmolzener Butter beträufeln. Zugedeckt auf schwacher Flamme mit einer Asbestunterlage unter der Form ¼ Std. kochen. Dann stellt man sie etwa ½ Std. – es hängt ab von der Größe der Kartoffeln – bei 170° in den vorgeheizten Ofen. Mit der Gabel prüfen, ob sie auch gar sind, ehe man sie aus dem Ofen nimmt. Den Ofen auf 235° heizen. In jede Kartoffel in der Mitte sanft eine kleine Vertiefung drücken, in die man 1 Tl. mit etwas Butter verfeiner-

tes Tomatenmark füllt. Mit geriebenem Parmesan bestreuen und im Ofen überbacken. Auch dieses Gericht ist so schmackhaft wie erfreulich anzusehen.

Noch eins von Jeannes Rezepten für

Musselin-Kartoffeln

Man backt 2 Pfd. Kartoffeln im Ofen. Wenn sie gar sind (das hängt von der Größe ab), nach etwa ¾ Std. pellen und pürieren. 1 Tl. Salz, ¼ Tl. Pfeffer, 1 Prise Muskat, 125 g Butter und 4 Eigelb dazugeben. Gut vermengen. ½ Tasse geschlagene Sahne untermengen. Mit geschmolzener Butter übergießen und 5 Min. im vorgeheizten Ofen bei 235° überbacken.

Es blieb ein Vergnügen, Jeanne um sich zu haben, und sie war eine Perle von einer Köchin. Dann passierte das Unvermeidliche. Eines Morgens – es war das dritte Mal – blieb sie fort. Als Gertrude Stein mich mit ihrem Frühstückstablett kommen sah, wußte sie, was los war. Und wie aus einem Munde sagten wir: Einmal heißt zweimal, und zweimal heißt dreimal. Wir ließen Jeannes Concierge wissen, daß wir uns anderweitig umschauen würden und mit Jeannes Rückkehr nicht mehr rechneten. Lange Zeit später machte ich Umwege, um an ihrem Haus vorbeizukommen, in der Hoffnung, ihr zu begegnen, aber ohne Erfolg. Sie hatte sich in einem der Kaufhäuser vergraben und ging ihren Einkäufen nach. Ich habe mir immer gewünscht, der Anlaß für ihre Streifzüge durch die Stadt möge etwas Befriedigenderes gewesen sein als Einkaufsbummel.

Nach Jeanne wollte es uns nicht gelingen, ein passendes Dienstmädchen zu finden. Nach französischem Recht darf man einen Dienstboten einstellen und am nächsten Tag entlassen unter der Bedingung, daß man einen Wochenlohn plus Lebensunterhalt zahlt oder die Kündigung für die nächste Woche ausspricht und danach zahlt. Die Erfahrung lehrte mich die erforderlichen Rechenkünste, die ich bald im Schlaf beherrschte. Eines der Dienstmädchen, die sich die Klinke in die Hand gaben, überraschte uns. Bei ihrem Arbeitsantritt frühmorgens sagte sie, mit meinem Einverständnis wolle sie erst einmal die Küche gründlich reinigen, ehe sie die andere Arbeit in Angriff nahm, und ob ich ihr bitte sagen könne, wo sie eine Trittleiter fände. Spät am Morgen, als ich sah, wie gründlich sie arbeitete, schlug ich Gertrude Stein vor, zum Mittagessen in ein Restaurant zu gehen. Wir konnten sie ruhig allein lassen, sie war uns von unserem Metzger aufs wärmste empfohlen worden. Sie bekam ein wenig Geld für den Markt und für Putzmittel, die sie möglicherweise brauchte. Sie machte einen guten Eindruck. Als wir gingen, hielt sie uns die Tür auf, und ich kann mich erinnern, zu ihr gesagt zu haben, im Studio solle sie nicht saubermachen und aufräumen. Wir kamen später, als wir gedacht hatten, zurück. Aber der Gesichtsausdruck der Person, die uns die Tür öffnete, schien mir strenger und entschlossener, als ich vom Morgen her in Erinnerung hatte. Fest, aber nicht aggressiv ließ sie uns wissen, daß sie auf der Stelle kündige. Die Arbeitsbedingungen entsprächen nicht ihrer Vorstellung. Wir konnten es uns nicht erklären. Ein Freund sagte uns, die Bilder im Studio hätten den Ausschlag gegeben. Die hätten sie verjagt.

Andere gaben die seltsamsten Gründe für ihre Kündigung an. Eine junge Frau wirkte vielversprechend und passend. Sie war ein *gourmet*, was eigentlich voraussetzen sollte, daß sie gut kochte. Das tat sie nicht, aber sie schätzte meine Küche. Ich empfand dies nicht als schmeichelhaft, sondern als lästig. Sie fragte, ob sie essen könne, bevor sie serviert. Dem stimmten wir zu. Dann hatten wir am Thanksgiving Day ein erstes Mal Gäste, ein Mittagessen für zwei durchreisende amerikanische Jungen mit ihrem

Gertrude Stein mit Ernest Hemingways Sohn, Paris 1924.

Vater. Das traditionelle Menü sollte zubereitet werden. Der Truthahn war ein beachtlicher Vogel. Eine dreiviertel Stunde vor Essensbeginn, als ich ihn gerade begoß, trat Louise mit dem Tranchierbesteck an den Herd. Sie meinte, ein Flügel oder Unterschenkel sei sicher schon gar für sie; ihr übriges Mittagessen hatte sie schon verspeist. Ich mußte ihr klarmachen, daß der Truthahn nicht angeschnitten aufgetragen werden konnte. Sie warf Messer und Gabel auf den Tisch und brach in Tränen aus und schluchzte, so könne man sie nicht behandeln. Es handelte sich nicht um einen Präzedenzfall, sondern um eine Ausnahme, aber das konnte Louise nicht einsehen. Und so ging sie.

Als eine Österreicherin bereit war, zu uns zu kommen, sie war uns von Amerikanern aus Dayton, Ohio, empfohlen worden, für die sie erst in Paris und dann in Dayton gearbeitet hatte, erklärte ich ihr, daß wir gern amerikanische Küche äßen, aber nicht öfter als einmal die Woche gegrillte Steaks und Koteletts wünschten. Sie war eine nette Person, und offensichtlich gefielen ihr die Arbeit und wir auch. Wir waren inzwischen zufrieden, wenn die Dienstboten mit uns zufrieden waren. Am dritten Morgen schaute sie mich streng an und sagte, wir »lebten französisch«, das sei nicht, was man ihr in Aussicht gestellt habe, und sie würde gehen, was sie auch tat.

Dann kamen drei sehr nette Bretoninnen – Schwestern – nacheinander zu uns. Ihr vergnügtes, entspanntes Verhältnis zu ihrer Arbeit ließ mich hoffen, daß die ruhigen und friedvollen Tage früherer Zeiten in unseren Haushalt zurückgekehrt seien. Sie waren alle drei gutaussehend, heiter, intelligent und zuverlässig. Jeanne, die als erste zu uns kam, war die hübscheste, die älteste und die beste Köchin. Alle drei waren auf einer Klosterschule gewesen, aber Jeanne hatte die beste und längste Ausbildung. Sie sprach ein fast klassisches Französisch, und sie kochte die klassische französische Küche. So überraschte uns nicht

Geschmorte Ochsenrippe

3 Ochsenrippen vom Metzger entbeinen und jeden Rippenknochen in 2 oder 3 Teile hacken lassen. Das Fleisch in einem Schmortopf von allen Seiten in 4 El. Butter anbräunen. Wenn das Fleisch krustig angebraten ist, herausnehmen und die Knochen anbraten. 1 hartgekochtes Ei und 1 Tasse Champignons zerkleinern und zusammen mit 2 Stangen Sellerie, 1 Stengel Petersilie, 3 El. zerkleinertem grünen Speck, Salz und Pfeffer in den Topf geben. Das Fleisch auf eine Aluminiumfolie legen. Die zerhackten Zutaten oben auf das Fleisch drücken. Die Folie gut verschließen. Den Schmortopf mit 1 ½ cm dicken Scheiben grünen Speck ohne Schwarte auslegen. Das eingewickelte Fleisch und die Knochen darauflegen. 1 Tasse heiße Bouillon und 1 Tasse heißen, trockenen Rotwein hinzugießen, 1 mittelgroße Zwiebel, Salz und Pfeffer und 1 Kräuterbündchen dazu. Bei schwacher Hitze köcheln lassen. Nach 1 ¼ Std. das Fleisch wenden und weitere 1 ¼ Std. kochen lassen. Eventuell noch etwas heiße Bouillon und heißen Rotwein zu gleichen Teilen nachgießen. Nach 3 Std. vom Feuer nehmen. Das Fleisch in eine vorgewärmte feuerfeste Form tun. Die Sauce durchpassieren und gut abschäumen. Über das aus der Folie genommene Fleisch gießen. 1 Tasse frische Weißbrotbrösel mit 50 g geriebenem Emmentaler, 50 g geriebenem Parmesan und 4 El. geschmolzener Butter gut vermengen, auf das Fleisch streichen und bei 235° im Ofen überbacken. Dies ist ein köstliches und schmackhaftes Gericht. Nur zur Warnung; mit Roastbeef hat es nichts zu tun.

Mit Jeanne, die sich um den Haushalt kümmerte, kam unser alter Schwung zurück, und bald hatten wir die dunklen, mühsamen Tage vor ihrem Kommen vergessen. Mit grundlosem Optimismus hielten wir unser momentanes Wohlergehen für einen Dauerzustand – bis Jeanne uns mitteilte, daß sie schwanger sei und nur noch ein paar Monate länger arbeiten könne. Wir sollten uns aber keine Sorgen machen. Sie habe schon ihrer Schwester geschrieben, der, von der sie uns erzählt hatte, und ihr gesagt, sie möge sich bereithalten, ihren Platz einzunehmen. Caroline hatte ein Herz aus Gold und war ihr, Jeanne, in jeder Weise überlegen. Wir würden sehen. Es blieb uns nichts anderes übrig als zuzustimmen. Am Abend kam Jeannes Mann, um sie abzuholen. Er versuchte zu scherzen und meinte, hätte er Jeanne nicht geheiratet, würde er Caroline geheiratet haben, und Jeanne fügte hinzu, daß er bei sechs unverheirateten Schwestern eine reiche Auswahl gehabt habe. Dann kam Caroline, und Jeanne blieb zu Hause in ihrer kleinen Wohnung in Erwartung ihres Babys.

Caroline war nicht hübsch, reizvoll, einnehmend, aber ein Herz aus Gold hatte sie. Untereinander sprachen wir immer von ihr als Goldherz. Zu allen Opfern war sie bereit, egal ob auf Kosten ihres Seelenfriedens oder ihrer Börse. Die hübscheste der Schwestern, das war der Familie zu Ohren gekommen, lebte mit einem verheirateten Mann zusammen. Darüber waren alle empört, so etwas hatte es bei ihnen nie gegeben. Caroline überredete nacheinander jeden der Brüder und Schwestern, ihr zu vergeben. Das Gehalt einer viel jüngeren Schwester, die den Lohn eines ungelernten Arbeiters bekam, hatte sie mit ihrem eigenen aufgebessert. Und als die Schwester eine Lohnerhöhung bekam, bezahlte sie ihr den Zuschuß weiter. Das war Caroline, die zu uns kam.

Sie hatte schnell heraus, wie wir es gern hatten, wie Jeanne es gemacht hatte, und selbst war sie geschickt und witzig. Sie erzählte oft vom Leben in dem bretonischen Ort, in dem sie geboren und aufgewachsen war, was dort den Jungen und Mädchen, den verheirateten Leuten und den Alten widerfahren konnte und widerfuhr. Das Ende dieser Geschichten, sagte sie, sei immer eine Frage von Herz oder Geld. Noch unter dem Eindruck des Zuckermangels im Krieg machte sie uns sofort zwei Süßigkeiten. Dies ist eine sehr einfache Art, Likör zu machen.

Noyeau

Mit einem schweren Hammer die Steine und die Kerne von 16 Pfirsichen zerschlagen, in einen Krug legen und mit Weinbrand bedecken. Einen Monat ziehen lassen. Durch ein feines Leinentuch filtern. 1 Pfd. Zucker in 1/10 l Wasser über ganz schwacher Flamme auflösen. Rühren, bis der Sirup fast kocht. Den Topf schwenken. 2 Min. kochen lassen. Vom Feuer nehmen und abschäumen. Mit dem gefilterten Weinbrand mischen und in Flaschen füllen.

Es ist ein köstlicher Likör. Einen ebenso guten Curaçao kann man nach demselben Rezept machen, nur nimmt man statt der Pfirsichsteine und -kerne getrocknete Schalen von Mandarinen, Orangen oder Tangerinen und läßt sie 2 Monate ziehen.

Kaluga

Man gibt 200 g Sahne mit 200 g Zucker in einen emaillierten Topf über schwacher Flamme und rührt so lange, bis das Gemisch die Farbe von Milchkaffee hat. Vom Feuer nehmen, auf eine eingeölte Marmorplatte oder ein emailliertes Küchenblech gießen. In Vierecke oder Rhomben schneiden, bevor die Masse abgekühlt ist. Dies ist eine vereinfachte und nahrhafte Version von Karamelbonbons, was wieder einmal beweist, daß es nichts Neues gibt unter der Sonne.

Und dies ist die beste Erdbeerkonfitüre, die wir je in unseren Regalen und auf unserem Tisch hatten und die obendrein am einfachsten und am schnellsten zu machen ist.

Erdbeerkonfitüre (1)

Gleiche Mengen sorgfältig ausgesuchte Beeren und Zucker nehmen. 12 Std. miteinander ziehen lassen. Dann aufkochen. Danach die Beeren mit einem flachen Schaumlöffel schnell herausnehmen. Den Sirup bei mittlerer Hitze aufs Feuer zurückstellen. Sorgfältig abschäumen. Kochen, bis der Sirup leicht am Löffel haftet. Vom Feuer nehmen und abkühlen lassen. Die Beeren in Gläser füllen und mit warmem Sirup bedecken. Verschließen und wegstellen. Die so behandelten Beeren behalten ihren vollen Geschmack.

Caroline konnte mehr kochen als nur Süßspeisen und tat es einen langen, heißen Sommer hindurch, den wir darauf verwandten, einer amerikanischen Freundin, die es wirklich verdiente und es sich sehnlichst wünschte, die *Légion d'honneur* zu erwirken. Ihr Dienst an Frankreich war nicht spektakulär gewesen; eigentlich wußten nur ein paar Freunde davon. Wir brauchten jemanden mit Einfluß. Mal glaubten wir, ein amerikanischer Oberst könnte und würde uns helfen, dann ein französischer Richter, einmal jemand aus Ungarn mit Beziehungen oder irgendwelche Leute, die wir gerade kennengelernt hatten. Wir gaben Mittagessen für alle, die in Frage kamen. Im Juli war es sehr heiß. Wir hielten das Eßzimmer kühl. Es wurde höllisch heiß im August. Das Eßzimmer war kühl, aber in der Küche war es unerträglich. Caroline war stoisch. Wir kauften einen Liegestuhl mit Kissen und stellten ihn in eine Ecke des Eßzimmers, wo sie sich ausruhen konnte, wenn die Arbeit getan war.

Und der Beweis, daß sie nicht nur die einfachsten Fleischgerichte zu bereiten verstand, ist eines dieser Mittagessen

Junge Ente in Portwein

Man verschließt 24 mit bestem Portwein bedeckte Feigen luftdicht in einem Einmachglas und läßt sie 26 Std. stehen. Dann die Ente in einer gut eingefetteten Form bei 205° in den vorgeheizten Backofen stellen. Nach ¼ Std. die abgetrockneten Feigen um die Ente herumlegen; die Ente mit der erhitzten Portwein-Marinade begießen, nach einer weiteren ¼ Std. nochmals und ebenso nach einer zweiten Pause. Wenn der Portwein zum Begießen nicht ausreicht, Kalbs- oder Hühnerbouillon dazunehmen. Eine ¾ Std. Bratzeit ist ausreichend für eine mittelgroße Ente.

Man serviert sie mit Reis, Kartoffeln oder Erbsen.

Sie bereitete auch ein sehr gutes und interessantes Gemüsegericht.

Sellerieknollenpüree mit Sahnesauce

1 ganz junge Sellerieknolle, klein und zart, schälen, in dicke Scheiben schneiden und, je nach Größe, 15 bis 20 Min. in Salzwasser kochen. Die von Caroline verwendeten waren so klein, daß man 2 pro Person brauchte. Sobald sie weichgekocht sind, abschütten und gründlich abtropfen lassen. Mit einem Kartoffelstampfer durch ein Sieb treiben. Über schwacher Flamme mit 100 g dicker Sahne für 4 Knollen aufsetzen. Erhitzen und unter ständigem Rühren so weit einkochen lassen, etwa ¼ Std., bis man ein dickes Püree hat. Es aufgetürmt auf eine vorgewärmte Platte geben und mit 200 g dicker Sahnesauce übergießen.

Das Ganze mit einer dicken Schicht abgezogener, im Ofen gerösteter und in feine Scheiben geschnittener Pistazien bestreuen. Die muß man selbstverständlich vorher zubereitet haben. Es ist langwierig, aber es gibt einen besonderen Geschmack und sieht hübsch aus.

Caroline brachte unermüdlich Mittagessen auf den Tisch. Im August, als Gertrude Stein und ich uns eingestehen mußten, daß unsere Anstrengungen erfolglos geblieben waren, fuhr Caroline in die Bretagne, und wir, um uns Kühlung zu verschaffen, fuhren in die Normandie. Caroline gönnte sich Ruhe, aber nicht lange. Die jüngste Schwester, die, die den zusätzlichen Lohn von ihr bekam, war nach Paris gezogen und brauchte mehrmals wöchentlich Carolines Begleitung zu den öffentlichen Bällen der Bretonen, auf denen Margot unermüdlich tanzte. Das erschöpfte die ältere Schwester beträchtlich. Caroline blieb jedoch unser zuverlässiges Dienstmädchen.

Den Winter über, der ohne Ereignisse für Küche und Haushalt verlief, holte Margot ihre Schwester ab, und sie pflegten sich zusammen Paris anzusehen. Dann teilte die Schwester, die den verheirateten Mann zum Freund hatte, mit, daß sie, da er Witwer geworden war, beabsichtigten zu heiraten. Cécile kam nach Paris, um Caroline zu besuchen. Es war klar, was von Caroline erwartet wurde. Sie sollte sich um das Kind kümmern. So kam Margot, die dritte der Schwestern, die für uns arbeiteten, zu uns.

Margot war der Liebling aller, die zu uns kamen. Sie kochte gut und gelassen. Sie konnte *crêpes* hoch in der Luft wenden und ein flambiertes Dessert anzünden, während sie es von der Küche ins Eßzimmer trug. Sie hätte es sicher auch verstanden, sich mit Geschmack um die Blumen zu kümmern, wenn man es ihr aufgetragen hätte, denn die Gerichte, die sie auf den Tisch brachte, waren effektvoll und appetitlich angerichtet. Sie machte oft einen

Alexandra-Salat

1 ½ Pfd. Kartoffeln in der Schale eben weichkochen – auf keinen Fall zu lange. 1 ½ Pfd. Karotten in Salzwasser kochen. Die hellen Stangen eines Staudenselleries in dünne Scheiben schneiden. Die gekochten Kartoffeln pellen und in dünne Scheiben schneiden, ebenso die Karotten. Je 1 Kartoffel und 1 Karotte aufheben. Die 3 Gemüse in einer Schüssel vermengen. In einem kleinen Töpfchen eine Salatsauce anrühren aus ½ Tl. Senfpulver, Salz, Pfeffer, 1 ½ El. Essig und 4 El. Olivenöl. Über die in Scheiben geschnittenen Gemüse gießen, 1 Std. ziehen lassen. In einer zweiten Schüssel ½ Tasse gewürfelten mageren Schinken mit 1 Tasse Champignons, die man zuvor 6 Min. mit ¼ Tl. Salz und etwas Zitronensaft gekocht hat, und 2 geraspelten Äpfeln vermengen. Den Inhalt beider Schüsseln mit 1 Tasse steifer Mayonnaise vermischen. In einer Salatschüssel auftürmen und großzügig mit gehackter Petersilie, feingehacktem Estragon und feingehacktem Schnittlauch bestreuen. Rundherum garnieren mit Scheiben der restlichen Karotte und der restlichen Kartoffel.

Margot hatte eigentlich nicht viel Kocherfahrung und lernte gerne dazu. Alle drei Schwestern hatten ein Instinkt fürs Kochen. Margot konnte es bald so gut wie Jeanne. Sie ging in Begleitung eines Vetters mit so viel Erfolg auf die bretonischen Bälle, daß sie schließlich, mit Carolines Zustimmung, die dafür extra nach Paris kam, einen jungen Mann heiratete, den sie dort kennengelernt hatte. In den drei Jahren, die die Schwestern für uns gearbeitet hatten, wurden wir gut versorgt und waren sehr zufrieden. Gertrude Stein pflegte zu sagen, es sei etwas höchst Unnatürliches, daß Dienstboten, totale Fremde, eines Tages zu einem ins Haus kämen und schon bald zum eigenen Leben gehörten und dann wieder aus dem Haus und dem Leben verschwänden. Für die drei Schwestern traf das nicht wirklich zu.

Als sich herausstellte, daß wir über Beziehungen im Viertel keinen neuen Dienstboten würden finden können, blieb nur noch die Stellenvermittlung. Das war allerdings eine erniedrigende Erfahrung – ob mehr für mich oder für die Bewerber, konnte ich im nachhinein nicht mehr sagen. Zu jener Zeit begannen unsere wechselvollen, unsicheren, aber ganz und gar genußreichen Erfahrungen mit Indochinesen.

Trac kam zu uns über eine Anzeige, die ich aus Verzweiflung in der Zeitung aufgegeben hatte. Sie begann für jene Zeit vielversprechend: Zwei amerikanische Damen suchen ... Es gab viele Bewerber. Ich entschied mich ohne zu überlegen für Trac. Er hatte zierliche Bewegungen und ein offenes Lächeln. Sein französischer Wortschatz bestand aus ein paar Dutzend Wörtern. Er sagte etwa, wenn er Erdbeere meinte, »keine Kirsche«. Ein Hummer war »eine kleine Languste« und eine Ananas war »eine Birne, keine Birne«. Seine chinesische Küche war raffiniert, abwechslungsreich und nahrhaft. Es war appetitlich, wie Trac, in makellosem Weiß, mit blitzschnellen Gesten Gemüse und Früchte schnitt. Nur Desserts waren nicht seine Stärke. Er konnte nur ganz wenige, und die waren von der einfachsten Art. Ich brachte ihm verschiedene bei, was ihm einen kindlichen Spaß machte. Aber ehe es soweit war, servierte er uns eines Abends einen sehr fragwürdigen Kuchen mit verschnörkeltem Zuckerguß und Verzierungen. Der Kuchen kam mir bekannt vor. Haben Sie den Kuchen gemacht, Trac, fragte ich ihn. Als er bejahte, fiel mir ein, diesen oder einen ähnlichen jahrelang im Schaufenster eines äußerst zweitklassigen Konditors gesehen zu haben. Sind Sie ganz sicher, drang ich weiter in ihn. Trac nickte mit dem Kopf und brach dann in das fröhlichste, unschuldigste und ansteckendste Gelächter aus. Auf der Stelle stimmten wir ein. An dem Abend fiel kein Wort mehr darüber, aber am nächsten Morgen sagte ich betont ernst: Diesen Kuchen dürfen Sie nicht noch einmal machen, wir mögen ihn nicht. Trac antwortete nur mit einem breiten Lächeln: Ich wissen, ich wissen.

Natürlich war es unmöglich, in Erfahrung zu bringen, wie Trac irgendeines seiner köstlichen Gerichte zubereitete. Nicht aus Geheimniskrämerei, aber in der Küche war er der Herr. Viel später, als er nicht mehr bei uns war – zweimal war er in der Zwischenzeit zu uns zurückgekommen, und er hatte geheiratet –, nannte mir seine Frau die Zutaten zu einigen der Gerichte, die er für uns gemacht hatte, aber die Mengen wußte auch sie nicht. Trac sagte, er messe nie ab.

Trac verließ uns das erste Mal, weil er ruhelos war und sich verändern wollte. Als er ging, sagte er, er werde zurückkommen und uns Geschenke mitbringen. Das Jahr mit Trac hatte uns verwöhnt. Ich machte ihm den Vorschlag, für uns einen anderen Indochinesen zu finden. In seiner recht kindischen Art sagte er, er möge keine anderen Indochinesen, sie seien alle nicht so nett wie er.

Und sie waren es nicht. Wir fanden bald heraus, daß sie keine seiner liebenswerten Schwächen hatten. Wir beschäftigten eine ganze Reihe von ihnen. Der eine war ein Spieler, was ihn mürrisch machte, wenn er verlor (und er verlor immer, denn er arbeitete nicht, wenn er gewann). Ein anderer trank, was in unserem kleinen Haus einfach nicht tragbar war. Wieder ein anderer hatte es mit Frauen und wurde unehrlich. Noch ein anderer war drogenabhängig und konnte deshalb nicht arbeiten. Von den vielen, die wir ausprobierten, ehe Trac zurückkam, war Nguyen der, mit dem wir am zufriedensten waren; er war einer der drei besten Köche unserer langen und vielfältigen Erfahrung. Sein Trinken hielt sich in Grenzen und schadete seiner wundervollen Küche nicht. Er war im Haus des französischen Generalgouverneurs in Indochina angestellt gewesen, der ihn mit nach Frankreich gebracht hatte. Er war nicht mehr jung, als er zu uns kam. Wir nahmen ihn für die langen Sommerferien mit nach Bilignin, wo sich herausstellte, daß er bei seiner aufwendigen Art zu kochen nicht auch noch die andere Arbeit machen konnte. So stimmten wir ihm zu, daß er nach einem Freund in Paris schickte, der die Hausarbeit machen sollte. Gertrude Stein und ich fuhren in einer dunklen Nacht los, um ihn am Bahnhof abzuholen. Auf uns machte der neue boy einen ordentlichen Eindruck. Am nächsten Morgen stritten er und Nguyen in der Küche. Nguyen sagte, sein Freund habe einen schwierigen Charakter. Er hatte offensichtlich keine Erfahrung in Hausarbeit. Es gab Streit. Nach drei Tagen erklärte Nguyen, daß wir – er und ich – ihn nach Paris zurückschicken müßten, es habe keinen Zweck. Ein Gespräch fand statt in Nguyens Sinn, mit dem Ergebnis, daß er wieder überlastet war und die Witwe Roux statt zweimal die Woche jeden Tag kam. Sie und Nguyen versuchten, miteinander auszukommen, so gut es ging. Sie waren so ungleich wie unser kleiner Chihuahua und unser großer weißer Pudel. Zuneigung kam keine zwischen ihnen auf.

Nguyen kochte chinesisch und französisch und beides perfekt, war aber kein Freund davon, die beiden Richtungen in einem Menü zu mischen, was an seinem ausgeprägten Sinn für Harmonie lag. Sowohl unsere französischen als auch unsere amerikanischen Freunde stimmten darin nicht mit ihm überein; fanden ein ausschließlich chinesisches Menü übertrieben. Schließlich war er zu einem Kompromiß bereit. Ein erster Gang war chinesische Suppe, Fisch oder Schalentier mit Nudeln oder Reis. Dann gab es französische Küche. Damit trachtete er, die Überlegenheit der chinesischen Küche zu betonen. Er gab später zu, daß wegen der Subtilität und des dezidierten Geschmacks die chinesischen Gerichte sich auf Kosten der französischen der Erinnerung einprägten. Gertrude Stein und ich fanden Nguyen entzückend chinesisch.

Der Flecken Bilignin nahm regen Anteil an dem Asiaten in seiner Mitte, und die Bauern traktierten ihn ausgiebig. Der viele Wein, den sie ihm gaben, machte ihn betrunken. Das Problem war, den Gegenstand zur Sprache zu bringen. Er durfte nicht beim Namen genannt werden. Aber dann kam Nguyen selbst mit der Lösung und sagte, ich solle mir wegen seiner Gesundheit – so drückte er sich aus – keine Sorgen machen, er sei auf dem Wege der Besserung und bald wieder ganz hergestellt. Damit wurde das Thema fallengelassen. Den ganzen Sommer über kam aus seiner Küche das wundervollste Essen. Wie bei allen chinesischen Köchen waren seine Gesten zu schnell, als daß man ihnen mit den Augen hätte folgen können. Nachmittags, wenn er die Autos von unangemeldeten Freunden in den Hof fahren sah, gab es innerhalb von anderthalb Stunden Platten mit kunstvollen kleinen und großen Kuchen, eisgekühlte Getränke jeder Art und ein Sorbet. Ich habe es nicht von Nguyen gelernt, aber so wird er es wohl gemacht haben, sein

Fruchtsorbet

Man vermischt 1 l Fruchtpüree mit 200 g Puderzucker und stellt es in einem Metallgefäß ins Eisfach. Wenn es fest zu werden beginnt, zerdrückt man es mit der Gabel. Man rührt nicht. Nach 20 Min. wiederholt man den Vorgang. Nach 1 ¼ Std. ist es genug gefroren, daß man es mit einem großen Löffel in eine eisgekühlte Kristallschale füllen kann. Man garniert es mit 1 l Schlagsahne, wozu man sich einer Tortenspritze bedient.

Nguyen war umsichtig. Er stellte jeden Tag einen Liter oder mehr Püree oder Saft von allen möglichen

Früchten, die ich morgens im Garten gepflückt und ihm gebracht hatte, in den Eisschrank. Und er sorgte dafür, daß immer ein Vorrat an Schlagsahne da war. Während das Eis gefror, stellte er seine eigenen Mischungen von Marzipanmasse, Eiern, Sirups und Blätterteig auf Vorrat her und machte sein Gebäck. Er war einfallsreich und geschickt, ein wahrer Zauberer.

Das machte er, wenn Eile geboten war. Aber wenn er Zeit hatte, machte er ganz phantastische Zusammenstellungen. Zum Beispiel einen

Grimaldi-Becher

Frische Ananas in 2 cm dicke Würfel schneiden und 1 Std. in Kirsch einlegen. Abtropfen lassen und in einem Glas mit Mandarinen- oder Tangerinen-Sorbet bedecken. Garnieren mit gesüßter, aber nicht parfümierter Schlagsahne und kandierten Veilchen.

Oder eine

Coupe Ambassadrice

Ein Glas zu ¾ mit Himbeereis füllen; 1 Pfirsichhälfte darauflegen, die man vorher in einem dicken Sirup aus 200 g Zucker und ¼ l Wasser pochiert hat. Abgekühlt in den Eisschrank stellen. Jede Pfirsichhälfte mit 1 El. mit Kirsch abgeschmecktem Erdbeerpüree füllen. Um den Pfirsich herum einen Kranz nur gesüßter Schlagsahne legen, mit abgezogenen, kleingehackten Pistazienkernen bestreuen.

Er nannte diese Desserts so, aber sie sind oder waren seine Erfindungen.

Im Herbst, als wir uns anschickten, das Haus abzusperren, ging Nguyen zu allen Weinlesen. Er hatte jede Abwechslung, die das Landleben bot, ehrlich verdient. Es war jedoch ein Vergnügen, für das wir alle zu zahlen hatten. Jeden Abend kam er ein wenig fröhlicher nach Haus. Das war nicht weiter überraschend, aber stellte uns vor Probleme. Gertrude Stein und ich mit den Hunden waren im Auto gekommen, Nguyen mit dem Zug gefahren. Wir hatten versprochen, ihn zurück im Wagen mitzunehmen. Aber würde das möglich sein? Glücklicherweise konnte er mir bald mitteilen, daß es mit seiner Gesundheit wieder aufwärts ginge und er die Reise vertragen würde. Würden wir es auch? Wir wagten es, und Nguyen war nicht nur ein perfekter Koch, sondern auch ein zuvorkommender und aufmerksamer Diener. An dem Abend, an dem wir in Mâcon übernachteten, hatte er eine lange Unterhaltung mit dem *chef.*

In Paris jedoch waren die Verlockungen zu groß, und Nguyen war als Dienstbote für uns nicht mehr tragbar. Wir trennten uns in bestem Einvernehmen, und Gertrude Stein und ich erinnerten uns daran, daß Trac uns vor seinen Landsleuten gewarnt hatte. Was aus Trac wohl geworden war, fragten wir uns, und wir stellten eine junge Amerikanerin polnischer Herkunft ein. Sie war das absolute Gegenteil von Nguyen, dessen Küche wir immer nachgetrauert haben. Agnels Zubereitung amerikanischer Gerichte war kümmerlich und ermangelte der Sorgfalt. Sie gab sich große Mühe, mit geringem Erfolg französische Gerichte zu kochen, aber ihre polnischen Gerichte waren erstklassig, wenn auch schwer und zu üppig für den alltäglichen Gebrauch. Sie machte polnischen, nicht russischen Borscht, polnische und nicht russische Piroggen. Aber was wir am liebsten mochten, war ihr

Paniertes Back- und Brathuhn

Die Hühner sollten schwerer als 1 ½ Pfd. sein. Man schneidet sie in 4 Teile – Rücken und Brust zuerst halbieren und dann vierteln. Für 2 Hühner gibt man ½ Pfd. Butter in die Pfanne. Die Hühnerteile gut in Mehl, dann in 2 geschlagenen Eiern wälzen und danach dick mit Semmelbröseln bedecken. Über mittlerer Hitze in die geschmolzene Butter legen und von beiden Seiten leicht anbraten. In eine feuerfeste Form geben, die Flügel zur einen Seite, die Schenkel zur anderen, die Rückseiten in die Mitte. Im vorgeheizten Ofen bei 150° 2 Stunden backen unter häufigem Begießen mit saurer Sahne.

Es seien die besten *Southern fried chicken*, die sie je gegessen hätten, haben uns Leute gesagt. Agnel wußte die polnischen Namen der polnischen Gerichte, die sie machte, aber schreiben konnte sie sie nicht. Sie war Analphabetin in beiden Sprachen. Von ihrer Mutter konnte sie

Hackbraten

Man dreht ¾ Pfd. Kalbfleisch und ¾ Pfd. Schweinefleisch zweimal durch den Fleischwolf. Beide Fleischsorten gründlich vermischen mit 1 Tasse Champignons, 1 Handvoll in Weißwein eingeweichtem und ausgedrücktem Weißbrot, 1 Ei, 1 Tl. Salz, ¼ Tl. Pfeffer, 1 zerdrückten Knoblauchzehe, 1 guten Prise Muskat und 4 El. saurer Sahne. Wenn alles gut vermengt ist, formt man daraus um zwei hartgekochte Eier herum, deren Spitzen einander berühren, einen länglichen Laib. 4 El. saure Sahne in eine feuerfeste Form geben und den Braten so hineinlegen, daß ausreichend Platz bleibt, um ihn von allen Seiten zu begießen. 2 El. saure Sahne über den Braten gießen, so daß er oben und an den Seiten gut getränkt ist. Mit den Zinken einer Gabel, die man zuvor in saure Sahne eintaucht, den Hackbraten mit einem Muster verzieren. Im vorgeheizten Ofen bei 200° unter häufigem Begießen ¾ Std. backen. Falls notwendig, saure Sahne nachgeben. Wenn der Braten gar ist, die Form mit gut ¼ l heißer Bouillon ablöschen, dabei den Bratsatz an Seiten und Grund abkratzen.

Zu der Zeit, als Agnel für uns arbeitete, tauchten auf den Pariser Märkten die größten eingefrorenen Flußkrebse auf, die ich je gesehen habe. Als Agnel hörte, sie kämen aus Polen, bekamen wir sie häufig serviert mit einer Béchamelsauce mit saurer Sahne, in die sie 1 Prise Muskat und 1 Hauch Majoran tat. Manchmal briet sie sie auch leicht in Schmalz an und übergoß sie mit erhitzter saurer Sahne und gerösteten Semmelbröseln. Oder sie machte sie, indem sie sie in ¼ l Kalbsbouillon mit 3 El. Tomatenmark kochte.

Dann tauchte unerwartet Trac auf und verkündete, er könne wieder für uns arbeiten, am nächsten Morgen werde er anfangen. Wir hielten ihm vor, in welch schwierige Situation er uns brachte. Er ging und sagte, daß er am folgenden Morgen seine Arbeit antreten werde. Agnel war überglücklich. Sie wollte an der Côte d'Azur einen Monat Ferien machen und sich dann dort eine Stellung suchen. Wir zahlten ihr Ferien und Lohn und konnten ihr am nächsten Morgen Trac vorstellen. Sie dankten einander. Es war unglaublich spaßig.

Trac war von Marseille aus als Koch auf einem Schiff nach Indochina gereist und hatte seine Familie besucht. Als ihn dort die Unruhe von neuem packte, kam er auf einem anderen Schiff zurück. Die Papageien und Affen, die er auf der Rückreise mitgebracht hatte und die Ballen Seide, die er in Hanoi gekauft hatte, waren in Marseille mit großem Gewinn verkauft worden. Er würde eine Zeitlang für uns arbeiten und dann ein Restaurant aufmachen. Es war für keinen von uns eine sichere Zukunft, daß Trac solche Träume hatte, aber es war außerordentlich angenehm, solange es anhielt. Dann erzählte er uns von Lucienne, seiner Bretonin, und ihren gemeinsamen Plänen. Er war nach Paris zurückgekommen, um für uns zu arbeiten und Lucienne zu besuchen. Trac hatte also mehr als nur einen Traum. Er hatte auch chinesische getrocknete Pilze, Pfeffer und alle möglichen Pulver, die es in Paris nicht zu kaufen gab, mitgebracht, so daß seine Gerichte noch anders, noch subtiler schmeckten. Eines Tages kam Nguyen – ob um ihn oder uns zu besuchen, war nie herauszubekommen. Es war zu traurig. Er sagte, er sei gekommen, um uns wissen zu lassen, wie gesund er jetzt sei. Er sei vollkommen von der Krankheit genesen, die er damals in Bilignin gehabt habe. Und er würde gerne wieder für uns arbeiten. Darauf brach Trac in einen Schwall von Chinesisch aus, und Nguyen ging.

Trac hatte während seiner Abwesenheit gelernt, Desserts zu machen und Kuchen zu backen, vielleicht auf dem Schiff. Es war eine Fertigkeit, auf die er sehr stolz war. Er sagte, es werde nützlich sein, wenn er sein Restaurant eröffne.

Trac machte nie sonntags das Abendessen für uns. Er fing nach dem Mittagessen und kam am Montagmorgen zurück. Eines Tages fragte er mich, ob ich ihm beibringen könne, Hummer Newburg zuzubereiten. Weshalb er wissen wolle, wie man das Gericht zubereitet, fragte ich ihn. Er erklärte, er koche seit seiner Rückkehr sonntags abends bei einem reichen Junggesellen, der häufig Empfänge gebe und dessen Köchin sonntags abends nicht arbeite. Vielleicht kochte sie ja sonntags abends für jemand anderen, und so ad infinitum, bis eines Tages Trac auch sonntags abends für uns kochen würde. Trac zu erzählen, wie man etwas kochte, war zwecklos; deshalb sagte ich zu ihm, ich würde es bald einmal mit ihm zusammen kochen. Nein, sagte er, es müsse heute, Samstag, sein, weil der Herr wünschte, daß er es Sonntagabend koche. Es schien mir ein sinnloser Aufwand, da Trac die Zutaten weder wog noch aufschrieb. Aber der Herr und seine Gäste waren so angetan von seiner Zubereitungsart, daß nach ihm geschickt wurde und man ihm ein Glas Champagner kredenzte und sagte, er sei ein großer Koch. Darauf kaufte Trac sich eine weiße, gestärkte Kochmütze.

Es muß seinen Entschluß beschleunigt haben, Lucienne zu heiraten und sein Restaurant aufzumachen. Er sagte, um all das tun zu können, müsse er bald aufhören, für uns zu arbeiten. Er stellte uns Lucienne vor – sie war eine gutaussehende, gebildete, bürgerliche Bretonin. Sie war verliebt in Trac und nannte ihn ihren kleinen Jean – sie wollte einen Franzosen aus ihm machen. Er war glücklich und geschmeichelt. Und innerhalb eines Monats waren sie verheiratet, ein passendes, kleines Restaurant im Viertel wurde gefunden, renoviert und gefällig ausgestattet, und bald waren sie installiert und warteten auf Kunden. Wir waren natürlich unter den ersten. Weil man uns erwartet hatte, gab Trac sich besondere Mühe. Das Menü bestand nach chinesischer Art aus vielen Gängen. Trac und Lucienne waren glücklich, Restaurantinhaber zu sein, aber bekümmert mußten wir feststellen, daß wir die einzigen Kunden waren. Lucienne, die kassierte, saß nach französischer Manier hinter einem hohen Pult nahe der Tür. Wir überredeten sie, mit uns zu essen, und Trac kam aus der Küche dazu, wenn er einen Moment Zeit hatte. Er trug seine hohe Chef-Mütze. Als wir uns verabschiedeten, sagten sie, wir würden ihnen Glück bringen. Wir konnten das kleine Restaurant unseren Freunden nur wärmstens empfehlen, und auch ihnen sagte das Essen sehr zu, aber leider mußten sie berichten, daß nur sehr wenige andere Kunden dagewesen waren, wenn überhaupt.

Wieder einmal standen wir vor der Notwendigkeit, einen Dienstboten zu finden, und es erwies sich als schwieriger denn je. Aber eines Morgens war in einer der Pariser amerikanischen Zeitungen eine Anzeige, die klang, als sei sie genau von der Person, die wir suchten. Als sie sich vorstellte, merkte ich, daß die Stelle nicht das war, woran sie gedacht hatte. Sie war eine blasse, aber kräftige Finnin, kultiviert und modisch gekleidet. Sie hatte alle Eigenschaften, die uns gefielen, und zu meiner Überraschung war sie bereit, die Stelle anzunehmen. Nachdem sie die mit ihrer Arbeit für sie verbundenen Nachteile und Unannehmlichkeiten vernommen hatte, war sie immer noch bereit. Allerdings verlangte sie einen hohen Lohn, mehr als das Doppelte des üblichen. Es war schon alles für ihre Einstellung geregelt, als Gertrude Stein ins Studio kam, und wir es ihr mitteilten.

Weißt du, fragte sie, ob sie auch Desserts machen kann?

Worauf die Finnin antwortete: Was immer Sie wünschen, Miss Stein, von einer einfachen Brown Betty bis zu einem *soufflé en surprise*.

So wurde Margit für mehrere Jahre die Freude unseres Haushalts, auch wenn sie nicht gerade ein sonniges Gemüt hatte. Sie hatte etwas nördlich Melancholisches und bekam von einem unserer Freunde den Namen Mademoiselle Hamlet. Ansteckend war ihre ständige Depression nicht, und wir machten uns ein Vergnügen daraus, sie zu bekämpfen. Die Stelle bei uns hatte ihre Vorteile, das war ihr aufgefallen, ehe sie zusagte. Sie hatte Gertrude Stein sofort erkannt. Margit verschlang Bücher; es würde eine Bibliothek in Reichweite sein mit allem, wonach es sie verlangte. Sie erkannte, wie zugänglich Gertrude Stein war in ihrer demokratischen Art – Unterhaltungen mit ihr standen in Aussicht. Sie würde mit uns und unseren Freunden in einer angenehmen Atmosphäre leben. Wir kamen ausgezeichnet miteinander aus. Eines Tages meinte sie, wir hätten doch sicher nichts dagegen, wenn sie der Bibliothek auch Widmungsexemplare entliehe, solange sie sie nicht in der Küche las.

Als Köchin war sie weder melancholisch noch intellektuell, sondern einfach perfekt. Margit konnte alles kochen, was man von ihr verlangte, nur lehnte sie aus unerfindlichen Gründen ab, ja weigerte sich geradezu, das Menü zusammenzustellen. Das war das einzige, was sie von mir erwartete. Es war wenig genug, gemessen an der Vortrefflichkeit ihrer Küche. Zum Beispiel machte sie häufig für uns und unsere Gäste

Kümmelhahn im Teig

Das ist ein klassisches französisches Rezept, für das man jedoch nicht einen Hahn, sondern ein gutes, schweres Huhn braucht. 1 Tl. Kümmel in Pulverform in ¼ l Olivenöl ¼ Std. kochen lassen und beiseite stellen. Den Teig, in den man das Huhn einschlägt, zubereiten aus 400 g weicher Butter, 1 geschlagenen Ei, ⅛ l Wasser, ½ Tl. Salz, ¼ Tl. Pfeffer. Wenn alles gut vermengt ist, 800 g Mehl mit dem Blender hineinarbeiten. Den Teig auf dem leicht mit Mehl bestreuten Backbrett mit dem Handballen großflächig auswalken. Wieder zusammenschlagen, den Vorgang wiederholen. Den Teig zu einer Kugel formen, in Fettpapier einwickeln und an einem kühlen Ort 3 Std. oder länger ruhen lassen.

Für die Füllung die Leber des Huhns, ¼ Pfd. Kalbsleber, 1 Kalbshirn, das zunächst 1 Std. gewässert und dann 10 Min. gekocht wird, 1 Trüffel, 3 Schalotten und 1 Handvoll kleingehackte Petersilie vermengen. Über mittlerer Hitze mit der Hälfte des Kümmelöls und 1 Schnapsglas gutem Weinbrand, ½ Tl. Salz und ½ Tl. Pfeffer anbraten. Vom Feuer nehmen und 1 Ei untermengen. Das Huhn damit füllen, sorgfältig zunähen oder zustecken. Das Huhn vollständig in große dünne Speckscheiben einwickeln.

Den Teig zweiteilen und je kreisrund auswalken. Das Huhn auf den einen Kreis legen und mit dem anderen zudecken, die Ränder fest zusammendrücken. In die Mitte des Teigdeckels ein 2 ½ cm großes Loch machen, damit der Dampf einwirken kann. Das Huhn im Teig möglichst hermetisch in Fettpapier einwickeln. Den Rest des Kümmelöls in eine feuerfeste Form gießen. Das Huhn hineinlegen und bei 190° im Ofen braten, je nach Größe des Huhns etwas mehr oder weniger als 1 Std., sowie zusätzlich ¼ Std. für die Teigschicht. Häufig begießen. 20 Min. vor Ende der Bratzeit das Papier wegnehmen, um den Teig krustig zu backen. Dies ist eine köstliche Variante zum üblichen Brathuhn.

Margit war nicht erfinderisch. Sie war umsichtig, in Notfällen wuchs sie über sich hinaus und meisterte unerwartete Situationen mit Gelassenheit. Ihr einziges Streben ging dahin, nach Amerika auszuwandern, aber dem standen die Quotenbestimmungen entgegen, nach denen für die nächsten sieben Jahre keine Anträge mehr entgegengenommen wurden. Oft bat Margit Gertrude Stein, ihren Einfluß geltend zu machen, damit sie nicht mehr so lange warten müsse. Sie konnte nicht begreifen, daß Gertrude Steins Name auf Behörden keine Wirkung hatte. Während unser Leben dank Margits Effektivität sich so glücklich gestaltete, war es Lucienne und Trac nicht gut ergangen. Ihr Restaurant hatte trotz seiner reizvollen Aufmachung und Tracs guter Küche nicht den Anklang gefunden, den Trac erwartet hatte. Chinesische Küche wurde in jenem Viertel nicht besonders geschätzt. Lucienne sagte, die einzigen Kunden, die kämen, seien Freunde von Trac, und die würden nicht zahlen. Sie mußten Einrichtung und Ausstattung verkaufen, um ihre Schulden zu bezahlen. Sie hatten all ihre Ersparnisse verloren. Das vorausgesehen zu haben, war uns keine Befriedigung. Lucienne faßte den tapferen Entschluß, sich mit ihm zusammen als Dienerpaar zu verdingen. Sie hatten so etwas noch nie gemacht, hielten es aber für den sichersten Weg. Sie würden dabei unsere phantastischen Empfehlungsschreiben benutzen. Nach ein paar Tagen kam Trac vorbei und erzählte uns, daß unsere Freundin Madame de C. T. bereit sei, sie einzustellen. Er war ganz aufgeregt – besser hätte es gar nicht ausgehen können. Von Madame de C. T., einer Dame von Welt, würden sie alles lernen, was von einem guten Dienerehepaar verlangt wird. Sie würde ihnen sagen, was sie zu tun hatten, und sicher anspruchsvoll sein. Trac überhörte geflissentlich meinen Einwand, sie setze diese Erfahrung bei ihm voraus und er dürfe nicht erwarten, Anweisungen oder Belehrungen von ihr zu erhalten. Er ging darüber hinweg und sagte, sie werde seine Küche schätzen. Sie hatte eine Reihe Gerichte aufgezählt und gefragt, ob er sie kochen könne. Da er nichts verstanden hatte, hatte er auf alles mit ja geantwortet.

Seine zukünftige Herrin rief bei uns an, und wir gaben die wärmsten Empfehlungen. Nach zwei Wochen wurden sie als untauglich entlassen. Aber mit Tracs Glück fanden sie Arbeit bei kosmopolitischen reichen Leuten, bei denen sie Jahre hindurch blieben. Häufige Reisen ihrer Arbeitgeber kamen Luciennes und Tracs Neigung zur Unstetigkeit entgegen.

Margit kochte weiter ausgezeichnet die verschiedensten Gerichte. Sie machte sogar

Canneloni

5 Eier gründlich mit 500 g Mehl und 1 Prise Salz vermengen. Wenn die Masse glatt ist, 2 El. lauwarmes Wasser zugeben. Auf einem mit Mehl bestreuten Backbrett mit der Handfläche verteilen und wieder zu einer Kugel zusammenrollen. Den Vorgang mehrmals wiederholen. Den Teig in Fettpapier ein-

Gertrude Stein um 1930.

wickeln und 1 Std. ruhen lassen. Die Füllung macht man aus 2 Tassen weißem gehacktem Hühnerfleisch, 2 Tassen gehackter Hühnerleber, ½ Tasse Schinken, 1 Tasse Champignons. Gut vermengen, ½ Tl. Salz, ¼ Tl. Pfeffer und 2 Eier hinzugeben, wieder gut vermischen.

Für die Sauce läßt man 4 El. Butter über schwacher Hitze aus. Mit einem Holzlöffel 3 El. Mehl unterrühren und, wenn es kocht, unter ständigem Rühren langsam mit ½ l heißer Hühner- oder Kalbsbrühe auffüllen. Langsam zum Kochen bringen; würzen mit ½ Tl. Salz und ¼ Tl. Pfeffer. ½ Std. köcheln lassen; hin und wieder umrühren, um Klumpen zu verhindern. Dann 200 g Sahne unterrühren. Kurz bevor man die Sauce über die Canneloni gießt, 2 Eigelb unterrühren; heiß werden, aber nicht aufkochen lassen.

Den Teig etwa 3 mm dick ausrollen, und Vierecke von 20 cm ausschneiden. Sie vorsichtig in siedendes Salzwasser legen. Aufpassen, daß sie nicht auf den Boden des Topfes absinken. Mit einer Gabel lockern, damit sie nicht verkleben. Sobald das Wasser wieder kocht, die Hitze verringern und sanft genau 7 Min. kochen lassen. Vom Feuer nehmen, abgießen, und kaltes Wasser darübergießen – die beste und schnellste Methode ist die, das Sieb mit den Nudeln unter einen Wasserhahn mit Brausekopf zu halten. Abtropfen lassen, auf ein sauberes Geschirrtuch legen und abtrocknen – und zwar vollständig. Die Canneloni auf einem Backbrett ausbreiten; auf ein Ende die Füllung geben, einrollen und die Enden zusammendrücken. Sie in eine großzügig eingefettete feuerfeste Form nebeneinanderlegen, nicht übereinander. Mit der Sauce begießen. Bestreuen mit 200 g Semmelbröseln und 125 g geriebenem Parmesan und mit 4 El. geschmolzener Butter beträufeln. 1 Std. bei 200° im Ofen überbacken.

Dies ist selbstverständlich nicht die italienische Art, Canneloni zuzubereiten. Höchstwahrscheinlich ist sie finnisch. Margit machte sie auch mit Hummer und hartgekochten Eiern, dazu eine Sauce aus halb Sherry, halb Hühnerbouillon. Bei Spargelspitzen, Erbsen und Böhnchen servierte sie sie mit Tomatensauce.

Margit begleitete uns nach Bilignin, wo sie zu unserer Überraschung lebhaftestes Interesse an den Bauernfamilien der näheren und weiteren Umgebung zeigte. Sie machte ihnen verzierte Kuchen verschiedenster Art für alle möglichen festlichen Anlässe, und für sie war sie eine liebenswürdige und vornehme Fremde. Es gefiel ihr, und sie war geschmeichelt, als ein junger Bauer ihr einen Heiratsantrag machte.

Über Bücher, die Gertrude Stein von jungen Schriftstellern geschickt bekam, zeigte Margit sich schockiert; sie hoffte, daß das nicht die Art von Büchern war, die junge Amerikanerinnen lasen. In Vorbereitung auf die Erfüllung ihrer Hoffnung, in die Staaten zu kommen, kochte sie uns gelegentlich amerikanische Gerichte, ebenfalls mit dem üblichen Erfolg. Unsere Freunde in Bugey nahmen amüsiert Anteil an unserer Reihe guter Köche. Margit erfreute sich ihrer kritischen Wertschätzung. Für sie machte sie

Trikoloren-Omelett

Man macht Spinatpüree, indem man 1 Pfd. gut gewaschenen Spinat ohne Wasser über mittlerer Flamme aufsetzt. Ständig gut über den Boden rühren, daß er nicht ansetzt, bis er kocht. Dann die Flamme kleinstellen, zudecken, 10 Min. kochen lassen. Vom Feuer nehmen, abgießen und unter fließendes Wasser halten, bis er kalt ist. Abgießen und soviel Wasser wie möglich rauspressen. In den Topf zurückgeben und über schwacher Flamme ganz trocken werden lassen. Dann durch ein feines Sieb passieren. 4 Eier und ½ Tl. Salz untermengen. Ein Omelett so weit backen, daß es sich falten läßt. Wegstellen und warm halten. Ein weiteres Omelett machen aus 3 Eigelb, 4 ganzen Eiern, ½ Tl. Salz und ¼ Tl. Safranpulver. Das Spinatomelett in das Safranomelett einfalten. Servieren mit einer Tomatensauce rundherum, die man macht, indem man 4 El. Tomatenmark mit ½ l Weißwein erhitzt. Dann langsam 4 El. geschmolzene Butter, in die man bei mittlerer Hitze 1 El. Mehl untergerührt hat, einrühren und alles fast zum Kochen kommen lassen. Würzen mit ½ Tl. Salz, ¼ Tl. Pfeffer, 1 Prise Cayenne, Nelken, Muskat und 1 El. Zwiebelsaft. Die Sauce ¼ Std. köcheln lassen, dann 4 El. Butter hinzufügen. Nicht mehr kochen lassen. Um die beiden Omeletts herumgießen und servieren. Es ist eine wirkungsvolle und schmackhafte Vorspeise.

Margit machte für unsere Gäste komplizierte, köstliche, auch gefrorene Desserts, aber den größten Anklang fand

Stärkepudding

1 l Milch mit 4 El. Zucker und 1 Prise Salz zum Kochen bringen. Wenn sie kocht, 2 El. Getreidestärke hineinstreuen. 20 Min. kochen lassen. Vom Feuer nehmen und 1 El. Orangenblütenwasser und 2 geschlagene Eier unterrühren. Von Zeit zu Zeit umrühren.

1 Pfd. Datteln durchpassieren, mit ½ Pfd. Butter zu einer homogenen Masse vermengen. Die Stärkemilch hinzufügen. In eine gut eingefettete Form gießen. In ein Wasserbad stellen und bei 150° backen. Das Wasser sollte nicht kochen. Wenn ein Messer, das man in die Mitte des Puddings stößt, sauber herauskommt, den Pudding aus dem Ofen und dem Wasserbad nehmen. Nicht stürzen, bevor er abgekühlt ist. Dann rundherum leicht mit Honig einstreichen. Oben mit Streifen aus Angelika verzieren. Mit 3 Tassen Vanilleeiscreme und 2 Tassen Schlagsahne, die mit 2 El. Kirsch abgeschmeckt wurde, servieren.

Nachdem wir nach Paris zurückgekehrt waren, zeigte Margit, die immer eine begierige Zeitungsleserin gewesen war und sich leidenschaftlich für internationale Politik interessierte, sich außerordentlich beunruhigt. Uns störte es, daß sie sich so von den Dingen beeindrucken ließ, die sie doch eigentlich gar nicht betrafen. Ihr Kochen wurde nachlässig in dem Maß, in dem sie sich von etwas bedrängt fühlte, dessen Ernsthaftigkeit wir zu ermessen nicht in der Lage waren. Eines Tages sagte sie plötzlich, sie müsse uns verlassen, die Polizei habe sie verfolgt. Sie werde nach Finnland zurückgehen, da sei sie in Sicherheit. Sie kaufte eine Fahrkarte, besorgte sich ein Visum, und noch am gleichen Tag nahm sie von uns Abschied. Wir haben nie in Erfahrung bringen können, ob sie wirklich in Schwierigkeiten war oder ob sie sich die ganze Geschichte nur eingebildet hatte. Sie schickte uns eine Postkarte aus Helsinki, und wir hörten nie mehr von Margit.

Danach und bis zu den Ferien 1939 mußten wir uns mit den Diensten vorübergehender Hilfen zufriedengeben, die nichts Erinnernswertes hatten. Der Sommer begann glücklicher, als er enden sollte, mit der guten Witwe Roux, die zur Köchin aufrückte, und einem netten Mädchen vom Land für die Hausarbeit. Mit der Kriegserklärung paßten wir uns, wie alle anderen auch, den neuen Verhältnissen an, so gut wir es konnten. Das alte Leben mit Bediensteten war vorbei.

11. KAPITEL

Essen im Bugey während der Besatzungszeit

Anfangs zehrten wir wie die Kamele von der Vergangenheit. Wir waren gut genährt. Das Bugey ist berühmt für seine Küche und nach Einführung der strengen Rationierung vergingen mehrere Wochen, bis wir Hunger verspürten. Die Fleischzuteilung von einem Viertelpfund pro Woche und Person war nicht gerade üppig, aber bis die Besatzungsmacht das Fischen verbot, versorgte uns die nahe Rhône mit Lachsforellen und der Lac de Bourget mit den seltenen Lachskarpfen, mit Saiblingen, Felchen und Barschen. Der Gemüsegarten bot uns reichlich Gemüse und Früchte von ausgezeichneter Qualität und im Weinkeller hatten wir einen köstlichen trockenen Weißwein. Wir waren wirklich gut versorgt. Was fehlte, waren Milch, Butter und Eier. Davon stand uns laut Lebensmittelkarten verschwindend wenig zu, aber wenn die Deutschen mit dem Requirieren fertig waren, blieb für die Bevölkerung gar nichts mehr übrig. Die deutschen Soldaten waren sehr hinter Butter her. Es stellte sich heraus, daß viele von ihnen nie zuvor welche gegessen hatten. Hitler hatte sie gefragt, ob sie Butter oder Kanonen wollten, und hatten sie nicht die richtige Antwort gegeben? Eines Tages kam ein deutscher Soldat auf der Suche nach irgend etwas Eßbarem, vielleicht noch nicht Rationiertem in den Laden. Er zeigte auf den riesigen Butterblock und sagte: Ein Kilo.

Ein Kilo, rief der Verkäufer. Der Deutsche nickte ungeduldig. Die Butter wurde abgewogen und eingepackt. Beim Verlassen des Ladens machte der Deutsche ein Ende der Verpackung auf. Von der offenen Tür aus, wo ich stand, sah ich ihn in die Butter beißen. Offenbar hatte er etwas anderes erwartet, denn mit einer abrupten Bewegung warf er sie wütend über die Gartenmauer des Hauses gegenüber. Die Geschichte machte die Runde. Die Leute kamen und guckten. Niemand rührte sie an. So lag sie da.

Die Bauern der Umgebung wollten ihre Erzeugnisse nicht verkaufen. Sie wollten sie tauschen gegen Kaffee, Zucker, Männerstiefel und -hemden und Frauenkittel. Auf unserem Speicher gab es nichts dergleichen, im Unterschied zu denen der französischen Familien. Eines Tages verboten die Deutschen das Fischen; da gingen wir nach Belley zu unserem netten Metzger. Er erklärte uns, was die Deutschen ihm zuteilten, richte sich nach den Lebensmittelmarken seiner Kunden. Aber er könne uns regelmäßig Flußkrebse besorgen. Sie wurden weiter oben im Valromey gefangen, meistens mit einem offenen Regenschirm, an dessen Stangen man die Köder befestigte. So hatte man auch uns beigebracht, sie zu fischen. Am nächsten Morgen kam der nette Metzger mit dem Fahrrad und einem Sack auf dem Rücken zu uns nach Bilignin, mit zweihundert Flußkrebsen, die er in einen Trog schüttete und mit Planken gegen die Sonne abdeckte. Ich bezahlte eine astronomische Summe. Drei Tage später kam er wieder mit der gleichen Menge. Wir fingen an, Mittagessen zu geben mit der *pièce de résistance*

Flußkrebse à la nage

Für 60 Krebse einen Sud zubereiten aus ½ l trockenem Weißwein, ⅛ l Cognac, 3 großen Karotten, 1 in dünne Scheiben geschnittenen dicken Zwiebel, 1 Tl. Salz, 1 Prise Cayennepfeffer und 3 kleingehackten Schalotten. Zugedeckt ½ Std. kochen lassen. Dann die Krebse hineinwerfen und 10 Min. kochen lassen, wobei man drei- bis viermal durchrührt. Heiß, kalt oder lauwarm servieren.

Unsere Gäste brachten eigenes Brot mit oder gaben mir ihre Marken. Gertrude Steins und meine Ration bekamen unsere Hunde. Nach der Kriegserklärung beredete Gertrude Stein die Behörden, ihr einen Militärausweis auszustellen, damit sie nach Paris fahren und die Bilder sichern und unsere Pässe holen konnte. Der Ausweis war auf 36 Stunden befristet, und bis Paris waren es sechshundert Kilometer. Es war keine Zeit zu verlieren. In der Wohnung in Paris stellten wir schnell fest, daß an den Wänden viermal soviel Platz war wie auf dem Boden und ließen die Idee, die Bilder auf den Boden zu legen, wieder fallen. Die Pässe waren so sicher verstaut, daß sie nicht zu finden waren, aber bei der Suche danach tauchte der Stammbaum des Pudels auf, und ich steckte ihn ein. Später gab es von den Behörden Bezugskarten für Hunde mit Stammbaum, und Basket wurde während der Zeit der Rationierung gar nicht schlecht ernährt.

Nach den Flußkrebsen gab es Gemüsesalat und zum Dessert Obst. Krebse *à la nage* war die schnellste und sparsamste Zubereitung, aber für einige Freunde, die häufiger unsere Gäste waren, hätte es eintönig werden können. Deshalb machte ich eine Art

Flußkrebse à la bordelaise

Für 60 Krebse 3 große Karotten, 2 große Zwiebeln, 4 Schalotten kleinhacken, dazu je 1 El. gehackten Estragon und Petersilie. Alles zusammen mit ¼ Pfd. Butter, 1 Zweig Thymian, 1 Lorbeerblatt, 1 Tl. Salz und ½ Tl. gemahlenen Pfeffer in einen Topf geben. Über mittlerer Flamme dünsten. Die rohen Krebse aus den Schalen brechen und mit 1 Prise Cayenne in den Topf legen. ⅛ l Cognac flambieren und darübergießen. Die Krebse herausnehmen, wenn sie rot werden. In den Topf ¾ l trockenen Weißwein (vorzugsweise Bordeaux) geben. Die Sauce zur Hälfte einkochen lassen. Dann die Krebse sowie 4 El. Tomatenmark dazugeben und 10 Min. kochen lassen. Die Sauce passieren, aufkochen, aber nicht weiterkochen lassen und 300 g Butter in kleinen Stückchen unter ständigem Rühren hinzufügen.

Es versteht sich von selbst, daß es ohne Butter gehen mußte. Die Gemüse wurden in 4 El. Olivenöl gedünstet, und 2 El. Öl kamen ganz zuletzt an die Sauce, um sie sämig zu machen. Unser Vorrat von 3 l Olivenöl reichte fast so lange, bis es auf dem Schwarzen Markt Walnußöl zu kaufen gab. Walnußöl ist köstlich. Später wurde es durch Haselnußöl ersetzt, was noch feiner ist.

Die Deutschen verschwanden nach sechs Wochen wieder; wir waren in der freien Zone. Requiriert wurde weiter, und bis zum Herbst 1940 war ohne Marken kein Proviant mehr aufzutreiben. Die Lebensmittelläden waren leer, aber ehe es soweit kam, hatte ich Trockenfrüchte, Chicorée als Kaffee-Ersatz, Sardinen, Gewürze, Maismehl und Putzmittel eingekauft. Die Herbsternte des Gemüsegartens

Lyon, Pont de la Guillotine.

sollte uns leicht über den Winter bringen mit den Stangenbohnen und den Tomaten, die ich eingemacht hatte. So lernte ich das Einmachen von

Tomaten au naturel

Von 28 Pfd. Tomaten die Haut abziehen, sie in beiden Richtungen durchschneiden, dann jedes dieser 4 Stücke nochmals halbieren. Mit ½ Pfd. Salizylsäure, die man in jeder guten Drogerie bekommt, über mittlerer Flamme in den Topf geben. Sorgfältig die Säure mit den Tomaten vermischen. Unter ständigem Rühren durch und durch erhitzen, aber vom Feuer nehmen, sobald der Siedepunkt erreicht ist. Die Tomaten in Einmachgläser füllen. Wenn sie abgekühlt sind, eine 1 cm dicke Schicht Öl auf die Tomaten gießen, damit keine Luft eindringen kann. Jeden Behälter mit Papier verschließen. So bleibt das Öl sauber, und man kann es hinterher wieder zum Kochen der Tomaten verwenden. Ein narrensicheres Rezept.

Unser Gemüsegarten war einer der schönsten im Umkreis. Ich war sehr stolz auf ihn und auf das, was er hervorgebracht hatte. Die harte Arbeit hatte mich erschöpft. Plötzlich merkten wir, daß wir Hunger hatten, aber darüber redete man nicht. Damals träumte ich eines Nachts von einer langen silbernen Platte, die in der Luft schwebte und auf der drei dicke Scheiben köstlicher Schinken lagen. Sonst nichts. Das verfolgte mich sechs Monate hindurch, bis der segensreiche Schwarze Markt organisiert war.

Freunde kamen oft zu uns heraus, um eine Tasse echten chinesischen Tee mit uns zu trinken. Sparsam verwendet, reichten die zehn Pfund, die uns ein Freund im Sommer 1939 aus Amerika geschickt hatte, bis zur Befreiung. Gertrude Stein hatte alle amerikanischen Zigaretten für mich gekauft, deren sie habhaft werden konnte. Wenn sie auch nicht nahrhaft waren, wirkten sie zu dieser Zeit wenigstens als Stimulans. Gastfreundschaft bestand aus zwei Tassen Tee ohne Zucker, Milch oder Zitrone und einer Zigarette.

Eines Tages sah ich die gute Witwe Roux, unsere Zugehfrau, mit einem Eimer in jeder Hand zum Tor gehen. Was haben Sie da? fragte ich.

Unser Spülwasser für das Schwein von der alten Vigne, antwortete sie.

Hören Sie, sagte ich, erklären Sie ihr, wenn sie nicht bereit ist, uns täglich ein Ei zu verkaufen, bekommt sie von uns kein Spülwasser mehr für ihr Schwein.

Die alte Vigne ging auf unser Angebot ein, und unser Speisezettel wurde auf willkommene Weise bereichert. Es war Manna vom Himmel. Man durfte annehmen, daß die alte Vigne, wenn sie uns jetzt ein Ei pro Tag verkaufte, auch bald bereit sein würde, uns zwei pro Tag zu verkaufen. Das war ein tröstlicher Gedanke, aber kurz vor Weihnachten wurden alle meine Hoffnungen zerschlagen. Der Sohn der alten Vigne sagte mir, er werde das Schwein für die Feiertage schlachten. Da sie das Spülwasser dann nicht mehr brauchten, lasse seine Mutter uns sagen, daß sie uns auch nicht mehr täglich ein Ei verkaufen würde. Das war ein Schlag. Vielleicht würde sich etwas anderes ergeben.

Endlos zog sich der Winter hin. Ein, zwei Freunde durchbrachen die Blockade und brachten Neuigkeiten aus Paris. Aber unsere wichtigsten Nachrichten kamen von einem Freund, Hubert de R., der in der Résistance war. Er kam mit dem Fahrrad aus Savoyen und aß mit uns. Dem Appetit eines kräftigen Mannes nach einer Fahrradtour von 25 Kilometern durch Schnee auf ungeräumten Landstraßen mußte Rechnung getragen werden, so gut es ging. Hubert hatte eine Schwäche für Süßspeisen, also mußte ein Dessert her. Einmal machte ich, wie ich es nannte,

Himbeer-Flammeri

2 Gläser Himbeergelee löst man mit ½ l Wasser im Wasserbad auf, zusammen mit dem Saft von ½ Zitrone und je nach Größe 2 bis 3 Blatt Gelatine, die man zuvor in ⅛ l Wasser eingeweicht hat. In eine Form gießen und, wenn es kalt geworden ist, in den Eisschrank stellen. Zum Servieren stürzen.

Der Flammeri verlangte nach Sahne. Wir nicht minder. Gelatine war rar, aber ich hatte einen ziemlich großen Vorrat. Hubert genoß das Dessert. Nach dem Essen, als wir am Feuer saßen, sagte er: Nicht wahr, der Nachtisch war mit Gelatine gemacht? Wo findet man die denn heutzutage? In Savoyen gibt es keine. Meine Frau hat schon lange keine mehr.

Daß er sich für Gelatine interessierte, überraschte mich. Als ich ihm zum Abschied zwanzig Blatt für seine Frau mitgab, bedankte er sich überschwenglich, mehr, als es das kleine Geschenk verdiente. Erst viel später erzählte er uns, wofür er die Gelatine gebraucht hatte. Er benötigte sie dringend, um falsche Papiere herzustellen.

Gertrude Stein hatte noch die Erlaubnis, ihren Wagen zu fahren, der von Benzin auf Holzalkohol umgestellt worden war. Eines Tages fuhren wir zur Baronin Pierlot hinüber, um sie zu einer Spazierfahrt abzuholen. Sie sagte, sie würde gern an einem kleinen Laden halten, in dem, wie sie gehört hatte, Reis unter der Theke verkauft wurde. Während ihre Schwiegertocher in den Laden ging, sagte Madame Pierlot: Jetzt wird sich herausstellen, ob sie Erfolg hat. Ob sie auch Persönlichkeit hat, denn auf dem Schwarzen Markt kauft man nicht mit Geld, sondern mit seiner Persönlichkeit.

Wie recht sie hatte. Später sollte Gertrude Stein, wenn niemand sonst es schaffte, von einem Spaziergang mit einem Ei, einem Pfund Weizenmehl oder ein wenig Butter nach Hause kommen. Die Köchin und ich beglückwünschten sie bei der Rückkehr.

Wir hörten nichts mehr vom Schwarzen Markt, bis im Frühling das Gerücht zu uns drang, daß im Tal gegenüber in Artemarre der bekannte *chef* B. seinen alten Gästen ein ausgezeichnetes Essen serviere. Gertrude Stein machte sogleich den Vorschlag, meinen Geburtstag mit einem Mittagessen in Artemarre zu feiern. Wir riefen bei B. an und sagten, daß wir zu einem bestimmten Termin gern mit ein paar Freunden vorbeikommen würden, um guten Tag zu sagen. Man war damals sehr zurückhaltend am Telephon und überhaupt in der Öffentlichkeit. Er antwortete, es werde ihm ein Vergnügen sein, uns wiederzusehen, und ganz beiläufig fragte er, wie viele wir denn sein würden. Ein Dutzend Freunde würden kommen, und wir würden uns um ein Uhr in Artemarre treffen. Die Transportmittel waren ungewöhnlich und sehr unterschiedlich. Wir sollten mit dem Doktor und seiner Frau in deren kleinem Auto fahren – Ärzte bekamen eine kleine Zuteilung Benzin, und er wollte unterwegs Patienten einen Besuch abstatten. Fünf unserer Gäste kamen in einem hohen zweirädrigen Bauernkarren, der von einer schwerfälligen alten Mähre gezogen wurde, die zu requirieren den Deutschen sinnlos erschienen war. Zwei unserer Freunde kamen in einem in allen Farben des Regenbogens angemalten Miniatur-Gig, der von einem Shetlandpony gezogen wurde; beides hatten sie kürzlich von einer Zirkusfamilie, der sie auf der Straße begegnet waren, für eine beträchtliche Summe erstanden. Die anderen kamen mit dem Fahrrad oder zu Fuß. Trotz der alle bedrückenden trüben Stimmung der Besatzungszeit freuten wir uns über das Wiedersehen und auf das Festmahl, das B. für uns bereiten würde. Wir gingen zu ihm in die Küche, wo uns die ungewohnten Düfte und das Menü, das er uns zeigte, in aufgeregte Erwartung versetzten. Dies war das verschwenderische Mahl, zu dem wir uns niedersetzten:

Gänseleberaspik
Forelle *en chemise*
Gedünstete Tauben – *pommes allumettes*
Hinterviertel vom Frühlingslamm – Mischgemüse aus Frühlingskarotten – Zwiebeln – Spargelspitzen - grüne Böhnchen *en barquette*
Trüffelsalat
Walderdbeertorte

B. hatte mir vor Jahren schon zuvorkommenderweise sein Rezept gesagt für

Forelle en Chemise

Man schlitzt den Bauch einer Forelle auf, nimmt sie aus, wäscht und trocknet sie und füllt sie mit soviel Champignons, wie der Fisch fassen kann. Die Champignons schmeckt man ab mit 1 Spritzer Zitronensaft, 1 El. Sahne pro ½ Pfd. Fisch, Salz und Pfeffer. Die Öffnung sorgfältig mit Zahnstochern verschließen. Dann brät man den Fisch in Butter schwimmend 15 Min. bei 250° – man begießt drei- bis viermal. Der Fisch sollte durchgebraten sein, aber nicht braun werden. Aus dem Ofen nehmen und abtropfen lassen. In eine *crêpe* einwickeln, wobei man die Seiten der *crêpe* nach innen schlägt. Auf eine Metallplatte legen, die über kochendem Wasser steht, und mit Fettpapier zudecken. Heiß servieren.

Crêpes

Gut 200 g Mehl in eine Schüssel sieben. Unter ständigem Rühren langsam 5 geschlagene Eier untermengen, dazu 3 El. Kirsch und ¼ Tl. Salz. Vollständig glattrühren und 4 Std. ruhen lassen. Dann wieder kräftig durchrühren. Eine kleine gußeiserne Crêpeplatte über mittlerer Hitze erwärmen. Ein Flöckchen Butter zum Schmelzen bringen und mit dem Backpinsel verteilen. 2 El. Teig auf die Platte gießen und die Unterseite goldbraun backen. Mit einem breiten Holzspatel umdrehen, dabei die Platte wieder mit Butter bestreichen. Wenn die zweite Seite goldbraun ist, abnehmen und auf eine vorgeheizte Platte tun, die Forelle auf das eine Ende legen, und die *crêpe* um die Forelle wickeln. Überstehende Ecken mit der Schere abschneiden. Auf die Servierplatte legen und mit Fettpapier zudecken. Die Eisenplatte säubern, und mit jeder weiteren *crêpe* ebenso verfahren; dabei nicht vergessen, für beide Seiten der *crêpe* jeweils die Platte einzustreichen.

Es bedarf keine langen Erfahrung, um ein Experte für *crêpes* zu werden. Es verlangt Schnelligkeit und Beweglichkeit. Wir hatten eine Köchin, die warf die *crêpes* in die Luft. Es gefiel ihr, wenn unsere Freunde zu ihr an die Küchentür kamen und ihr bei ihrer kleinen Nummer zusahen. Ein indochinesischer Koch, den wir hatten, verwendete keinen Pfannenheber. Er drehte die *crêpes* einfach flink mit den Fingern um.

Ehe das Essen serviert wurde, redeten wir alle gleichzeitig. Wir hatten einander soviel zu erzählen, soviel war passiert in all den Wochen, seit wir uns zuletzt gesehen hatten. Aber als das Essen aufgetragen wurde, senkte sich ein Schweigen des Staunens, der Andacht und Befriedigung auf uns. Das ist typisch für die Franzosen, vor allem in der Provinz. Niemand spricht, während der erste Gang serviert wird. Ausführliche Diskussionen über das servierte Essen sind ebenfalls charakteristisch für die Franzosen. Das gilt nicht als unmanierlich, wohl aber unsere amerikanische Gepflogenheit, den Teller nicht leerzuessen. Das finden sie unverzeihlich. Ihre kleinen

Portionen gestatten ihnen aber, ganz nach Belieben nachzunehmen. Nach einer so langen Fastenzeit ließen wir es uns schmecken, vielleicht mehr, als uns guttat. Jemand bemerkte, das Fasten würde man besser mit einem Glas Orangen- oder Tomatensaft brechen.

Eßt, trinkt und seid fröhlich, sagte ich.

Ach, wenn man doch wenigstens in diesen Zeiten durch zuviel Essen zu Tode hätte kommen können. Jemand kam auf die Proviantpakete für Kriegs- und politische Gefangene zu sprechen, und wir bekamen Gewissensbisse angesichts des Überflusses bei unserem Fest. Nichtsdestoweniger kehrte unsere gute Laune zurück, bevor wir aufbrachen und B. für sein üppiges, aber subtiles Essen gedankt und versprochen hatten, bald wiederzukommen.

Nach jenem Mittagessen begannen allmählich die spannenden und segensreichen Einkäufe auf dem Schwarzen Markt. Ende Mai kam unsere Freundin mit dem Zirkuswagen – er war jetzt schlicht dunkelblau gestrichen – zu uns herüber. Ob wir uns ein Lamm mit ihr teilen wollten. Ein Bauer in ihrer Nachbarschaft würde morgen heimlich zwei schlachten, eines für sich selbst und eines für sie. Es wäre ihr ein Vergnügen, uns von ihrem die Hälfte abzugeben. Natürlich nahmen wir das an. Sie würde die bestmöglichen Bedingungen mit dem Bauern aushandeln. Am nächsten Morgen kam sie wieder herüber mit einem Sack zu ihren Füßen. Sie, ich und die gute Witwe Roux betätigten uns zum erstenmal als Schlachter. Ein paar Koteletts wurden fürs Mittagessen beiseite getan, der Rest des kostbaren Tieres kam in den Eisschrank. Würde ein solcher Glücksfall sich wiederholen? Zu unserer Überraschung geschah es. Nicht so bald, daß es für uns keine mageren Tage, ja Wochen mehr gegeben hätte, aber wir bekamen seltsame Besuche von Männern und Frauen mit wunderlichen Stücken auf Anhieb oft nicht erkennbarer Nahrungsmittel – das heißt, wir mußten die Katze im Sack kaufen. *La veuve* Roux kam dann herein und meldete, in der Küche sei jemand, der mich zu sprechen wünsche. Manchmal hatte sie auch ein Viertelpfund Butter, eine Wurst, einen Liter Milch, Kalbsbries oder Hirn, alles höchst willkommen. Ein Schafskopf war ein Festmahl für den Pudel. Eine Zeitlang war unser Essen ungewöhnlich und abwechslungsreich. Dann traten wir Amerikaner in den Krieg ein, und unser Hauswirt, ein Offizier der französischen Armee, verlangte sein Haus zurück. Wir waren gezwungen auszuziehen. Gebrochenen Herzens mußten wir Bilignin verlassen. Freunde fanden für uns ein Haus in Culoz, in das wir an dem Tag einzogen, an dem die Deutschen die freie Zone besetzten und in Belley einrückten. In Culoz sollte es uns weniger gutgehen. Wir hatten dort keine Bekannten, und die Umgebung war weniger fruchtbar, bis auf den guten Weißwein, von dem es dort mehr gab. Das große Grundstück hatte keinen Gemüsegarten. Wir mußten wieder ganz von vorn anfangen. Zum Haushalt gehörten zwei Dienstboten, eine sehr gute Köchin, die aber gleich erklärte, mit dem bißchen, was es auf Marken gebe, könne sie nicht kochen. Es nützte nicht, daß wir ihr sagten, es gebe genug anderes auf dem Schwarzen Markt. Sie war alt, müde und pessimistisch. So blieb die Hauptarbeit des Kochens an mir hängen, während eine großartige Köchin gleichgültig und unbeweglich danebensaß, zu mutlos, um aufzupassen, wenn ich das Rezept demonstrierte für

Rationiertes Kalbsfaschiertes

½ Pfd. Kalbfleisch, ½ l in trockenen Weißwein (gelobt sei sein unerschöpflicher Vorrat!) eingeweichtes Baguette, ¼ Tl. Pfeffer, ½ Tl. Basilikum in Pulverform (getrocknet oder zerrieben), außerdem ½ Tl. Estragon, ½ Tl. Kerbel, 1 Tl. Petersilie, ¼ Tl. Lorbeer, 2 gehackte Zwiebeln, 3 gehackte Schalotten und 1 kostbares Ei. Alles gut vermengen, mit einem eingefetteten Messer zu einem Laib formen und in eine eingefettete feuerfeste Form geben. Bei 200° 1 Std. im Ofen backen und mit trockenem Weißwein begießen.

Die Kräuter waren aus dem Gemüsegarten von Bilignin, getrocknet, zerstampft und in luftdichten Töpfen aufbewahrt. Sie suggerierten Fleischgeschmack. Ihr verbreiteter Gebrauch damals, nicht nur in Frankreich, ist meiner Meinung nach der Grund für die heutige Beliebtheit von Kräutern.

Hausgemachter Senf

Im Mörser 1 El. kleingehackte Petersilie, 1 El. gehackten Estragon, 1 El. gehackten Kerbel und 50 g Senfkörner zu Pulver zerstampfen und durch ein Haarsieb treiben. Dann langsam 1 El. Öl und 1 El. Essig hinzufügen. Gut verrühren und zugedeckt aufbewahren. Je nach Jahreszeit kann man den Essig durch Stachelbeer- oder Johannisbeersaft ersetzen. Das ergibt einen köstlichen Senf, aber er hält sich nicht lange.

Die Senfkörner waren ein Zufallskauf, als es eines Tages nichts anderes zu kaufen gab. Zwei Pfund davon gestatteten all unseren Freunden, einer Würze teilhaftig zu werden, die es längst nicht mehr gab.

Zwei Ladeninhaber im Dorf sollten sich als sehr nützlich erweisen. Sie sagten, es sei ihre patriotische Pflicht, zu verkaufen, was von den Deutschen verboten war. War es da nicht die meine, zu erstehen, was sie anboten? Die Bauernburschen gingen zur Rhône, um heimlich zu fischen. Sie brachten nicht nur Fisch an die Küchentür, sondern auch Mehl, Speck, kleine Mengen von Nüssen und hin und wieder einen Hasen oder ein Kaninchen. Wir luden Freunde zum Mittagessen ein. Die Köchin blühte ein wenig auf, wenn sie auch brummte, weil sie alles mit dem unvermeidlichen Weißwein machen mußte.

Überraschend wurden Deutsche bei uns einquartiert, zwei Offiziere mit ihren Burschen. Hastig richteten wir für sie den Flügel des Hauses her, der am weitesten von unseren Schlafzimmern entfernt war. Vorräte wurden versteckt, aber um all die englischen Bücher einzusammeln, die über die Räume verteilt waren, blieb keine Zeit. Im schönsten Gästezimmer hing ein reizender kolorierter englischer Stich von Benjamin Franklin, der auf einem See in einem englischen Park eine seiner Entdeckungen demonstriert. Die Deutschen bemerkten ihn nicht, aber einem der italienischen Offiziere, die später bei uns einquartiert waren, fiel er als etwas Besonderes auf.

Wenn die Burschen in die Küche kamen, um die Mahlzeiten der Offiziere herzurichten, wurde die Köchin weiß vor Wut. Wie die Deutschen kochten, das hatte keinen Anspruch auf einen Platz in einem Kochbuch, als Kuriosum seien jedoch die Mahlzeiten wiedergegeben, die sie dreimal täglich zu sich nahmen. Pro Mann: eine 4 cm dicke, in Fett schwimmend erhitzte Scheibe Schinken, der gelatinöse, klebrige Inhalt einer Konservendose (Brot- und Kartoffelersatz?), eine schmutzige Flüssigkeit in einem großen Topf (Ersatzkaffee?). Dreimal täglich pflegten die Burschen dieses Gericht in das leere Zimmer neben ihrem Schlafzimmer zu tragen. Offensichtlich gab einer von ihnen der Köchin eine Dose mit dem Brot- und Kartoffelersatz. Sie wollte sie ihrerseits an unseren kostbarsten Schatz, unsere vier Hühner, verfüttern. Sie kamen eilig hergelaufen, pickten daran herum und ließen es liegen. Die Köchin, entzückt über diese *geste* ihrer französischen Hühner, warf den Brei in den Gebirgsbach, der auf zwei Seiten am Haus vorbeifloß.

Nach zwei Wochen verließen uns die Deutschen.

Wir stießen einen tiefen Seufzer der Erleichterung aus.

Die Deutschen hatten in Culoz die Autos requiriert, einschließlich der beiden Taxis, aber gelegentlich, wenn der Bürgermeister nach Belley fuhr oder jemand ins Krankenhaus mußte, durften Gertrude Stein und ich, hinten im Auto verstaut, mitfahren. Und wenn wir dann in Belley waren, gab es Orgien des Wiedersehens mit Freunden und des Organisierens von Lebensmitteln. Die Konditorei des Ortes war über das Bugey hinaus in ganz Frankreich berühmt für ihre

Chambéry-Trüffeln

Über kochendem Wasser ¼ Pfd. Schokolade schmelzen, 2 El. Butter und 1 ½ El. Zucker hinzufügen. Rühren, bis der Zucker sich aufgelöst hat. Vom kochenden Wasser nehmen und nacheinander unter ständigem Rühren 2 Eier untermengen. 2 Tl. Rum hinzufügen und gut verrühren. Für 12 Std. an einen kühlen Ort stellen (nicht in den Eisschrank). Dann zu kleinen Kugeln formen und in zerriebener Schokolade rollen. Es ergibt eine sehr kleine Menge. Sie sind köstlich.

Madame Peycru führte den Laden, ihr Mann blieb in der Küche. Sie hatte Kuchen unter der Theke; die Auslagen waren für die Besatzungstruppen – nicht gut genug für Sie, sagte sie, wenn sie bediente. Mit verschmitztem Lächeln reichte sie mir ein in Zeitungspapier eingewickeltes Papier über den Ladentisch.

Schließlich stellten die Deutschen zwei abgetakelte Busse ab, die einmal täglich den Dienst zwischen Culoz und Belley versahen. Darauf machte Madame Peycru den Vorschlag, uns Kuchen zu schicken. Ich ging zur Bushaltestelle, um den ersten in Empfang zu nehmen. Als besondere Vorsichtsmaßnahme hatte sie das Paket an »die beiden amerikanischen Damen in Culoz« adressiert. Nicht einer von den 250 Deutschen samt Offizieren, die in Culoz stationiert waren, hatte eine Ahnung von unserer Nationalität; die französischen Behörden hatten unsere Papiere vernichtet und ihr Möglichstes getan, uns zu schützen. Wir konnten nur hoffen, daß es nicht bemerkt worden war, und mit dem Bus nach Belley fahren, um Madame Peycrus einzuschärfen, weder unseren Namen noch unsere Nationalität auf die Pakete zu schreiben. Der Busfahrer sollte sie im Café abgeben, und wir würden sie da abholen.

Während die düsteren und öden Monate sich dahinschleppten, wurde es mit der Versorgung leichter, sie wurde reichlicher bis auf Fleisch und Butter. Wir bekamen häufiger Besuch, sogar aus dem 300 Kilometer entfernten Lyon. Alles natürlich Résistance-Mitglieder. Sie brachten Chicorée als Abwechslung zu dem Vogelfutter, das wir auf unsere Kaffeemarken erhielten. Sie bekamen dafür Eier, und wenn wir rechtzeitig Bescheid wußten, schickte der Bäcker aus Belley eine

Brioche

300 g Mehl in eine Rührschüssel sieben, 3 Eier hinzufügen und so lange rühren, bis der Teig glatt ist, dann 1 weiteres Ei und 4 El. Milch hinzufügen, der man zuvor 1 El. Rum und 3 Tl. in 1 El. Wasser aufgelöstes Backpulver zugesetzt hat. Gründlich vermengen. 150 g Butter hinzufügen. Gut vermischen und für 12 Std. an einen kühlen Ort stellen (nicht in den Eisschrank). In eine tiefe, runde, eingefettete Kuchenform tun und 30 Min. bei 200° backen. Diese *brioches* kann man auch hübsch in ganz kleinen Muffin-Formen backen, 20 Min. bei 170°.

Nach und nach wurde die Ernährung reichlicher. Wir merkten, daß wir nicht mehr hungrig waren, nur war der Speisezettel von einer trostlosen Monotonie. Fisch war unser hauptsächliches und kräftigstes Nahrungsmittel. Es war eine andauernde, eigentlich immerwährende Fastenzeit. Bei Ausfällen nach Belley erbeuteten wir zuweilen einen unerwarteten Leckerbissen. Mit ein paar Scheiben Wurst oder einem unendlich kleinen Stückchen Käse konnte man einem Gericht einen Anflug von Geschmack verleihen. Ich nahm damals meine Zuflucht zur leidenschaftlichen Lektüre komplizierter Kochrezepte in besonders dicken Kochbüchern. Die langen Winterabende hindurch, an einem unzulänglichen Feuer, fesselten mich Kochrezepte, an deren Realisierung nicht zu denken war – vergessen war dann die Rationierung, manchmal selbst die Besatzung, die dunkle Wolke über uns und um uns herum, die drohende Gefahr, die zur Kenntnis zu nehmen wir uns weigerten. Die großen französischen *chefs* und ihre Schöpfungen wurden ganz real. Gertrude Stein schenkte mir zu Weihnachten immer besonders dicke Kochbücher, und sogar während der Besatzungszeit gelang es ihr, mich damit zu überraschen. Als jeglicher Verkehr mit Paris verboten war, fand Montagnés und Salles 1479 Seiten umfassendes Werk *La Grande Cuisine Illustrée* mit mehr Intelligenz, als man unbelebten Objekten gemeinhin zuzutrauen bereit ist, seinen Weg durch die Linien. Obwohl nicht eine einzige der Zutaten zu bekommen war, war es überaus befriedigend, sich in die Seiten zu vertiefen, so lebendig ist unsere Vorstellungskraft. Hier ist ihr Rezept für

Tournedos Margot

Pro Person 1 Stück aus der Mitte des Ochsenfilets, ¼ Pfd. schwer, ohne Fett und Haut. Schnell in Butter auf beiden Seiten auf großer Flamme anbraten, so daß die Poren sich schließen und das Fleisch innen roh bleibt. Salzen nach Geschmack. Aus der Pfanne nehmen und auf jedes Stück besonders große, zuvor in Butter gedünstete Champignons legen. Darauf plaziert man feingeschnittene Trüffeln in Sahnesauce. Die Filetstücke mit den gefüllten Champignonköpfen serviert man auf einer Portion Anna-Kartoffeln.

Die Trüffeln schält und würfelt man und dünstet sie ¼ Std. zugedeckt sehr langsam in Butter unter häufigem Schütteln des Topfes. Zu ¼ Pfd. Trüffeln gibt man 1 Tl. besten Cognac. Mit kochender Sahne begießen und aufkochen lassen. Die Trüffeln herausnehmen. Während die Sahne im nicht zugedeckten Topf einkocht, fügt man ihr 1 El. dicke Béchamelsauce hinzu. Ist die Sahne um die Hälfte verkocht, gibt man die Trüffeln wieder hinein. Von neuem aufkochen lassen. Vom Feuer nehmen und 1 El. in kleine Stückchen zerteilte Butter unterrühren. Die Pilzköpfe mit den Trüffeln und ihrer Sauce füllen.

Für Anna-Kartoffeln nimmt man nicht zerfallende, für pommes frites geeignete Kartoffeln. Schälen und in ½ cm dicke Scheiben schneiden. Sie lagenweise und überlappend in kleine kräftig gefettete Formen, nicht viel größer als die Fleischstücke, geben. Zwischen die einzelnen Lagen und über die letzte gießt man geklärte Butter. Hermetisch verschließen und 20 Min. bei 200° backen, auf den Kopf stellen und weitere 10 Min. backen. Aus der Form nehmen, die überflüssige Butter abgießen. Unter die Filets mit ihren trüffelgefüllten Champignonköpfen setzen und gleich servieren.

Eines Tages erzählte mir die Köchin, sie besitze das handgeschriebene Kochbuch aus dem Besitz des Großvaters unserer Vermieterin, Monsieur Lucien Tendret, einem bekannten Richter und berühmten *gourmet*, Autor von *La table au pays de Brillat-Sava-*

Paris, Rue de Castiglione, August 1944.

rin. Gertrude Stein hatte ein Exemplar dieses köstlichen Buches vom Enkel des Autors geschenkt bekommen. Wir hatten überlegt, ob wir es nicht ins Englische übersetzen sollten. Es ist natürlich kein Kochbuch im eigentlichen Sinn, wie es das mir von der Köchin zum Lesen angebotene war. Die Rezepte sind spannend zu lesen, aber zum Nachkochen heute nicht mehr zu gebrauchen. Hier zum Beispiel

Hummer-, Geflügelbrust- und Schwarze-Trüffel-Salat

Man gibt in eine Salatschüssel Öl, Essig, 4 El. Saft vom gebratenen Truthahn, ½ Tl. Estragonsenf, einen Teil der Innereien 1 Hummers oder 1 Languste, Salz und Pfeffer und rührt, bis sich alles vollständig gebunden hat. In diese Essenz gibt man das Hummerfleisch, Filets vom Huhn, vom Truthahn und von Feldhühnern, wobei man die schönsten Scheiben aufhebt, um damit den Salat zu garnieren. Man fügt in Weißwein gekochte, dünne Scheiben schwarzer Trüffeln hinzu, gedünstete Champignons und Krebsschwänze. Mit einer Lage sehr weißer Eskariol- oder Endivienblätter bedecken, darauf noch einmal die Fleischmischung wiederholen. Die zweite Lage Eskariol garniert man mit den aufgehobenen Scheiben Brust, ein paar schmalen Streifen Schinken, von dem man das Fett abgeschnitten hat, ein paar dicke Scheiben Trüffeln und Champignons, einem Rand aus Krebsschwänzen, 1 El. in Weißwein gewaschene Kapern und 1 Tasse entsteinten grünen Oliven. In die Mitte plaziert man einen Berg sehr steifer Mayonnaise und obendrauf die größte Trüffel. Zu diesem Salat sollte bester Champagner serviert werden, gut gekühlt, aber nicht eiskalt.

Im Herbst 1943 war das Essen nicht mehr unsere Hauptsorge. Wir warteten ungeduldig auf die Invasion und die Befreiung. 1940 hatte ich unter anderen wertvollen Vorräten auch vier Pfund Zitronat und Orangeat, kandierte Zitronenschale, Ananas und Kirschen und zwei Pfund Rosinen aufgehoben, die ich in zwei gut verschlossene Glasbehälter gefüllt hatte. Unsere Freunde wußten von diesem *cache* und daß er aufgehoben wurde für den Befreiungs-Früchtekuchen. Von Zeit zu Zeit schaute ich nach den Gläsern, um mich zu vergewissern, daß die Früchte nicht austrockneten. Während der immer düsterer werdenden Wintertage und des Vorfrühlings von 1944 waren sie mir eine große Freude. Schließlich kam der Frühling. Nicht einmal die Kartoffelkäfer, die über die ersten jungen Pflänzchen herfielen, entmutigten uns. Wir sammelten die elenden Viecher mit der Hand ab. Als die Résistance die Lokomotiven eines Zuges entgleisen ließ, der nur Tonnen für die Schweiz bestimmten spanischen Weins mit sich führte, beschlagnahmte unser Bürgermeister den Wein, weil er fürchtete, seine Aufbewahrung nicht garantieren zu können. Er teilte ihn unter die 250 Angehörigen der örtlichen Besatzungsmacht und die etwa 1500 Einwohner auf. Wir bekamen jeder zwölf Liter. Gertrude Steins Anteil und meiner wurden für die Befreiungsfeierlichkeiten aufgehoben. Die Dienstboten, keine schlechten Kenner, berichteten, er sei wirklich ausgezeichnet.

Gerade als die Frontberichte unerträglich spannend zu werden begannen, wurden zwei Offiziere und dreißig Soldaten der italienischen Armee bei uns einquartiert, die Offiziere natürlich im Haus und die Soldaten in den Garagen und in der Chauffeurswohnung – zu meinem Kummer in unmittelbarer Nähe des Gemüsegartens und der Obstbäume. Würden sie verschonen, was die Armeeration ihnen vorenthielt? Ihr Hauptmann sagte, ja, und überraschenderweise war es auch so. Manchmal besuchte mich einer und redete mit mir, während ich bei den Gemüsen arbeitete; dabei trug der Wind aufreizend

St. Lo in der Normandie, 1944.

Paris, August 1944. Die Menschen suchen Schutz vor Heckenschützen.

appetitliche Gerüche von Minestrone aus einem riesigen Topf herüber, der weiter unten bei den Obstbäumen kochte. Inzwischen verkauften die Soldaten mir Zigaretten, die sie erübrigen konnten, zu Schwarzmarktpreisen, eine höchst willkommene Erlösung aus meinem tabaklosen Zustand. Ich hatte sogenannten Gartentabak geraucht. Die Deutschen gestatteten eine begrenzte Menge Tabakpflanzen für Männer, aber nicht für Frauen. Es fehlte an Möglichkeiten, die Blätter richtig zu schneiden und zu trocknen, aber wir rauchten alles, was man nur rollen konnte, ausgenommen Feigenblätter, mit denen eine Freundin sich vergiftet hatte. Der italienische Tabak war angenehm, willkommen und reichlich vorhanden – unser Dienstmädchen dachte das gleiche von den Soldaten. Die beiden Offiziere, die bei uns einquartiert waren, schickten uns drei Pfund Parmesan. Sein Anblick allein brachte uns aus der Fassung, und wir luden alle Welt zum Essen ein, zu einem halbfetten

Fondue

¼ Pfd. Trüffeln waschen und in kleine Würfel schneiden. In 4 El. Butter unter ständigem Rühren dünsten. Wegstellen. Das Weiß und Gelb von 12 Eiern trennen und in verschiedene Schüsseln tun. Das Weiß so lange schlagen, bis es nicht mehr aus der Schüssel fließt. Das Eigelb langsam zum Eiweiß geben. Salzen und pfeffern. ¼ Pfd. zerkleinerte Butterstückchen, ¼ Pfd. geriebenen Käse und die Trüffeln dazugeben. ⅛ l gute Brühe in eine tiefe Porzellan- oder Pyrexschüssel füllen. Wenn die Brühe kocht, die Eier-Käse-Trüffel-Mischung hineingießen. Mit dem Schneebesen schlagen. Wenn die Mischung anfängt einzudicken, vom Feuer nehmen und weiter schlagen, bis die Creme vollständig glatt ist. 1 kleines Glas besten Kirsch zugeben. Auf heißen Tellern sofort servieren.

Es war nur ¼ Pfd. der benötigten Butter verfügbar, weshalb das *fondue* weniger sämig war, als es hätte sein sollen, aber auch so war es ein rechtes Fest, wieder *fondue* zu schmecken.

Die Italiener blieben, bis ihr Land den Waffenstillstand annahm. Als sie die Nachricht bekamen, zerrissen sie ihre Soldbücher und zogen singend ab. Es waren etwa 600 italienische Soldaten in der Umgebung, und die italienische Grenze war nur 125 Kilometer entfernt. Wir hofften, daß sie heil hinüberkämen. Später hörten wir, daß die Deutschen sie alle umgebracht haben sollen.

Die Ereignisse überschlugen sich im schönsten Durcheinander. Im Norden hatte die Invasion begonnen. Die Deutschen wußten, daß wir es wußten. Alle Vorsicht war vergessen. Wir glaubten, jemanden die Marseillaise singen zu hören. An einem Nachmittag erfuhren wir, daß über hundert Deutsche bei uns einquartiert würden. Fast augenblicklich standen sie vor dem Tor, fünf Offiziere und sieben Unteroffiziere, die im Haus wohnen sollten, die Mannschaft auf den Terrassen und in den Gärten. Gertrude Stein wurde mit ihrem Manuskript und dem Pudel nach oben ins Schlafzimmer verfrachtet. Die Dienstmädchen und ich brachten die Matratzen für die Unteroffiziere herunter und richteten die Betten und die Zimmer für die Offiziere her, deren Hunde sich im Haus herumtrieben, wie ihre Mähren und Esel es in den Blumenbeeten taten. Es war ein ekelhaftes Durcheinander. Am Abend aßen die Deutschen kalte Armeerationen. Am nächsten Morgen schlachteten sie auf der dem Haus am nächsten gelegenen Terrasse ein Kalb und brieten es an einem provisorischen Spieß. Am Nachmittag zogen sie ab und ließen Souvenirs und unsere kärglichen Vorräte mitgehen. Die Gläser mit den kandierten Früchten waren sicher im Wäscheschrank versteckt. Sie bedeuteten mir viel – sie waren das Symbol glücklicherer Tage, die bald anbrechen sollten.

Sechs Wochen nach dem Abzug der Deutschen hatte die Invasion im Süden stattgefunden. Wir jubilierten. Unsere Armee oder ein Teil davon würde auf ihrem Weg nach Norden bei uns vorbeikommen.

Die Résistance hatte nicht nur den Schienenweg gesprengt, sondern an mehreren Stellen auch die Hauptautostrecke. Eines Nachmittags kam Gertrude Stein aus dem Ort zurück und erzählte aufgeregt, daß die Deutschen überall auf dem Platz und auf den vier Straßen, die davon ausgingen, Maschinengewehre aufgestellt hätten und daß Soldaten im Anmarsch seien. Gut, sagte ich, heute nacht werden wir wohl nicht zum Schlafen kommen. Morgen früh wird alles vorbei sein.

Aber nichts passierte. Als wir im Radio hörten, daß Paris befreit war, waren wir außer uns vor Freude. Das Ende war nahe. Und die Jungen von der Résistance kamen eines Morgens ruhig von ihren Berggipfeln herunter, trieben die 700 Deutschen aus Culoz und Umgebung in die Sümpfe, kesselten sie ein und töteten sie. Es war herrlich, klassisch, geradezu biblisch. Wir nahmen zur Feier eines der befreiten Taxis und fuhren damit nach Belley. Selbstgemachte Fahnen hingen aus den Fenstern – nicht nur mit der Trikolore, sondern auch mit dem Sternenbanner, wobei die Zahl der Sterne und Streifen abhing von der Menge der Farbe, die zur Verfügung gestanden hatte. Unsere Freunde waren genauso außer sich wie wir. Das Gerücht ging um, daß die Erste französische und die Siebte amerikanische Armee in Grenoble seien, nur sechzig Kilometer entfernt. Jetzt war alles möglich, und als ich glaubte, einen Jeep am Straßenrand zu sehen, war es tatsächlich einer. Es war der erste Jeep, den ich zu sehen bekam, aber es mußte einer sein, denn es saßen zwei amerikanische Soldaten darin. Wir flogen auf sie zu. Sie hatten sich verfahren und wollten den Weg von uns wissen. Wir beschlagnahmten sie sofort fürs Abendessen und für die Nacht – irgendwo mußten sie essen und schlafen, warum nicht bei uns. Im Triumph zogen wir in Culoz ein und nach Hause. Die Dienstboten weinten, knicksten und feierten sie als *nos libérateurs*. Die Köchin wollte sich gar nicht beruhigen. Schließlich war sie bereit, in die Küche zurückzugehen und ein Abendessen zuzubereiten, das erste nach vier Jahren, sie meinte: Sie brauchen keine Angst zu haben, Madame, jetzt kann ich kochen, auch wenn keine Sahne da ist und nicht genug Butter und Eier.

Das war ihr Menü:

Forelle in Aspik
Huhn à l'estragon
Tomaten und grüner Salat
Schokoladensoufflé
Walderdbeeren
Schwarzer Kaffee

Die Nachbarn waren bereit gewesen, ihr für die Befreier ein Huhn, Eier und Butter zu verkaufen. Unser amerikanischer Oberst und sein Fahrer steuerten die Schokolade und den Kaffee bei. So machte die Köchin

Huhn à l'estragon

Kragen, Magen, Leber, Herz, Füße und Flügelspitzen des Huhns in kaltem Wasser aufsetzen, das etwa 5 cm über dem Klein stehen sollte. Ohne Deckel auf ganz schwacher Flamme langsam zum Kochen bringen. Sorgfältig abschäumen. Nicht zudecken, bevor aller Schaum abgeschöpft ist. Dann 1 in kleine Stücke geschnittene Karotte, 1 mittelgroße Zwiebel mit 1 Nelke, 1 Bündchen Sellerieblätter, 1 Petersilienstengel, 6 Pfefferkörner, Salz und ein winziges Stück Muskatnuß hinzufügen. Der Inhalt des

Freudenfest auf der Champs Elysées.

Topfes sollte gut mit Wasser bedeckt sein. Zugedeckt 2 Std. langsam kochen lassen.

Das Huhn dressieren, auf allen Seiten bei mittlerer Flamme im Schmortopf leicht anbraten. Wenn es angebraten ist, zudecken, die Hitze verringern, Wasser in den Deckel tun und den Vogel 20 Min. im eigenen Saft schmoren lassen, dann ⅛ l heißen trokkenen Weißwein und 1 El. Estragon dazugeben. Wenn nötig, zum Begießen etwas von der Hühnerbrühe nehmen. Das Huhn 1 bis 2 Std. kochen, je nach Größe und Alter des Tieres.

Vor dem Servieren genügend Estragon vorbereiten, um die Brust des Huhns mit einem Blättermuster garnieren zu können. Es ist eine hübsche Art, es auf den Tisch zu bringen. Das Huhn auf eine Platte legen. Wenn nötig, noch etwas mehr Hühnerbrühe nachgießen. Ein paar El. Brühe mit 3 Eigelb verrühren und zum Bratsaft in den Topf gießen. Unter ständigem Rühren gut heiß werden, aber nicht aufkochen lassen. In einer Sauciere separat servieren.

Am nächsten Tag kamen zwei Freundinnen mit dem Fahrrad aus Belley herüber, um mit uns zu Mittag zu essen und den spanischen Wein zu probieren. Die Köchin war groß in Form, sie kochte uns das phantastischste Essen. Für das Mittagessen hatte sie zum Dessert eine Blätterteigtorte mit Mandelcreme vorgeschlagen. Wir saßen am Tisch, als das Mädchen unter Tränen hineingestürzt kam. Die amerikanische Armee, sie sind vor der Tür.

Sie sollen reinkommen, sagten wir.

Sie waschen sich die Hände, sagte sie.

Gertrude Stein und ich gingen hinaus, um sie willkommen zu heißen. Einer von ihnen war Siberard, den wir aus Paris kannten, der andere Frank Gervasi, für den wir augenblicklich Zuneigung empfanden. Es wurde ein sehr lustiges Mittagessen, obwohl unsere französischen Freundinnen nicht englisch sprachen. Siberard war gekommen, um Gertrude Stein zu bitten, von dem gerade in Voiron eingerichteten amerikanischen Radiosender aus für die Vereinigten Staaten zu sprechen, was sie mit Vergnügen versprach.

Aber wie haben Sie sie gefunden? fragte ich.

Wir hatten eine vage Vorstellung, sagte Siberard, aber wir haben uns verfahren. Zufällig kam ein Jeep vorbei, und wir fragten sie. Der Oberst schien überrascht, daß wir nicht Bescheid wußten. Er brachte uns auf den richtigen Weg.

Die Frangipani-Torte war der erfolgreiche Höhepunkt des ausgedehnten Mittagessens. Die Torte war besonders groß und viereckig. In jeder Ecke steckten kleine französische und amerikanische Fähnchen. Die Köchin hatte sie aus Papier und mit zwei Buntstiften gemacht, die sie sich ausgeliehen hatte. Bis nach Mitternacht hatte sie gesessen und eine Menge Fähnchen gemacht, weil sie wußte, daß die Stifte nicht lange reichen würden.

Frangipani-Torte

Einen Blätterteigboden in einer viereckigen Kuchenform backen; die Ränder der Form leicht anfeuchten, damit der Teig haftenbleibt. Der Kuchen sollte so tief wie möglich sein, damit er viel Creme faßt. Für die Creme 4 Eier und 8 Eigelb vermischen; 200 g Zucker zufügen und verrühren, 400 g Mehl einrühren, alles gut vermengen. Langsam 1 ½ l abgekochte Milch unterrühren. Ins Wasserbad stellen. Rühren, bis die Creme dick wird. Vom Feuer nehmen und langsam unter ständigem Rühren 100 g in Stückchen zerteilte Butter, 4 trockene, gepulverte Eßkastanien, 1 Tl. Orangenblütenwasser und 2 El. besten Jamaikarum (letzteres war eine Erfindung der Köchin) hinzugeben. Kurz vor dem Servieren gleichmäßig auf dem Blätterteigboden verteilen und mit feinem Zucker bestreuen.

Frankreich nach der Befreiung: Das Leben normalisiert sich.

Die Frangipani-Creme soll die Erfindung eines Italieners dieses Namens sein, der im frühen 17. Jahrhundert in Paris lebte.

Wir wurden im Jeep, das heißt in zwei Jeeps, abgeholt und nach Voiron gefahren, wo Gertrude Stein im Radio sprechen sollte. Das Mittagessen in der Offiziersmesse bestand aus fast schon vergessenen amerikanischen Gerichten – *ham and eggs*, Maiskonserven, süßen Essigfrüchten, Gebäck und kalifornischen Pfirsichen aus der Dose und Kaffee mit Kondensmilch –, denkwürdig ist die richtige Bezeichnung für dieses Essen mit unseren Befreiern.

Mich erinnerte es daran, daß der langgeplante Befreiungskuchen noch nicht gemacht war. Es hatte sich so viel ereignet, daß einfach keine Zeit gewesen war, die Zutaten zu wiegen und zu backen.

Am Tag nach unserem Ausflug nach Voiron sagte Gertrude Stein, wir sollten ohne Passierschein nach Aix-les-Baines rüberfahren und sehen, wie wunderschön es ohne 8 000 Besatzer war. Als wir aus dem Bahnhof traten, sprangen ein paar amerikanische Soldaten aus einem Jeep, kamen auf Gertrude Stein zu und baten sie um ein Autogramm. Offenbar waren es die ersten Amerikaner in Aix-les-Baines, denn eine große Menschenmenge hatte sich versammelt, während sie ihren Namen kritzelte. Einer von ihnen sagte: Nicht wahr, sie leben hier in der Nähe, Miss Stein. Dürfen wir Sie besuchen, wenn wir wieder in diese Gegend kommen? Dann stellten sie sich vor, ein Major und drei Oberste.

Mehrere Oberste haben mich schon besucht, sagte Gertrude Stein. Jetzt möchte ich einen General. Bis jetzt hat mich noch kein General besucht.

Einer der Offiziere sagte: Wir gehören zum Stab eines Generals, General Patch, Kommandeur der Siebten Armee.

Ich möchte, daß er mich besucht. Sagen Sie es ihm von mir. Sagen Sie ihm, wenn er kommt, gibt es auch Huhn für ihn. Damit verabschiedeten wir uns und vergaßen den Vorfall sogleich. Zu unserer Überraschung kam etwa eine Woche später eines Nachmittags ein anderer Oberst mit einer Nachricht von General Patch, der Gertrude Stein für ihre Einladung zum Hühnchenessen dankte; er hoffe, sie annehmen zu können, wenn der Krieg vorbei sei, dann nämlich wolle er, wenn irgend möglich, nach Aix kommen, wo er während des vorigen Krieges einen schönen Urlaub verbracht hatte. Wir hatten nur einen ganz einfachen Kuchen, den wir dem Oberst für den General mitgeben konnten, aber ich bekam seine Feldpostanschrift und schickte ihm den

Befreiungs-Früchtekuchen

Am Vortag 1 ½ Pfd. Zitronat und 1 Pfd. kandierte Kirschen kleinschneiden. 2 Pfd. Sultaninen waschen, trocknen und in Cognac einlegen. Wegstellen. 1 ½ Pfd. Mandeln blanchieren, abziehen, abtrocknen und zerkleinern. Getrennt beiseite legen. Am folgenden Tag 1 Pfd. Butter cremig rühren und langsam 1 Pfd. Zucker unterrühren, bis die Masse schaumig wird. Nacheinander 12 Eigelb dazugeben. Die Rosinen abschütten und abtrocknen. Die vorbereiteten Früchte hinzufügen. 1 Pfd. Mehl durchsieben. Etwas davon zum Bestäuben der mit den Rosinen vermischten Früchte verwenden, so daß sie nicht aneinanderkleben. Die Früchte in ein Sieb geben, um das überflüssige Mehl abzuschütteln. Das Mehl aus dem Sieb zum übrigen geben; 2 Tl. Zimt, 1 Tl. Muskat und ½ Tl. gemahlene Nelken hinzufügen und immer wieder glattrühren. Die gemahlenen Mandeln hinzufügen, ¼ l besten Cognac, 3 El. Rosen- oder Orangenblütenwasser. Das Weiß von 12 Eiern schlagen und vorsichtig, aber vollständig unter den Teig heben. Dann die mehlbestäubten Früchte und Rosinen unterheben. In eine oder mehrere eingefettete Formen gießen, die man zuvor mit Backpapier

Mit GIs, 1945.

ausgelegt hat. Die genannten Mengen ergeben etwa 12 Pfd. 4 Std. backen, entsprechend der Größe der Form oder Formen.

Eigentlich sollte ein Früchtekuchen eine 3 cm dicke Schicht aus Mandelmasse unter der den ganzen Kuchen umgebenden Glasur haben. Das ist keine sinnlose Verschönerungsmaßnahme, sondern bringt das Aroma noch besser zur Geltung.

Mandelmasse

Im Mörser ½ Pfd. abgezogene und trockengeriebene Mandeln zu einer Paste zerstampfen. Die Paste in einen emaillierten Topf mit dickem Boden geben, zusammen mit 1 Pfd. Zucker, 1 Tl. Orangenblütenwasser und 1 Tl. Vanilleextrakt. Über ganz schwacher Flamme rühren, bis der Zucker aufgelöst und die Masse homogen ist. Vom Feuer nehmen und auf eine Marmorplatte oder einen Marmortisch stellen. Leicht mit Puderzucker bestreuen und 2 El. Puderzucker einkneten. Mit einem feuchten Messer oben auf den oder die Kuchen auftragen.

Alle für den Befreiungskuchen notwendigen Zutaten waren aufzutreiben gewesen, nur nicht die Mandeln. Hasel- und Walnüsse sind die einzigen Nüsse, die im Bugey wachsen. Walnüsse kamen wegen ihres durchdringenden Geschmacks nicht in Frage. Die einfachste Art, Haselnüsse abzuziehen, ist, sie in den Backofen zu geben, aber das trocknet sie aus. Es blieb uns nichts anderes übrig, als sie in kleinen Mengen in kochendes Wasser zu tun, um die Haut abzuziehen – zwei Pfund im ganzen. Das nahm sehr viel Zeit in Anspruch, aber Haselnüsse statt Mandeln waren ein gelungener Ersatz. Wenn ich Zeit habe, nehme ich sie heute noch dafür.

Mit dem Abschicken war die Besatzungszeit vorbei – welche Einschränkungen auch immer uns noch bevorstehen mochten.

12. KAPITEL

Rezepte von Freunden

APPETITHAPPEN

Kräuterbutter

(für Kekse und Cracker)

Fania Marinoff, New York

Gleiche Mengen von frischer Petersilie, frischem Dill, 1 grünen Paprikaschote, rohem Spinat oder Löwenzahn, dem Grün von Frühlingszwiebeln, Schalotten oder Lauch und Brunnenkresse zerstampfen oder möglichst klein hacken. Würzen mit Salz, Pfeffer, Paprika, Knoblauch, Thymian und Estragon (frisch, wenn möglich). Binden mit weicher Butter und Mayonnaise.

SUPPEN

Muschelsuppe à la Régie

Madame M. G. Debar, La Régie, Soey-en-Septaine

Die geputzten und gewaschenen Muscheln sofort in einen mit zerkleinerten Zwiebeln und Knoblauch ausgelegten Topf geben. Zwischen die Muschellagen weitere zerkleinerte Zwiebeln und Knoblauch streuen und ein paar dünn geschnittene Karottenscheiben. Mit gutem Weißwein übergießen. Die Muscheln ¼ Std. kochen lassen. Den Topf warm halten. Den Sud abgießen. Ihn leicht mit Mehl andicken und 150 g Sahne, in die man 2 Eigelb einrührt, dazugießen. Abschmecken und, wenn nötig, salzen; in jedem Fall kräftig pfeffern!

Die Muscheln im Topf servieren, die Sauce getrennt dazu und außerdem kräftig mit Knoblauch eingeriebene und in Butter gebräunte Brotscheiben.

Mit einem Rheinwein serviert, ist dies ein Gericht, an dem es schwerlich etwas auszusetzen gibt.

Lorbeerblatt-Suppe

Dora Maar, Paris

Einen Lorbeerzweig mit seinen Blättern 20 Min. in Wasser kochen. Den Lorbeer herausnehmen. Pro ½ l Lorbeerwasser 1 Eigelb einrühren. Erst etwas heißes Wasser auf das Eigelb geben, rühren und dann mit mehr Lorbeerwasser auffüllen. Erhitzen, aber nicht aufkochen lassen. Servieren, eventuell mit Croûtons.

Eine herzhafte Suppe, wie man sie in der Provence im Winter ißt.

Ibiza-Suppe

Madame Joseph Delteil, Grabels

Für 4 Personen. In ein wenig Öl etwas fetten Speck oder 3 Scheiben Bauchspeck erhitzen. 1 mittelgroße, in sehr dünne Scheiben geschnittene Zwiebel hinzufügen. Mit 2 l Wasser auffüllen. Salzen und pfeffern. Dann 1 Handvoll gestoßene Mandeln, 1 zerdrückte Knoblauchzehe und 4 große Kartoffeln dazugeben, die man wie zum Fritieren schneidet, aus 1 Kartoffel etwa 10 Stäbchen. Wenn die Kartoffeln gar sind, den Saft ½ Zitrone, 1 Glas Malaga oder einen anderen weißen Süßwein und 2 Prisen Safran hinzugeben. Zuletzt 1 Ei pro Person in die Suppe fallen lassen und pochieren. Servieren.

Auf Ibiza entdeckt und mit großem Genuß gegessen.

Cremesuppe aus frischen Champignons

Algonquin-Hotel, New York

Diese beiden Suppen stammen von dessen *chef* – durch die freundliche Vermittlung des *maître d'hôtel*, Georges, auf Gertrude Steins Bitte.

In gleicher Menge Zwiebeln, Lauch und Sellerie fein hacken. Ebenso frische Champignons. Alles im Topf in Butter andünsten lassen. Dann mit 1 bis 2 El. Mehl bestäuben. Unter Rühren erhitzen. Brühe hinzugeben, 1 Std. abkühlen lassen. Passieren und etwas Sahne unterrühren.

Algonquin-Spezial-Suppe

(kalt servieren)

Etwas Butter mit Curry unter Rühren gut vermischen. Mit Hühnerbrühe auffüllen und 10 Min. kochen lassen. Zuletzt 1 Eigelb mit Sahne, für jede Tasse einzeln, hinzufügen.

VORSPEISEN

Chinesische Eier

Sir Francis Rose, Baronet, Paris

1. Eier 5 Min. kochen.
2. Vorsichtig schälen und 5 Min. in Sherry kochen.
3. Eier in zugedecktem Topf mit Butter und 3 großen El. Sojasauce kochen, bis sie dunkelbraun sind.

Aus derselben Quelle:

Zitronensalat

Zitronen in stark gesalzenem Wasser kochen, bis sie weich sind. Abgießen, abkühlen lassen und zerschneiden. Vermengen mit gekochten, zerteilten Artischockenstielen und Artischockenherzen, gesalzenen Mandeln, 1 Tl. Honig und 2 großen El. Öl. Mit Zitronensaft beträufeln.

Gnocchi alla Romana

Dr. Fernanda Pivano-Sottsass, Mailand

¾ Pfd. Grieß
100 g Butter

150 g Parmesan
1 Glas Milch

Den Grieß in Wasser und Milch 40 Min. kochen. Auf einer angefeuchteten Marmorplatte ausbreiten und mit einem befeuchteten Holzlöffel flachdrükken, bis zu einer Dicke von 1 ½ cm. Wenn er gut abgekühlt ist, rund ausstechen. Ein Backblech einfetten, die Gnocchi darauflegen, mit Butter und geriebenem Käse bedecken. Mehrere Lagen übereinander mit jeweils Butter und Käse dazwischen. Für 30 Min. in den vorgeheizten Ofen schieben.

Mousse von Maifischrogen

Virgil Thomson, New York

Das Fleisch von 2 Pfd. frischem Heilbutt ablösen. Die Gräten, die Haut und was sonst noch abfällt, in einen emaillierten Topf tun mit 1 Stück Butter, feingehackten Zwiebeln, 1 kleinen Bündchen Petersilie, 1 Lorbeerblatt, 1 ganz kleinen Prise Thymian, ein paar Pfefferkörnern, ½ l Wasser und ¼ l Weißwein. Aufsetzen und köcheln lassen. Dieser Sud wird später für die Sauce gebraucht. Den rohen Fisch durch den Fleischwolf drehen, das ungeschlagene Weiß von 6 Eiern untermengen, alles durch ein sehr feines Haarsieb passieren. Etwas Salz und Pfeffer hinzufügen und rühren, bis es etwas eindickt, dann nach und nach 400 g Sahne hinzufügen. In der Zwischenzeit dünstet man in viel Butter 2 bis 3 Paar Maifischrogen 20 Min. auf schwacher Flamme. Sorgfältig Haut und Äderchen entfernen. Die Rogen leicht zerdrücken und der Fischpastete hinzufügen. Würzen nach Belieben, noch 1 Tasse Sahne hinzugeben.

2 mittelgroße, fischförmige Gefäße mit Butter einstreichen und den Boden mit Streifen von rotem Paprika auslegen. Die Mousse in die Formen füllen, darauf achten, daß auch die Ecken gut ausgefüllt sind. Die Formen in den Eisschrank stellen und 40 Min. vor dem Servieren herausholen. Die Formen in einen Topf mit heißem Wasser stellen und bei mittlerer Hitze (bei etwa 200°) in den Ofen schieben.

In der Zwischenzeit die Basis für die Sauce machen, indem man 100 g Butter in einem emaillierten Topf auflöst. 3 El. Mehl unterrühren und 1 Min. garen, ohne braun werden zu lassen. Langsam den Fischsud, von dem es etwa ¾ l geben sollte, hinzufügen. Bis zum Servieren im Wasserbad lassen. 2 Eigelb mit 100 g Sahne vermengen und hineinrühren, ohne aufkochen zu lassen. In letzter Minute etwas Paprika, ¼ l guten Sherry und den Saft 1 Zitrone hinzufügen. Um die Mousse herumgießen, die man zunächst aus den Formen auf vorgewärmte Platten gestürzt hat. Garnieren und sofort auftragen (Ein June-Platt-Rezept)

Aus derselben Quelle:

Gnocchi alla Piemontese

2 Pfd. mehlige Kartoffeln
150 g Mehl
½ Pfd. Fontina (Weichkäse)
1 Ei
100 g Butter

Die Kartoffeln etwa 1 Std. kochen. Pellen und durchpressen oder zerstampfen. Auf den Tisch legen, mit dem Mehl verkneten und das Ei hinzufügen. Die Masse in kleine Stücke von Walnußgröße aufteilen. Mit dem Gabelrücken einkerben.

In der Zwischenzeit bereitet man den Fontina vor. Man schneidet ihn in dünne Scheiben und legt ihn 1 Std. in Milch ein, um ihn geschmeidig zu machen. Die Gnocchi in einem Topf mit siedendem

Wasser 3 Min. kochen lassen. Sie steigen von selbst an die Oberfläche. Man macht in einer Schüssel eine erste Lage aus den eingelegten Käsescheiben, darüber Butter und schließlich eine Lage abgetropfter Gnocchi. Jede Lage festdrücken, ehe man die folgende daraufgibt.

Aus derselben Quelle:

Schweinefleisch alla Pizzaiola aus Kalabrien

1 Pfd. Schweinefleisch in Scheiben
1 Dose geschälte Tomaten
30 g gesalzene Anchovis
30 g Kapern
60 g Petersilie
1 Prise Salz

Reicht für 5 Personen.

Das Schweinefleisch in 3 El. Butter anbraten und aus dem Topf nehmen, wenn es durchgebraten ist. Kapern, Anchovis und Petersilie hacken und in die Butter geben. Tomaten und 1 Glas Wasser hinzufügen. Wenn die Mischung zu kochen beginnt, das Schweinefleisch hineinlegen und 1 Std. auf schwacher Flamme kochen lassen.

Trüffeltaschen

Madame Gaston Chaboux, Belley

Einen Mürbe- oder Blätterteig machen. Bis auf ½ cm ausrollen. Die Trüffeln bürsten und waschen, nicht schälen. In ½ cm dicke Würfel schneiden. Auf eine in der Pfanne erhitze Scheibe Bauchspeck legen, mit einer hauchdünnen Scheibe Schweizer Käse belegen, alles auf den Teig legen und diesen zu Taschen formen. Im Ofen backen oder in Fett ausbacken.

Aus derselben Quelle

Hühnerleberauflauf

Im Mörser 2 oder 3 Hühnerlebern zerstampfen. 4 bis 5 Eier und ½ l Milch hinzufügen. Gründlich vermengen. Salzen und pfeffern. Durch ein Haarsieb passieren. In eine geölte Form gießen. Im Wasserbad im Ofen backen. Mit einer Tomaten- oder Nantua-Sauce servieren.

Georges Maratier, Paris

1. Eine ziemlich steife Béchamelsauce zubereiten.
2. 2 Hühner- oder 1 Kaninchenleber.
3. Fein hacken: Petersilie, 1 Knoblauchzehe.
4. Alles gut vermengen.
5. 3 Eigelb hinzufügen und das geschlagene Eiweiß. In eine gut eingefettete Form gießen.
6. Im mittelwarmen Ofen im Wasserbad ½ Std. backen.
7. Eine scharfe Tomatensauce mit Butter, Mehl, schwarzen Oliven und Pilzen zubereiten.
8. Den Auflauf aus der Form stürzen und mit der Sauce übergießen.

Heiß servieren mit einem kalten Elsässer Wein.

Aus derselben Quelle:

Kalbsnieren

1 Kalbsniere
2 El. Butter

1 El. Maizena
3 El. Gin
Salz
Pfeffer
1 El. Senf

Die Nieren säubern und in Würfel schneiden. Eine dicke Butterflocke in den Bratentopf geben und die Nieren leicht anbraten. Den Gin im selben Topf flambieren, nachdem man zunächst das Blut abgeschöpft hat. Deckel auf den Topf, vom Feuer nehmen.

Eine Sauce zubereiten, indem man die restliche Butter auflöst, das mit dem Blut verrührte Maizena, Senf, Salz, Pfeffer zugibt. Alles in den Topf gießen und heiß werden, aber nicht aufkochen lassen.

Baseler Fondue

Mary Oliver, London

1 Pfd. Greyerzer und 1 Tl. Butter auf einem Rechaud erhitzen. Sorgfältig rühren und ½ Flasche Riesling hinzufügen. Weiterrühren und 1 Likörglas Kirsch dazu. Immer noch rühren und 1 Tl. Senfpulver untermengen. Mit Toast oder Brotwürfeln servieren. Das Brot auf die Gabel aufspießen und ins Fondue tauchen. Das Fondue warm halten, aber aufpassen, daß es nicht anbrennt. Man kann gut gekühlten Weißwein dazu trinken. Fondue sollte nicht auf Tellern serviert werden. Jeder taucht sein Brot in den Gemeinschaftsnapf.

Maifischrogen

Mrs. Gilbert Whipple Chapman, New York

⅛ l Zitronensaft
¼ Pfd. Butter
½ Flasche Walnußketchup
¼ Flasche (kleine Größe) Worchestersauce
Salz und Pfeffer
2 Paar Maifischrogen

Die Fischrogen abkochen und der Länge nach halbieren. Auf die Seite stellen und warm halten. Die Butter auflösen, den Zitronensaft dazugießen und etwa 20 Min. kochen lassen, bis der Zitronensaft eingekocht ist und ein hellbrauner Sirup zurückbleibt. Die Worchestersauce und den Walnußketchup zugießen und 2 bis 3 Min. kochen lassen. Die Rogen auf der Schnittfläche hineinlegen und 2 bis 3 Min. kochen lassen, dabei begießen. Die Rogen auf eine Platte legen, der Sauce noch etwas Walnußketchup hinzufügen, noch ein paar Min. kochen lassen und servieren.

Barrida
(ein korsisches Fischgericht)

Lady Rose, Nizza und London

Für 8 Personen: Eine Mayonnaise machen aus 1 l Olivenöl, 12 Eigelb und 12 Knoblauchzehen. 1 Steinbutt oder Kabeljau, 1 Seeaal oder Seebarsch und noch weitere Fische aus südlichen Gewässern kochen. Den Sud, in dem der Fisch gekocht wurde, so weit in die Mayonnaise rühren, daß die Sauce die Konsistenz einer Creme bekommt. Den Fisch und die Sauce mit gekochten neuen Kartoffeln und mit Karotten, Bohnen und Artischockenherzen servieren. Die Sauce sieht aus wie eine gelbe Creme und schmeckt himmlisch.

Vorher ißt man eine Suppe, die aus der mit noch mehr Fischsud verdünnten Sauce besteht – sie ist hellgelb, fast klar und köstlich. In ihr schwimmen Brotstücke. Dazu wird ein prickelnder, sehr trokkener Weißwein serviert. Ein wirklich entzückendes Essen.

Pilaw Stella Maris de Porto Fino

Mary Oliver, London

1 kleinen Tintenfisch aufschneiden und die Gräte herausnehmen. Die Teile in Honig tunken, in Paprika wälzen und in mit Knoblauch gewürzten Backteig tauchen. In Öl ausbacken. Mit Reis und einer Sauce aus Tomaten, Weißwein, grünem Paprika und feingeschnittenen Champignons servieren.

Scampi Pino Orialli

Princess D. de Rohan, London

Scampis, Garnelen, Langustinen oder große Krabben auf einem Berg aus Reis anrichten, der vierzehnmal gewaschen ist.

Die Scampis in kaltem Wasser aufsetzen. Zum Kochen bringen. Kaltes Wasser hinzufügen.

Den Reis kalt aufsetzen. Zum Kochen bringen. Kaltes Wasser hinzufügen. Zum Trocknen in den Ofen schieben. Dann die Schalentiere darauflegen und servieren.

Servieren mit einer Sauce aus Tomaten, 5 großen Zwiebeln, 12 Knoblauchzehen und Safran nach Belieben. Obendrauf noch geschlagene Sahne.

Muscheln mit Reis

(korsisches Rezept)

Lady Rose, Nizza und London

Für 3 Personen: 2 Pfd. Muscheln putzen, waschen und im zugedeckten Topf kochen, bis sie sich öffnen. Aus den Schalen nehmen. Den Muschelsaft durch ein Sieb geben. Reis (2 El. pro Person) in Olivenöl anlaufen lassen, bis er glasig wird. Aufgießen mit dem mit Wasser vermischten Muschelsud – 4 El. Flüssigkeit auf 1 El. Reis. Wenn die Flüssigkeit kocht, die Flamme herunterdrehen und 15 Min. köcheln lassen. Die Flüssigkeit sollte dann verdunstet sein. Muscheln und Reis vermengen und servieren.

Krabben in Butter

Maurice Grosser, New York

1 kleingehackte Zwiebel in ungesalzener Butter dünsten, die rohen, aus den Schalen genommenen Krabben und den Saft von ½ Zitrone (oder auch mehr, wenn man möchte) dazugeben. Wenige Min. kochen lassen, bis die Krabben rosa werden – nicht länger –, mit gehackter Petersilie bestreuen und auf Reis servieren.

Wenn die Krabben frisch sind, nicht aufgetaut und ohne das scheußliche Konservierungsmittel, mit dem sie im allgemeinen behandelt werden, sind sie unvorstellbar gut.

Aus derselben Quelle:

Geschmorter gefüllter Fisch

1 großen Fisch, 1 Red Snapper oder 1 Rotbarsch, mit Austern, gehackter Zwiebel und leicht in Butter gedünstetem Sellerie füllen. Der Fisch wird in Pampelmusensaft geschmort und damit auch begossen. Würzen mit Petersilie und einem kleinen Lorbeerblatt – keinen Thymian oder Salbei.

Seezungenfilets à la Ritz

Mary Oliver, London

Die filetierte Seezunge in einer zur Hälfte mit Wasser gefüllten Pfanne pochieren. Kalt servieren mit einer Sauce aus Sahne und Meerrettich.

FLEISCH UND WILD

Szekely-Gulyas

Harold Knapik, Paris

Dies ist das Gulasch, das ich erwähnte. Es ist nicht schlecht, aber seine Herkunft aus der ungarischen Steppe macht sich etwas penetrant bemerkbar.

1 große Zwiebel, gehackt
3 El. Butter
1 grüne Paprikaschote, gehackt
5 mittlere Tomaten, geschält
½ Pfd. Kalbfleisch, gewürfelt
½ Pfd. zartes Rindfleisch, gewürfelt
½ Pfd. Schweinefleisch, gewürfelt (Überflüssiges Fett vom Fleisch abtrennen)
2 ½ Tl. Salz
6 Pfefferkörner
2 Lorbeerblätter
½ Tl. Kapern
1 El. Paprika
⅛ l Brühe
1 ½ Pfd. Sauerkraut
300 g saure Sahne
1 Tl. Kümmel

Die Zwiebeln anbräunen, Tomaten und Paprikaschote hinzugeben. Auf kleiner Flamme 15 Min. dünsten, dann das Fleisch und die Gewürze hinzufügen, zuletzt die Brühe, und zugedeckt ½ Std. köcheln lassen. Das Kraut hinzufügen und 1 weitere Std. kochen lassen. Kurz vor dem Servieren mit der sauren Sahne begießen.

Aus derselben Quelle:

Paprikaschnitzel vom Kalb

Ich glaube, es ist meine eigene Erfindung, aber die Ähnlichkeit mit dem Gulasch ist auffällig.

Zutaten für 4 Personen:

4 dicke, erstklassige Kalbskoteletts
¼ Pfd. hauchdünn geschnittener ungarischer Speck, ein leicht geräucherter, in Paprika gewälzter Nackenspeck. Kann ersetzt werden durch etwas Ähnliches.
1 mittelgroße feingehackte Zwiebel
1 ½ Tl. Paprika. Richtigen Paprika braucht man, nicht irgendeinen roten Staub.
½ l Brühe
200 g saure Sahne
½ Tl. Salz

Den Speck leicht anbraten, aus der Pfanne nehmen

und die Schnitzel gut anbraten. Das Feuer herunterdrehen und vorsichtig die Zwiebelwürfel mit dem Paprika rösten. Die erhitzte Brühe hinzufügen, salzen, zudecken und über schwacher Flamme gar werden lassen, etwa 20 Min. Kurz vor dem Servieren die saure Sahne hinzufügen.

Eine vernünftige Garnierung wären ein paar in Butter geröstete Croûtons und etwas gehackte Petersilie.

Aus derselben Quelle:

Dieses ist ein türkisches Gericht in beträchtlich abgeänderter Form. Für die Kombination mit Reis und Sauce, was man auch davon halten mag, bin ich verantwortlich. In der Türkei werden Kebabs ohne Beilagen als Appetithappen gereicht.

Kebabs mit Reis

Es ist ein abgewandelter türkischer Kebab. Gewöhnlich werden sie um kleine, flache Spießchen geformt, die leider sehr schwierig zu beschaffen sind. Wenn jedoch das Fleisch nicht zu fett ist und man die Zwiebeln wirklich fein hackt, kann man lange, schmale, bleistiftdünne Kebabs rollen, die gut zusammenhalten. Die Zutaten für 4 Personen:

2 Pfd. Lamm- oder Hammelschulter, deren Fett man zu ⅓ entfernt hat, die man sehr fein durchdreht.
2 mittelgroße Zwiebeln, so fein wie möglich gehackt
1 ½ El. gemahlener Kümmel
½ Tl. Salz
1 kräftige Prise Cayennepfeffer
4 El. gemischte Kräuter

Alle Zutaten mindestens 10 Min. kräftig miteinander vermengen, dann die Kebabs rollen, auf den Grill legen und langsam durchbraten. Zu scharfes Braten läßt sie trocken werden. Einmal wenden.

Dazu irgendeine Art Reis und folgende Sauce, die recht gut paßt:

1 feingehackte Zwiebel, 1 feingehackte grüne Paprika und 1 El. Safran langsam in ¼ Pfd. Butter dünsten. Nach 15 Min. etwas vom Bratsaft der Kebabs hinzutun. Den Reis auf eine Platte geben, mit der Sauce übergießen, die Kebabs um den Reis herumlegen. Zitronenviertel zwischen die Kebabs legen.

Kaninchen mit Knödeln

Mrs. Noël Murphy, Orgival

1 Stallhasen (!!) in Stücke zerteilen. In Mehl wälzen und in einem gußeisernen Topf, in dem man zunächst 4 bis 5 Scheiben Bauchspeck in Schinkenfett oder Schmalz ausläßt, anbraten. Ein Kräuterbündchen (ich nehme am liebsten Rosmarin, Lorbeer, das Grün von frischem Knoblauch) und 1 mit Nelken gespickte Zwiebel dazugeben. Wenn alles goldbraun ist, in dünne Scheiben geschnittene Karotten hinzufügen, kräftig mit Mehl bestäuben und mit Rotwein und Wasser aufgießen. Zudecken und langsam köcheln lassen. Wenn das Fleisch gar ist, sollte es die Konsistenz von Huhn haben und nicht glitschig sein wie Restaurant-Kaninchen. ½ Tl. Worchestersauce und, wenn nötig, Wasser oder Brühe hinzufügen. Man sollte reichlich Sauce haben. Vor dem Servieren 100 g Sahne unterrühren.

Knödel

Einen Teig aus 300 g Mehl, 1 Ei, ½ Tl. Salz und Wasser machen. Er sollte wie ein Brotteig sein. 1 große Tasse sehr trockenes Weißbrot in Würfel schneiden.

Gut mit dem Teig verrühren und ovale Klöße formen. ½ Std. in Salzwasser kochen. Wenn sie abgegossen sind, sofort in Scheiben schneiden. Man sollte die Knödel nicht in die Hasensauce legen, sondern erst auf dem Teller die Sauce über die Knödel gießen.

Hasenpfeffer

Redvers and Louise Taylor, Bishops Lydeard und London

Den Hasen häuten, säubern und in kleine Stücke schneiden. Zu 1 Hasen und seinem Blut gibt man ¼ Flasche Rotwein, ⅛ l Essig, 1 dicke, in 6 Scheiben geschnittene Zwiebel, 2 Karotten, 1 Lorbeerblatt, 12 Pfefferkörner. Pfeffern und mindestens 1 gehäuften Tl. Salz zufügen. In einer Schüssel vermischen und den Hasen gut bedecken. Zudecken und 24 Std. beizen lassen.

Durchsieben und abtropfen lassen. Den ganzen Inhalt des Siebs in der Pfanne anbräunen. Dann in einen Bratentopf tun und mit 1 El. Mehl bestäuben. Aufgießen mit ¼ l Wasser und der Marinade. Als letztes kommt 1 El. Johannisbeergelee dazu. Langsam 40 Min. bis 3 Std., je nach Alter des Hasen, kochen lassen.

Lammcurry für sechs

Fania Marinoff, New York

3 Pfd. mageres Lamm in kleinen Stücken
7 kleine Äpfel
4 Zwiebeln
400 g geschmorte Tomaten
500 g Reis
2 Glas Rotwein
2 El. Öl
2 El. Mehl
2 El. Curry
125 g Rosinen

Das Lamm roh in Curry wälzen. Salzen und pfeffern. Die Äpfel, Zwiebeln und Tomaten in Öl anbraten, den Wein dazu, dann das Lamm, und 1 Std. köcheln lassen. Den Bratsaft abgießen, mit Mehl andicken und in den Topf zurückgießen. Getrennt den Reis kochen und mit Rosinen vermengen.

Chutney dazu servieren.

Schweinebraten Normandie

Mary Oliver, London

Schweinefleisch braten mit ½ Flasche Cidre. Ständig begießen und weiteren Cidre hinzufügen. Mit geschmorten Äpfeln servieren, die man kräftig zuckert und mit Zimt bestäubt und in ausgelassenem Bauchspeck brät.

Aus derselben Quelle:

Rinderbraten für einen Regentag

Den Braten mit Knoblauch spicken, dann 2 Std. marinieren in 1 Flasche rotem Dessertwein und Lorbeerblättern. Das Fleisch in eine feuerfeste Form legen, mit dem Wein begießen. Bei schwacher Hitze im Ofen braten und alle 15 Min. begießen. Servieren mit der Weinsauce.

Gefüllte Artischocken Strawinsky

Mercedes da Acosta, Paris

Ehe man die Artischocken aufsetzt, etwas Knoblauch hineinstecken und mit Zitronensaft einreiben, dann kochen, bis sie weich sind, die Blätter abzupfen und die Herzen in eine feuerfeste Form legen. Mit frischen Champignons folgende Sauce machen:

Köpfe und Stiele der Pilze trennen. Die Stiele zerkleinern und im Ofen trocknen. Die Pilzköpfe in Scheiben schneiden und kurz in Butter schwenken. Mit Mehl bestäuben, dazu benutzt man das Mehlsieb. Gut vermischen und 2 El. saure Sahne hinzufügen. Würzen nach Belieben. Die Artischocken mit der Farce füllen und mit den getrockneten Pilzen bestreuen. 5 Min. überbacken.

Spanischer Reis

Den Boden des Topfes mit Butter und Öl bedecken, in hauchdünne Scheiben geschnittene rote Zwiebeln hineingeben. 1 Handvoll Reis pro Person, plus 1 für den Topf in heißes Wasser schütten, dann abgießen und gut mit Öl und kleingehackten Peperoni vermischen. Zu den Zwiebeln geben, zudecken und bei schwacher Hitze im Ofen garen: Man kann, wenn man möchte, Tomaten hinzufügen.

Kubanischer Reis

400 g Reis
1 l Wasser
6 El. Olivenöl
1 feingehackte Knoblauchzehe

Gut vermischen. Bei schwacher Hitze in einem Topf mit Deckel in den Ofen stellen. Kochzeit 35 Min. Währenddessen nicht umrühren.

Gemüsebraten

(Überzeugten Fleischessern zu empfehlen, die sich lieber vorstellen wollen, sie äßen Fleisch.)

1 mittelgroße Aubergine
1 Tasse geraspelter Sellerie
250 g Quark
1 Tomate
1 El. Weizenkeime
4 El. Butter
1 Tl. gemahlene Peperoni
½ Tl. Gemüsebrühwürfel
1 geraspelte mittelgroße Zwiebel
½ Tasse Sojabohnenbrotbrösel
1 Ei

Die Aubergine schälen und mit den anderen Gemüsen im Mixer pürieren. Die Gemüse in 1 El. aufgelöster Butter schmoren lassen, bis alle Flüssigkeit verdampft ist. Gemüsebrühwürfel unterrühren. Masse in eine Schüssel umfüllen und abkühlen lassen. 1 geschlagenes Ei, Sojabrösel, Weizenkeime, Quark und 2 El. Butter hinzufügen. Eine feuerfeste Form einfetten und mit Semmelbröseln ausstreuen. Die Mischung einfüllen und mit Semmelbröseln und geschmolzener Butter bedecken. 20 Min. im heißen Ofen überbacken.

Gertrude Stein und Alice B. Toklas.

Huhn Vent Vert

Pierre Balmain, Paris

Man nimmt junge, etwa 1 Pfd. schwere Hühner (2 für 3 Personen). Roh zerlegen, wie man gekochte Hühner zerlegt (Schenkel, Flügel und Brust – den Rumpf und die Innereien tut man beiseite). Eine kräftige Bouillon zubereiten, gewürzt mit Thymian, Lorbeer, Nelken, Zwiebeln, Selleriesalz und Indochinapfeffer.

Man brät die gesalzenen und gepfefferten Hühnerteile über schwacher Flamme ½ Std. Auf einer silbernen Platte servieren. Die Bouillon mit 1 Schuß Cognac in den Bratentopf gießen, über den Boden rühren, so daß der Bratsatz sich löst. Dann 1 Handvoll gehackten frischen Estragon hinzufügen und aufkochen. Das Huhn auf der Silberschüssel mit der Estragonsauce begießen. Man kann der Sauce 1 Tasse Creme fraîche hinzufügen. (Mir persönlich ist es ohne Sahne lieber.)

Das Huhn ohne Gemüse servieren, aber mit einem

Salat Vent Vert

Die Herzen von jungem Romanasalat in Stücke schneiden, auch ihre Rippen. Dazu Sellerie, Chicorée, grünen Paprika und Spargelspitzen – ein Viertel der Romanamenge jeweils. Ein paar Blättchen Feldsalat, deren Stiele man abknipst, damit sie kleine perfekte Ovale ergeben, gibt man dazu und 1 El. pro Person gestiftelten Beaufort, ein gruyèreartiger Käse aus Savoyen.

Eine Sauce zubereiten aus Salz, Indochinapfeffer, Weißweinessig und Walnußöl (1 El. Essig auf 2 El. Öl). 2 sorgfältig geschälte frische Walnüsse pro Person schneidet man in winzigkleine Stückchen und streut sie über den Salat, den man in einer grünen, ungebrannten Salatschüssel serviert.

Tscherkessen-Huhn

Redvers Taylor, Bishops Lydeard und London

1 oder 2 Zwiebeln in Butter leicht anbräunen. Das Huhn kochen und dann die Zwiebeln hinzugeben. 300 g Walnußkerne mahlen und mit 1 Tl. Paprika gut vermengen.

Das Innere eines halben Brotlaibs in Hühnerbrühe einweichen. Mit einer Holzgabel Brot und Walnüsse vermengen und leicht salzen. Wenn die Mischung zu trocken ist, weitere Hühnerbrühe hinzufügen, bis man eine cremige Masse hat. Das Huhn entbeinen.

Das Hühnerfleisch auf eine Platte legen, mit der Sauce übergießen. Garnieren und kalt mit Salat servieren.

Hühnerfrikassee à la Berrichonne

Madame M. G. Debar, La Régie, Soye-en-Septaine

Das in Stücke zerteilte Huhn anbraten in Butter und gewürfeltem fetten Speck, der zur Hälfte frisch, zur Hälfte geräuchert sein sollte. Gehackten Knoblauch, Zwiebeln, Schalotten, Petersilie, Kerbel, Estragon und 1 Kräuterbündchen mitbraten. Aufgießen mit 3 El. Olivenöl, ½ l Bordeaux oder Burgunder oder einem anderen sehr guten Rotwein. Salzen und pfeffern. Gegen Ende der Kochzeit ½ Pfd. in Butter geschwenkte Pilze dazugeben. Die Sauce leicht mit

Mehl andicken, das Hühnerblut, in das man beim Schlachten ein paar Tropfen Essig gerührt hat, hinzugießen. Langsam 220 g Sahne, mit 2 Eigelb vermengt, unterrühren. Rundherum mit kleinen Blätterteighörnchen garnieren.

Brathuhn in Sahne

Der verstorbene Lord Berners

2 bis 3 Zwiebeln in Butter anbräunen und das Huhn hinzufügen. Wenn das Huhn gar ist, aus dem Topf nehmen und warm halten. Etwas Sahne zu dem Bratfett im Topf dazugeben. Dann Salz, Pfeffer, etwas Zitronensaft und etwas Sherry oder Madeira. Die Sauce einkochen lassen, bis sie dicklich zu werden beginnt. Das Huhn tranchieren und die Sauce durch ein Haarsieb über das Huhn gießen und servieren.

Gekochtes Huhn

Néjad, Paris

2 Hühner in sehr kleine Stücke schneiden. In einen Topf legen mit ⅓ l Milch begießen, dazu 300 g Zucker und 1 El. Rosenwasser. 20 Min. bevor das Huhn gar ist, 150 g Reis hinzugeben. Wenn der Reis gar ist, servieren.

Chop Suey
(aus Hühnerresten)

Princess D. de Rohan, London

(Rezept von Chong Ping Nam, vormals *chef* beim chinesischen Botschafter.)

Huhn in Würfel schneiden. In Sojasauce und Butter erhitzen. 1 große Tasse Krabben- oder Garnelenfleisch hinzufügen. Servieren mit 1 Schale Reis, 1 Tasse chinesischem Tee und den Herzen von grünem Salat in einer Zitronen-Öl-Sauce.

Statt Huhn kann man auch gewürftelten Schweinebraten nehmen.

Lerchen à la Conchita Hernandez
(eine spanische Flamencosängerin)

Mary Oliver, London

2 Dtzd. gerupfte Lerchen mit 6 Scheiben Parmaschinken oder geräuchertem Bauchspeck im Ofen braten und auf einem Bett aus Brunnenkresse servieren. Rundherum garniert man mit rohen spanischen Zwiebeln, rohen Tomaten und in Öl eingelegten roten und gelben Paprikaschoten.

Huhn mit Reis

Joseph Delteil, Grabels

Das Huhn anbraten. Dann mit 1 mit 2 Nelken gespickten Zwiebel, 2 Karotten, 1 Kräuterbündchen, 2 Knoblauchzehen, 1 Glas Weißwein, 1 l Wasser, Salz und Pfeffer zum Kochen bringen. Wenn die Henne nicht zu alt ist (zum Beispiel 40 Jahre), müßte sie in 1 Std. gar sein.

In einem anderen Topf 1 El. Butter zergehen lassen, 1 feingehackte Zwiebel darin glasig dünsten, 200 g Reis dazu, einen Augenblick erhitzen, dann mit der Hälfte der passierten Hühnerbrühe aufgießen. Würzen mit Salz, Pfeffer, Muskat und 1 guten Prise Safran. Auf ganz niedrigem Feuer 25 Min. kochen lassen.

In einem weiteren Topf 1 walnußgroßes Stück Butter mit 1 El. Mehl verrühren, aber nicht braun werden lassen. Mit dem Rest der Hühnerbrühe aufgießen und aufkochen lassen. Mit 2 Eigelb (Eier vom selben Huhn) die Sauce andicken und mit etwas Zitronensaft würzen. Das Huhn mit dem Reis servieren. Und guten Appetit.

SAUCEN

Pesto alla Genovese

Dr. Fernanda Pivano-Sottsass, Mailand

(Eine Sauce zum Aromatisieren einer dicken Gemüsesuppe oder für Pasta asciutta.)

Ausreichend für 4 Personen

75 g gutes, frisches Basilikum
25 g Petersilie
50 g Pecorino (Scharfer Ziegen-Parmesan)
50 g Parmesan
25 g Pinienkerne
50 g Butter
80 ml Öl
Und, wenn man mag, 1 Knoblauchzehe

Die Basilikumblätter und die Petersilie säubern und, um sie frisch zu halten, in Wasser liegen lassen. Die beiden Käse zusammenreiben. Das Basilikum und die Petersilie mit den Pinienkernen und der Knoblauchzehe zerstampfen und nach und nach den Käse dazugeben, damit das Gemisch nicht dunkel wird. Es muß hell bleiben. Alles in eine Schüssel füllen und unter Rühren das Öl zugießen. Kurz vor Gebrauch die Butter unterrühren und 1 oder 2 El. der Flüssigkeit des jeweiligen Gerichts (Nudelwasser oder Suppe.)

GEMÜSE

Gefüllte Auberginen, gezuckert

Miss Natalie Clifford Barney, Paris

2 Auberginen
¼ Pfd. Semmelbrösel
2 Tl. Zucker
1 große Prise Salz

Die Auberginen der Länge nach halbieren. Das Innere herausnehmen und zerkleinern. Die 4 Hälften reichlich mit Semmelbröseln, Zucker und Pfeffer füllen. Jede mit 1 walnußgroßen Stück Butter und 1 El. Wasser versehen und bei mittlerer Hitze ½ Std. im Ofen backen.

Pie mit gedämpften Frühlingsgemüsen

Der verstorbene Lord Berners

Eine Pie-Form mit Blätterteig auslegen und etwas Teig für ein Gitter zurückbehalten. Den Boden backen. Alle erhältlichen Frühlingsgemüse – Erbsen, Zwiebeln, Karotten, Böhnchen, Spargelspitzen und so weiter – dämpfen. Wenn der Boden gebacken ist, die Gemüse, in Grüppchen arrangiert, darauflegen, mit Gitter bedecken und einige Butterflocken darüber verteilen. Backen, bis das Gitter goldbraun ist. Sofort servieren.

Überbackene weiße Bohnen

Miss Katherine Dudley, Paris

400 g gute weiße Bohnen, frische oder getrocknete, und 1 mit 1 Nelke gespickte Zwiebel in Wasser kochen. Getrocknete Bohnen vorher 24 Std. in kaltem Wasser einweichen. Man muß sie ganz langsam kochen, damit sie heil bleiben.

In einem Topf 1 El. gute Béchamel vermischen mit ½ l Sahne, 1 El. geriebenen Schweizer Käse, Salz und Pfeffer. Die Sauce sollte cremig, nicht fest sein. Die Bohnen abgießen und gut abtropfen lassen, in eine tiefe, feuerfeste Form geben. Mit der Sauce bedecken. Mit geriebenem Käse bestreuen und unter dem Grill im Ofen braun werden lassen.

Gefüllte Zucchini
(ein chinesisches Gericht)

Sir Francis Rose, Baronet, Paris

1. 1 besonders große Zucchini blanchieren. Aufschneiden und das Innere herauskratzen.

2. Halbgekochten Reis zusammen mit Hackfleisch einige Min. in Butter anbraten und mit zerkleinertem Basilikum und Zwiebeln vermengen.

3. Die Zucchini füllen, mit Bauchspeck und Petersilienstengeln bedecken. Backen, bis der Bauchspeck und die Petersilie knusprig sind. Häufig begießen.

4. Dazu Krabben oder Garnelen nach chinesischer Art: Die Krabben oder Garnelen auslösen und in eine feuerfeste Form legen. Mit 1 großen El. Honig und 1 großen El. Sherry (oder chinesischem Gewürzwein) bedecken. Dann 2 El. Sojasauce dazutun. Ein paar Stunden marinieren lassen und dann 25 Min. im Ofen überbacken. Herausnehmen, mit gehackten Frühlingszwiebeln bestreuen und weitere 5 Min. im Ofen backen.

Gefüllte Paprika Hammamet

Mary Oliver, London

Graupen in Salzwasser weichkochen – das ganze Wasser sollte aufgesogen sein. Petersilie und Zwiebeln hacken und damit vermengen. Grüne Paprikaschoten mit dieser Mischung füllen, mit Olivenöl beträufeln und in den Ofen tun. Servieren mit einer Sauce aus Zitronensaft und Paprika.

Aus derselben Quelle

Luxemburger Kartoffelpüree

Die Kartoffeln statt mit Milch mit Butter und Rotwein zerdrücken.

Gefüllter Mangold

Madame Gaston Chaboux, Belley

Einige Mangoldblätter blanchieren. Eine Füllung zubereiten aus Bratenresten – bevorzugt Lamm oder Huhn. Eine braune Sauce zubereiten aus 2 El. Butter und 2 El. Mehl, Bratensauce und Sahne – alle Zutaten in kleinen Mengen hinzufügen –, Salz und Pfeffer. Das Fleisch (kleingehackt) in die Sauce legen. Ein Mangoldblatt jeweils mit 1 El. davon füllen. Einrollen und die Enden einfalten. In einer feuerfesten Form im Ofen backen.

Geschmorte Gemüse
(ein rumänisches Gericht)

Madame Berthe Cleyserque, Paris

Man braucht:
½ Pfd. Kalbfleisch
2 Tomaten
2 Zwiebeln
2 Zucchini
2 Pilze
Tomatenmark (kleine Dose)
Alle Gemüse von mittlerer Größe

Die Gemüse bleiben ganz. Das Innere aushöhlen, mit Salz, Petersilie und Schalotten, alles fein gehackt, und dem Kalbfleisch zu einer Farce verarbeiten. Die Gemüse einzeln damit füllen und, ohne sie zu wenden, in 1 walnußgroßen Stück Butter anbraten. Das Tomatenmark dazugeben.

Auf ganz kleiner Flamme 1 Std. köcheln lassen. Kurz vor dem Servieren 100 g Sahne über die Gemüse gießen. Sie in der Sauce sehr heiß servieren.

SALATE UND SALATSAUCEN

Knoblaucheiscreme
(eine Salatsauce)

Carl van Vechten, New York

4 kleine Tomaten, zerstampft
1 El. Worchestersauce
1 Tl. Tabasco
½ Tl. Salz
1 Tl. Zwiebelsaft
1 Tasse Mayonnaise
2 Löffel Cowboy's Delight (bekommt man bei Old Smoky Sales Co., 124 West 4th Street, Los Angeles, California).

Schlagen, bis alle Zutaten gut vermischt sind. Im Eisfach anfrieren. Nicht umrühren während des Gefrierens. In Avocadohälften servieren.

Safranreis

Mrs. Noël Murphy, Orgeval

2 Handvoll Reis pro Person mit 1 gehäuften El. Safran und 2 Knoblauchzehen, die man später herausnimmt, kochen. (Der Reis sollte gelb sein, wenn er fertig ist.) Ihn nicht zu lange kochen lassen. 150 g schwarze Oliven entsteinen, ¼ Pfd. Krabbenfleisch und ungefähr 6 rohe rosa Champignons in hauchdünne Scheiben schneiden.

Eine reichliche Menge French Dressing aus viel Olivenöl und wenig Essig mit feingehacktem Kerbel machen. Mit dem Reis vermischen und mit Paprikaschoten garnieren.

14.-Juli-Salat

Mary Oliver, London

½ l Mayonnaise mit Kapern und gehackten Dillgurken vermengen. Dann 1 Pfd. entgräteten weißen Fisch hinzufügen. Servieren mit Kapuzinerkresseblättern und Gurken in einer Sauce aus Olivenöl, Estragonessig und Knoblauch. Garnieren mit den Blättern und den orangefarbenen und roten Blüten von Kapuzinerkresse.

Dazu eisgekühlte Lauchzwiebeln oder 1 Schüsselchen mit Himbeeren und Gurkenschalen servieren.

Aphrodite-Salat

Princess D. de Rohan, London

Äpfel, die man schnell schält und fein hackt, feingehackter Sellerie, Joghurt, schwarzer Pfeffer, Salz.

Die Schönheit dieses Salats hängt ausschließlich davon ab, wie schnell man Äpfel und Sellerie in der Schüssel mit dem Joghurt vermengt, damit sie nicht braun werden. Zu servieren auf den knackigsten Salatblättern.

Inspiriert durch das berühmte Bircher Müsli des berühmten Bircher-Sanatoriums in Zürich. Ideal für Dichter mit Verdauungsbeschwerden.

Aspiksalat

Mrs. Carlton Lake, Paris

1 Dose Campbell's konzentrierte Tomatensuppe
1 kleines Päckchen Philadelphia-Käse
2 El. Gelatine ohne Geschmack, aufgelöst in 5 El. kaltem Wasser
1/8 Miracle Whip Salad Dressing
Gehackte Gemüse: 1/2 Zwiebel, 1 Stange Sellerie, 1 Paprikaschote.

Die Tomatensuppe in einen Topf gießen und über schwacher Flamme unter Rühren erhitzen. Den Philadelphia-Käse einrühren, bis er sich aufgelöst hat. Vom Feuer nehmen und die aufgelöste Gelatine unterrühren. Wenn abgekühlt, das Salatdressing darunterheben. Die Gemüse hacken – Zwiebeln, Sellerie, Paprika – und, wenn die Mischung steif zu werden beginnt, untermengen. Eine Ringform mit kaltem Wasser ausspülen, nicht abtrocknen. Alles in die Form gießen und mehrere Stunden im Eisschrank stehenlassen. Auf einem Bett von Salatblättern servieren. Zum Servieren den Aspik vom Rand der Form mit einem spitzen Messer ablösen, umdrehen und auf die Form klopfen. Wenn er nicht herauskommt, die Form außen mit einem in heißes Wasser getauchten Tuch abreiben.

BROT UND KUCHEN

Fettgebackenes

Mrs. Redvers Taylor, Bishops Lydeard und London

1 Eigelb schlagen, bis es steif wird. 2 gehäufte El. Zucker und 2 El. geschmolzene Butter unterrühren. Wenn alles schaumig gerührt ist, das Eiweiß zu steifem Schnee schlagen und unterheben. Muskat und Salz hinzufügen. Mit so viel Mehl zu einem Teig vermischen, daß man ihn ausrollen kann, 1 cm dick. Vierecke ausschneiden, die man an 3 oder 4 Stellen lang einschlitzt. In heißem Fett ausbacken und mit Zucker bestreuen. In einem Steintopf bleiben sie ewig knusprig.

Pekannußkekse

Fania Marinoff, New York

400 g so fein wie möglich gehackte Pekannüsse
6 Eier
375 g Zucker
1 El. Mehl
1/2 Tl. Salz
1 Tl. Backpulver
1 Tl. Vanilleextrakt
100 g gehackte, kernlose Rosinen
Weißer Zuckerguß

Die Eigelb schaumig rühren, den Zucker hinzufügen und weiter rühren. Nüsse, Mehl, Salz und Backpulver vermengen und unter die Eiermasse rühren. Das Eiweiß zu steifem Schnee schlagen und unterheben.

Den Teig in 2 Schichten bei mittlerer Hitze im Ofen backen. Abgekühlt nebeneinanderlegen und mit weißem Zuckerguß überziehen. Mit den gehackten Rosinen bestreuen.

Plätzchen

Néjad, Paris

150 g Butter, 1 l Wasser und 1 gute Prise Salz zum Kochen bringen. Man nimmt ein wenig davon und rührt damit 1 ¼ Pfd. Reismehl an und gibt es nach und nach unter Rühren mit dem Holzlöffel in das kochende Wasser. Rühren, bis der Teig steif wird. Vom Feuer nehmen und nacheinander 10 Eier ganz langsam unterrühren. Jedes sollte vollständig verrührt sein, ehe man das nächste hineinschlägt. Den Teig zu kleinen Würsten formen, die man bei mittlerer Hitze auf einem eingefetteten Backblech backt. Wenn sie kalt sind, mit einem Zuckerguß bepinseln, den man mit Rosenwasser abgeschmeckt hat.

Banburry-Kekse

Redvers Taylor, Bishops Lydeard und London

Einen Blätterteig zubereiten. ½ Pfd. Mehl ergibt 20 Kekse.

Für die Füllung: ½ Tl. gemahlener Ingwer, ½ Löffel Zitronenschale und -saft, 30 g kandierte gehackte Schale, 30 g Kuchenkrümel (oder Semmelbrösel, denen man Zucker hinzufügt), 60 g Zucker, 60 g Rosinen, 60 g Korinthen, ¼ Tl. gemahlener Muskat, ¼ Tl. Zimt, 1 Ei, 60 g Butter.

Die Schüssel anwärmen, Butter, Zucker und Gewürze cremig rühren. Dann das Ei hinzufügen, danach die Brösel, Zitronensaft, Weinbeeren und Zitronenschale. Vermengen.

Den Teig in Kreise schneiden. Etwas von der Füllung jeweils in die Mitte geben, die Kreise zu Halbkreisen zusammenfalten. Den Rand mit Ei bepinseln und fest zusammendrücken. Mit dem Rand nach unten auf das Blech setzen und zu einer ovalen Form zurechtdrücken. Oben mehrmals einstechen. 20 Min. bei 300° backen.

Pizza alla Napolitana

Dr. Fernanda Pivano-Sottsass

300 g Mehl
10 g Hefe (Bier- oder Brothefe)
150 g Mozzarella (sehr weicher Schmelzkäse)
1 kleine Dose geschälte Tomaten
3 Anchovis in Salzlacke

Milch und Hefe verkneten mit ½ l Milch und 1 Prise Salz, wenn nötig, noch etwas Wasser hinzufügen. Eingewickelt in ein wollenes Tuch 45 Min. aufgehen lassen. Zu einem runden Teigboden ausziehen und auf ein eingefettetes, flaches Backblech legen. Mit 3 El. Öl beträufeln, das man mit den Fingern hineindrückt. Die Hälfte des in dünne Scheiben geschnittenen Mozzarellas darüberbreiten, dann die halbierten Tomaten, danach die kleingeschnittenen Anchovis und zuletzt 1 Prise Oregano und die andere Hälfte des dünn geschnittenen Mozzarellas.

Im vorgeheizten Ofen etwa 30 Min. backen, je nachdem, wie heiß der Ofen wird.

Gesalzenes Walnußbrot aus dem Bugey

Madame Gaston Chaboux, Belley

Auf einen gewöhnlichen Brotteig legt man folgende Mischung: 1 oder 2 kleingehackte Zwiebeln, 2 bis 3 El. feingehackte Walnüsse, ¼ l Walnußöl. Zum Bäcker schicken und backen lassen, wenn er sein Brot aus dem Ofen genommen hat.

CRÊPES UND PFANNKUCHEN

Mrs. Gilbert Whipple Chapman, New York

Eine winzige Menge Butter in einer kleinen Pfanne über starker Flamme zerlassen. 4 bis 5 sehr dünne Scheiben grüner Kochäpfel in der Butter verteilen. 2 bis 3 Min. schmoren lassen. Eine leichte Schicht dünnen Pfannkuchenteig darübergießen. Nochmals 1 bis 2 Min. backen lassen. Mit 2 gehäuften El. Zucker bestreuen, wieder 2 Min. backen lassen. 1 El. Butter hinzufügen, den Pfannkuchen umdrehen und einen Augenblick über schwacher Flamme mit noch mehr Butter backen. Aus der Pfanne nehmen, wenn der Teig knusprig ist.

Das ist eine Portion.

Aus derselben Quelle:

Salzburger Nockerln

Auf die einfache Art. Ein Rezept für Leute, die ein Omelett soufflé nicht wenden können, indem sie es in die Höhe werfen.

Man vermengt 1 ½ El. Mehl mit 4 El. Zucker und 1 Prise Salz und vermischt alles mit 6 gut geschlagenen Eigelb. Dann die 6 Eiweiß zu steifem Schnee schlagen und unterheben. ¼ Pfd. Butter in einer tiefen, großen Gußeisenpfanne auflösen. Die Mischung hineinschütten. Auf sehr schwacher Flamme 3 bis 4 Min. backen. Dann etwa 3 bis 4 Min. unter den Grill und bei schwacher Hitze weitere 2 bis 3 Min. in den Backofen stellen. Währenddessen ½ Pfd. Butter nußbraun werden lassen. Das Soufflé auf eine vorgewärmte Platte stürzen, schnell mit der braunen Butter begießen und kräftig mit Puderzucker bestreuen. Sofort servieren.

Wiener Käsepfannkuchen

Carl van Vechten, New York

2 Eigelb
½ Tl. Salz
2 Tl. Zucker
½ l Milch
75 g oder mehr Mehl

Die Eigelb schlagen und mit den anderen Zutaten in eine Schüssel geben. Dünne Pfannkuchen machen, füllen mit: Quark, Rosinen, Eigelb, Vanilleextrakt, Zucker. 10 Min. in reichlich Butter backen.

Nun sind es hoffentlich genug Rezepte aus den Vereinigten Staaten.

Königin-Elisabeth-I.-Äpfel

Sir Francis Rose, Baronet, Paris

In Zucker – ohne Wasser – ganze, ungeschälte, besonders feine Äpfel kochen, bis sie durchsichtig werden. Die Äpfel in Gefäße mit heißem Essig, den man mit Honig, Nelkenpfeffer und frischem Rosmarin aufgekocht hat, füllen. Töpfe sollten luftdicht verschlossen und die Äpfel erst nach einigen Monaten verzehrt werden.

Eisgekühlte Äpfel

(eine griechische Süßspeise, sehr orientalisch)

Cecil Beaton

Einen Sirup zubereiten aus 400 g Zucker, ¼ l Wasser und 1 Zitronenschale. 2 Pfd. Äpfel von sehr guter Qualität schälen und in hauchdünne Scheiben schneiden, in den Sirup legen und 2 bis 2 ½ Std. kochen lassen. In eine Form gießen. Wenn man sie aus der Form genommen hat, umgießt man sie mit einer Vanillesauce und garniert sie mit kandierten Früchten. Eiskalt servieren. Sollte einen Tag im voraus gemacht werden oder morgens, wenn man sie zum Abendessen servieren will.

Pudding Louise

Der verstorbene Lord Berners

Eine Quicheform mit Mürbeteig auslegen. Rotes Johannisbeergelee in 6 Lagen auftragen. Mit einer Mischung aus 100 g Butter, 100 g Zucker und 60 g Mehl bedecken. Bei mäßiger Hitze 1 Std. im Ofen backen, bis die Oberfläche ganz braun ist.

Hochzeitstag-Eiscreme

Mary Olliver, London

Man nimmt 12 kandierte Minzeblätter, ¼ l Crème de Menthe, 30 g kandierten Ingwer, 1 l dicke Sahne und friert es ein.

Aus derselben Quelle:

Geburtstagseiscreme für Erwachsene

Man toastet 2 Scheiben dunkles braunes Brot, bestreicht beide Seiten dick mit Butter. In kleine Würfel schneiden. Mit Eierpunsch bedecken, den man aus 2 Eiern und ¼ l Rum macht. 1 l Sahne dazu und einfrieren.

Sehr gute Schokoladenmousse

Madame Joseph Delteil, Grabels

½ Pfd. süße Schokolade
6 Eier

Die Schokolade raspeln und im Topf mit 3 El. Wasser über ganz niedriger Flamme zum Schmelzen bringen. Die vorher verrührten Eigelb dazugeben und gut vermengen. Vom Feuer nehmen und das steifgeschlagene Eiweiß unterheben. In einer Servierschüssel über Nacht in den Eisschrank stellen. Findet immer Anklang. Sehr schaumig.

Crème brulée

Princess D. de Rohan, London

Reicht für 4 Personen.

½ l dicke Sahne zum Kochen bringen und genau 1 Min. kochen lassen. Vom Feuer nehmen. Langsam und gleichmäßig 4 gut geschlagene Eigelb hinzufügen. Ständig schlagen. Die Creme zurück aufs Feuer stellen. Rühren und über schwacher Flamme erhitzen, bis sie fast kocht, oder im Wasserbad 5 Min. kochen lassen. Die Creme in eine eingefettete flache Backform gießen und nicht mehr rühren. Gut kühlen. Die Creme mit einer ½ cm dicken Schicht braunem Zucker bestreuen. Unter den Grill schieben (bei offener Ofentür), damit sich eine Kruste bildet. Wieder in den Eisschrank stellen.

Orangen- und Zitronendessert

Mrs. Joseph A. Barry, New York und Paris

Zutaten: 2 Dtzd. der Länge nach aufgeschnittene Löffelbiskuits, ¼ Pfd. Butter, 200 g Zucker, ¼ l dicke Sahne, 3 getrennt geschlagene Eier, Saft von 1 großen Orange, Saft von 1 Zitrone, 1 El. Orangenschale, 1 Tl. Zitronenschale, ¼ Tasse sehr fein gemahlene Nüsse, Rum.

Butter und Zucker cremig rühren. Die Eigelb mit dem Schneebesen schlagen und der Creme hinzufügen. Fruchtsäfte, Schalen und Nüsse folgen lassen. Wieder schlagen. Die Eiweiß mit 1 Prise Weinstein zu Schnee schlagen und als letztes hinzufügen.

Eine 1 ½ l fassende Soufflé-Form aus Porzellan mit gebuttertem Fettpapier auslegen. Boden und Seiten mit gespaltenen Löffelbiskuits auslegen. Mit Rum – Menge nach Belieben – beträufeln. Die Hälfte der Creme hinzufüllen, dann 1 Lage Löffelbiskuits. Für 2 bis 2 ½ Std., nicht länger, ins Eisfach des Eisschranks stellen. Ob man es glauben will oder nicht, so mächtig das Dessert auch ist, Männer nehmen häufig ein zweites Mal davon. Das macht der Rum und seine männliche Note.

Haschischkonfekt

(kann jeder an einem Regentag schnell zusammenhauen)

Brion Gysin

Dies ist Paradiesspeisung – aus Baudelaires künstlichen Paradiesen: eine unterhaltsame Erfrischung für die Damen vom Bridgeclub oder auch bei der Mitgliederversammlung der *Daughters of the American Revolution.*

In Marokko nimmt man es bei feuchtem Winterwetter gegen lästige Erkältungen, und es ist noch wirkungsvoller, wenn man es mit großen Mengen Pfefferminztee zu sich nimmt. Euphorie und ansteckende Lachsalven, ekstatische Träumereien und Persönlichkeitserweiterung auf den verschiedensten Ebenen darf man gelassen gewärtigen. Nahezu alles, was die heilige Theresia vollbrachte, kann man übertreffen, wenn man es aushält, sich von einem *écanouissement réveillé* hinreißen zu lassen.

Man nehme 1 El. schwarze Pfefferkörner, 1 ganze Muskatnuß, 4 normal große Zimtstangen, 1 Tl. Koriander. Alles im Mörser zerstampfen. Jeweils 1 Handvoll entsteinte Datteln, getrocknete Feigen, Mandeln und Erdnußkerne hacken und miteinander vermischen. Einen Bund *cannabis sativa* zu Pulver zerstoßen. Damit die gemischten Früchte und Gewürze bestäuben, und alles verkneten. 200 g Zukker mit einem ordentlichen Klumpen Butter auflösen und einarbeiten. Zu einem Kuchen zusammen-

In der Rue Christine 35.

gerollt und aufgeschnitten oder in walnußgroßen Kugeln sollte es mit Vorsicht genossen werden. 2 Stück sind völlig ausreichend.

Die Beschaffung von Cannabis kann schwierig sein, aber die unter dem Namen *cannabis sativa* bekannte Art wächst als gewöhnliches Unkraut oft unerkannt überall in Europa, Asien und einigen Teilen Afrikas, abgesehen davon, daß sie zur Herstellung von Seilen als Feldfrucht angebaut wird. In beiden Teilen Amerikas, wenn auch mannigfaltig behindert, wächst ihr Vetter, *cannabis indica*, der sogar schon in städtischen Blumenkästen gesichtet worden ist. Er muß gesammelt und getrocknet werden, sobald er aus dem Samen schießt und die Pflanzen noch grün sind.

GETRÄNKE

Schlehen-Gin

(ungesüßten London-Gin, keinen Plymouth verwenden)

Redvers Taylor, Bishops Lydeard und London

Auf 1 Flasche Gin kommt ½ l Schlehen und ½ Pfd. Kandiszucker (so weiß und klar wie möglich). 2 leere Literflaschen bereithalten. Die Schlehen mit einer Gabel (möglichst mit einer silbernen) einstechen. In jede Flasche füllt man ¼ l Schlehen, ¼ Pfd. Kandis, den man fein zerstößt, und ½ Flasche Gin. Sollte 3 Monate stehen und täglich abgeschüttet werden. Dann durch ein Nesseltuch gießen und verkorken. Mindestens 1 Jahr stehenlassen, bevor man ihn trinkt. Je länger, desto besser. Nach 7 Jahren ist er traumhaft.

Heißer Grog für kalte Nächte

(wird Flaubert zugeschrieben)

Princess D. de Rohan, London

2 Maß Calvados
1 Maß Aprikosenschnaps

Erhitzen. Langsam 1 Maß Sahne hineinlaufen lassen. Nicht rühren.

Dieses Rezept stammt aus der Auberge du Vieux Puits in Pont Audemer, einem Gasthof aus dem 18. Jahrhundert.

Aus derselben Quelle:

Dubliner Kaffee James Joyce

2 Maß irischen Whiskey in einem dickbäuchigen Weinglas
1 El. Zucker

Schwarzen Kaffee daraufgießen und verrühren. Wenn der Inhalt sich zu drehen beginnt, in der Bewegung bleiben und 1 Maß Sahne hinzufügen. Die Sahne sollte oben auf dem Kaffee schwimmen. Nicht mehr umrühren. Ausgezeichnet für Unterhaltungen nach dem Essen.

Eierpunsch des Commonwealth Club, Richmond, Virginia

Miss Ela Hockaday, Dallas

2 Dtzd. Eier
2 l Sahne

1 l Schlagsahne
1/8 l Rum
1/8 l Cognac
1 1/2 Pfd. Zucker
2 l Whiskey

Eigelb und Eiweiß trennen. Die Eigelb in einer großen Schüssel gründlichen schlagen, dann den Zucker hinzufügen und gut vermischen, danach den Whiskey unterrühren. Langsam die Sahne hinzufügen und gut verrühren. Das Eiweiß steif schlagen und darunterheben. Zuletzt die Schlagsahne unterheben.

Dieses Rezept benutze man in diesem Club seit mehr als hundert Jahren, erzählte man mir. Es wird stets am Weihnachtsmorgen serviert – und zu manchen anderen Anlässen!

KONFITÜREN UND EIN CHUTNEY

Orangenmarmelade

Redvers und Louise Taylor,
Bishops Lydeard und London

3 Orangen und 4 Zitronen. In dünne Scheiben schneiden und die Kerne herausnehmen. In 2 l Wasser einlegen und 24 Std. stehenlassen. Dann 1 Std. kochen und wieder 36 Std. an einen kühlen Ort stellen. 4 Pfd. Zucker hinzufügen und 1 Std. kochen lassen oder bis es geliert.

Aus derselben Quelle:

Rhabarberkonfitüre

6 Pfd. Rhabarber, 6 Pfd. Zucker und 6 große Zitronen. Den Rhabarber in kleine Stücke schneiden, die Zitronen in hauchdünne Scheiben. Die Früchte in eine große Schüssel geben und mit dem Zucker bedecken. Stehenlassen, bis es Saft gezogen hat. Dann 3/4 Std. kochen. Nicht mehr als unbedingt nötig umrühren, denn das besonders Schöne sind die heilen Stückchen. Ein Duftgeranienblatt unten in jedes Glas legen, ehe man die Konfitüre einfüllt.

Und aus derselben Quelle

Apfel-Chutney,

3 Dtzd. Kochäpfel
3 Pfd. Zwiebeln
3 Pfd. brauner Zucker
1/2 Pfd. Rosinen
60 g Senfkörner
15 g Chilipfeffer
1/4 Pfd. Salz
30 g gemahlenen Ingwer
2 l Essig

Äpfel und Zwiebeln ganz klein schneiden. Alles miteinander vermischen und den ganzen Tag köcheln lassen, bis es ein dunkler Brei ist.

13. KAPITEL

Der Gemüsegarten in Bilignin

Vierzehn Jahre lang waren die Gärten in Bilignin, in denen ich im Sommer arbeitete und von denen ich im Winter träumte, meine ganze Freude. Die Sommer begannen meistens früh im April mit dem Pflanzen und endeten spät im Oktober mit dem letzten Einbringen der Wintergemüse. In Bilignin, von Bergen umgeben und unweit der Französischen Alpen – von einer Anhöhe wenige Kilometer entfernt war oft der Montblanc zu sehen –, war früher Pflanzen eine gewagte Sache. In einem Jahr kostete es uns die ersten grünen Bohnen, in einem anderen erwischte ein später Frost die Erbsen. Es dauerte einige Jahre, bis ich mich mit dem Klima auskannte und fast ebensoviele weitere, bis ich mich mit dem Wetter auskannte. Erfahrungen sammelte man nie umsonst. Zudem mißtraute ich hartnäckig den Bauernregeln, die ich mit dem Vorurteil der Städterin für reinen Aberglauben hielt. Man riet mir, Petersilie nie umzusetzen und nicht am Karfreitag zu pflanzen. In Kalifornien haben wir es getan, widersprach ich leichtfertig. Ich sollte nicht bei Neu- oder Vollmond pflanzen. Dem Samen sei das genauso egal wie mir, antwortete ich verständnislos. Aber es stimmte nicht. Als die Pacht unseres wunderschönen Hauses und der Gärten in Bilignin endete, war ich nicht nur wetterkundig, sondern auch eine recht erfolgreiche Gärtnerin geworden.

Im Frühjahr 1929 mieteten wir das einstige Herrenhaus in Bilignin. Alles entzückte uns. Aber bei gründlicher Besichtigung der beiden großen Gemüsegärten – der untere lag auf einer Ebene mit der Gartenterrasse vor dem Haus, der andere wesentlich höher, ein Stück vom Hof und den Toren entfernt – erkannte ich mit Schrecken, in welchem Zustand sie sich befanden. Nichts als Kartoffeln war im Vorjahr darin angebaut worden. Als ich mit einem dicken Stock herumstocherte, stieß ich in einer Ecke auf Widerstand, gefolgt von einer kräuselnden Bewegung. Erst einmal mußte mit dem Unkraut und dem Gestrüpp aufgeräumt werden. Sechs Tage brauchten die sieben Männer dafür, die wir im Dorf angeworben hatten. In der Ecke, wo ich rumgestochert hatte, fand man ein Schlangennest und mehrere Schlangen. Aber auch Himbeeren und Erdbeeren.

Ein Plan wurde entworfen für Beete und Wege. Die Franzosen sind sehr geschickt darin, von ganz schmalen Pfaden aus zu jäten und zu pflücken. Ich hatte Mühe, es ihnen gleichzutun. Eine Liste mußte angelegt werden, welche Gemüse wann zu pflanzen waren. Wir hatten Säcke mit Samen all der Gemüse mitgebracht, die Gertrude Stein und ich schätzten, und solcher, die wir ausprobieren wollten. Für die schwere Arbeit hatten wir im Ort einen Jungen gefunden. Nachdem der Dünger untergegraben und die obere Krume kleingeharkt worden war, ging es mit einem Stoßgebet ans Säen. Das Saatgut für die

Frühernte war kaum im Boden, als es Zeit war für Stecklinge, die es bei Bauersfrauen auf dem Samstagmorgenmarkt in Belley zu kaufen gab. Es gab zwei Gärtnereien in Belley; die eine gehörte einem neunmalklugen, ehrgeizigen aufgeblasenen jungen Mann, der sich immer als nächsten Landwirtschaftsminister sah, die andere einer alten Frau, deren ganze Ausbildung aus ihrer Erfahrung bestand, durch die sie auch nicht klüger geworden war. Ihre Setzlinge waren überhaupt nicht kräftig; man mußte doppelt so viele pflanzen, wie man aufziehen wollte.

Der Wind blies den Unkrautsamen von den brachliegenden Feldern der Nachbarschaft in die Gärten. Heftige Regenfälle wuschen die aufgetragene Ackerkrume weg. Dies waren die beiden Übel, mit denen wir fertig werden mußten. Das Unkraut bedeutete eine dauernde Rückenstrapaze während aller in Bilignin verbrachten Sommer. War die Herbsternte vorbei, mußte die obere Krume erneuert werden. Glücklicherweise gab es genug Wasser. Nur einmal herrschte eine Dürre, da mußte das Wasser vom Fluß unten im Tal in Fässern auf Ochsenkarren heraufgeschafft werden. Zum Sprengen hatten wir einen hundert Meter langen Schlauch gekauft.

Die Pflege der Gemüse – Gertrude Stein kümmerte sich fürs erste um die Blumen und Buchshecken – war ein Fulltime-Job und mehr. Später entstand daraus ein Witz. Gertrude Stein fragte mich, was ich sähe, wenn ich die Augen schlösse. Unkraut, antwortete ich. Die Antwort, sagte sie, sei nicht richtig, und so wurden aus dem Unkraut Erdbeeren. Die kleinen Erdbeeren, die die Franzosen Walderdbeeren nennen, wachsen nicht wild, sondern sind gezüchtet. Ich brauchte eine Stunde, um ein Körbchen voll für Gertrude Steins Frühstück zu sammeln, und später, als wir im oberen Garten eine ganze Anlage davon hatten, wurde unseren jungen Gästen gesagt, wenn sie welche wollten, sollten sie sie selbst pflücken.

Die ersten Erträge des Gartens im Mai, Salate, Radieschen und Kräuter, weckten in mir Gefühle wie die einer Mutter für ihr Baby – wie konnte etwas so Wundervolles mir gehören. Und dieses Gefühl des Staunens über jedes Gemüse erfüllte mich jedes Jahr von neuem. Es gibt nichts, was der Befriedigung und Erregung beim Ernten von Gemüsen, die man selbst gezogen hat, vergleichbar wäre.

Wenn die Gemüse reif zur Ernte waren, stellte sich die Frage ihrer Zubereitung gar nicht erst. Die einfachste selbstverständlich, nur dünsten und kochen mit der ausgezeichneten Landbutter oder der Sahne, die wir von einem Bauern fast in Rufweite bekamen. Später, als Gäste kamen, und die Gemüse den Nimbus des Neugeborenen verloren hatten, brachten Saucen eine Abwechslung.

Anfangs neigten wir dazu, alle Gemüse bis auf rote Bete, Kartoffeln und die großen Zucchini und Kürbisse ganz jung zu pflücken, aus Ungeduld und wegen ihres feinen Geschmacks. So erübrigte sich bei bestimmten Gemüsen die Sauce – bei frischen Erbsen, grünen Bohnen (eigentlich allen Erbsen und Bohnen) und Salaten. Ausnahmen wurden gemacht, für unsere französischen Gäste etwa

Erbsen à la française

In einen Topf über mittlerer Flamme 4 Tassen Erbsen geben, 12 Frühlingszwiebeln, 1 Kräuterbündchen aus 1 Stengel Petersilie und mehreren Stengeln Basilikum, 50 g Butter, ¼ Tl. Salz, ½ Tl. Zucker, 1 in Streifen geschnittenes Salatherz und 4 El. Wasser. Zum Kochen bringen, zudecken und die Hitze nach und nach verringern, bis sie so schwach wie möglich ist. Vor dem Servieren das Bündchen herausnehmen und 4 El. Butter hinzufügen. Den Topf schwenken, damit die Butter schmilzt. Gleich auftragen.

Das Haus in Bilignin.

Und

Erbsen à la bonne femme

Man erhitzt 12 junge Zwiebeln über mittlerer Flamme in 3 El. Butter und ½ Tasse fettem Speck, den man zuvor 5 Min. blanchiert, abgegossen und in Stückchen geschnitten hat. Wenn die Zwiebeln leicht angebräunt sind, nimmt man diese Speckstückchen heraus, rührt 1 El. Mehl ein und gießt langsam mit 4 cl Kalbsbouillon auf. ¼ Std. kochen lassen und salzen. Dann 4 Tassen enthülster Erbsen, die Speckwürfel und die Zwiebeln wieder hinzugeben. Zudecken und je nach Größe und Reifegrad der Erbsen 15 bis 25 Min. kochen lassen.

Hier noch ein Rezept für

Erbsen, wie die Bauern in der Provence sie kochen

In einen feuerfesten irdenen Topf mit fest schließendem Deckel gibt man 5 El. Olivenöl und 1 mittelgroße gehackte Zwiebel. Die Zwiebel über schwachem Feuer anbraten. Dann 6 mittelgroße in 1 cm dicke Scheiben geschnittene Kartoffeln dazugeben. Rühren, so daß alle Kartoffeln Öl abbekommen, und 1 l kochendes Wasser, 4 Tassen enthülste Erbsen, 3 zerdrückte Knoblauchzehen, 1 Kräuterbündchen aus ½ Lorbeerblatt, 1 Zweig Thymian und 1 Scheibe Fenchel oder Fenchelgrün sowie ½ Tl. Salz, ¼ Tl. Pfeffer und ½ Tl. Safran hinzufügen. Zudecken und leicht kochen lassen. Wenn die Erbsen gar sind, auf die Oberfläche der Kochflüssigkeit 4 Eier gleiten lassen. Vorsichtig 2 El. Kochsaft über die Eigelb gießen, damit sich ein Film bildet. Zwei 1 cm dicke Scheiben Brot in die Teller legen, darauf die Erbsen in der Sauce servieren.

Im Sommer gab es an die dreißig verschiedene Gemüse, die jeden Morgen geprüft oder geerntet werden mußten, ebenso wie die Beeren. Wir hatten mehr Beeren, als wir zum Nachtisch und auch frisch essen konnten. So machte ich aus den kleinen Walderdbeeren Konfitüre und aus den Himbeeren Gelee. Die Franzosen machen perfekte

Erdbeerkonfitüre (2)

Zucker und Beeren in gleicher Menge in eine Steingutschüssel geben – vorsichtig, um die Beeren nicht zu zerdrücken –, bis der Zucker sie ganz einhüllt. 24 Std. wegstellen. Den Zucker und den Saft, den die Beeren gezogen haben, abgießen. Die Beeren über mittlerer Flamme in einem emaillierten Topf zum Kochen bringen. 3 bis 4 Min. leicht kochen. Vom Feuer nehmen. Abschäumen und die Früchte in Gläser füllen. Den Sirup wieder aufs Feuer stellen und köcheln lassen, bis er dick am Löffel klebenbleibt. In die Gläser füllen.

Gewöhnliche Gartenerdbeeren kann man ebenso zubereiten. Selbstverständlich muß man sie zunächst abzupfen, sollte sie aber besser nicht waschen. Sie müssen 12 bis 15 Min. kochen, je nach Größe und Reifezustand. Bei den kleinen Beeren bleiben die Fruchtstämmchen an den Stengeln zurück, wenn man die Beeren pflückt.

Die meisten unserer männlichen Gäste bekamen ihr Frühstück auf der Terrasse serviert. Die Frühstückstabletts waren mein Stolz, wenn auch Tischwäsche und Porzellan einfach waren. Auf dem Markt von Chambéry hatten wir farbiges Glasgeschirr von 1840–50 aus Savoyen entdeckt, nicht bei einem

Antiquitätenhändler, sondern in einem Geschäft für Glaswaren. Wir kauften alles auf. Beeren, Früchte, Salate und Gemüse sahen darin aus wie Stilleben. Unsere französischen Gäste bekamen amerikanisches Frühstück – in Kurzfassung, aber immer noch reichhaltiger als der übliche Kaffee mit Brötchen oder Croissants, Butter, Konfitüre, Marmelade oder Gelee. Croissants sind köstlich zum Frühstück oder zum Tee.

Croissants oder Hörnchen

⅛ l Milch erwärmen. Wenn sie warm ist, 1 Päckchen Trockenhefe untermengen. Für den Vorteig 150 g Mehl auf die Hefe sieben. Etwa ½ Std. gehen lassen. 400 g Mehl in eine große Schüssel sieben. Die Hefe unten in die Mitte der Schüssel legen und nach und nach ¾ l Milch und das Mehl einarbeiten. Wegstellen und um das Doppelte aufgehen lassen. Dann auf ein leicht mit Mehl bestäubtes Backbrett geben und so lange kräftig kneten, bis der Teig nicht mehr an den Fingern klebt. Ausrollen und 50 g Butter, die man mit den Händen zu einem Viereck formt, in die Mitte legen, dann die Seiten zur Mitte hin einfalten. Mit den Händen zu kleinen Bällen formen, wegstellen und mehrere Stunden, eventuell auch über Nacht, aufgehen lassen. Dann wieder ausrollen und in eigroße Stück teilen. Jedes zu einem Zylinder rollen und 10 Min. wegstellen. Dann ganz leicht 1 cm dick ausrollen. Von einer Ecke her ausrollen, dem Teig die Form eines Halbmondes geben und 35 Min. wegstellen. Auf ein leicht eingefettetes Backblech legen und mit einem Gemisch aus geschlagenem Ei und 1 El. Wasser einpinseln. Im vorgeheizten Ofen bei 200° backen.

Dies ist ein typisch französischen Gebäck, wenn es auch aus Österreich stammt.

Sauce zu grünen Bohnen ist ein Sakrileg, vor allem bei der französischen Art grüner Bohnen. Sogar in meinem vielgeliebten Kalifornien waren sie weniger zart, hatten nicht diesen Geschmack und waren nicht so frei von Fäden. Dennoch kann man sie – in Anlehnung an unsere französischen Freunde meinem Empfinden nach aber verkleidet – zubereiten als

Grüne Bohnen à la provençale

3 El. Olivenöl im Topf erhitzen. ¼ Tasse Kapern, ¼ Tasse entgrätete Anchovis, 1 zerdrückte Knoblauchzehe und 4 Tassen grüne Bohnen, die man vorher mit ¾ Tl. Salz und ¼ Tl. Pfeffer in kochendem Wasser ohne Deckel weich gekocht hat, hinzufügen. Im Topf schütteln, bis sie mit allen Zutaten gut vermischt sind. Heiß servieren mit gehackter Petersilie und feingehackten Frühlingszwiebeln.

Grüne Bohnen überbacken

In Salzwasser, ohne Deckel, 4 Tassen Bohnen kochen. Nicht zu lange kochen lassen. Wenn sie gar sind, sofort vom Feuer nehmen und abtropfen lassen. Eine feuerfeste Steingutform mit Butter einfetten. Reichlich mit geriebenem Schweizer Käse ausstreuen. 1 ½ Tassen Béchamelsauce mit 2 Eigelb vermengen. Dann die Bohnen hineingeben und darauf den Rest der Sauce. Die Bohnen mit 40 g geriebenem Schweizer Käse bestreuen und mit 3 El. geschmolzener Butter begießen. Im vorgeheizten Ofen bei 240° ¼ Std. überbacken.

So kann man grüne Bohnen sehr gut zubereiten, aber eigentlich ist es gegen den Eigengeschmack des armen Gemüses. Was das Kochen von Salaten betrifft, mit oder ohne Sauce, so läßt es sich am ehesten vertreten, wenn man Salat als zweierlei Gemüse betrachtet, als rohen und als gekochten Salat. Für mich ist Salat kochen bethlehemetischer Kindermord. Wenn es schon sein muß, findet folgende Art immer den größten Anklang:

Salat in Streifen mit Sahne

Für 2 Köpfe streifig geschnittenen Salat gibt man über mittlerer Hitze 4 El. Butter in einen Topf, legt den geschnittenen Salat in die Butter und rührt mit dem Holzlöffel so lange, bis er gut mit Butter bedeckt ist. Die Flamme herunterdrehen und ¼ Tl. Salz hinzufügen. Zudecken und so lange köcheln lassen, bis alle Flüssigkeit aufgesaugt ist. 1 ½ Tassen dicke Sahnesauce und 1 El. Zwiebelsaft hinzufügen. Alles gut vermengen. Aufgetürmt auf einer Schüssel, umgeben von großen dreieckigen Croûtons, servieren.

Geschmorter Salat in italienischer Soße

Nachdem man die äußeren Blätter entfernt hat, wäscht und trocknet man 4 große Köpfe Salat. 4 El. Butter im Topf zerlassen, den Salat hineinlegen. Rühren, die Hitze verringern und den Topf zudecken. Köcheln, bis alles Wasser verdampft ist. Dann folgende Sauce hinzufügen: 1 Handvoll Champignons grob hacken. Über schwacher Flamme mit 2 El. Olivenöl und 2 El. Butter, 1 El. gehackten Zwiebeln und 1 El. gehackten Schalotten in den Topf geben. Alles gut vermischen und 1/10 l erhitzten trockenen Weißwein dazugeben. Zudecken und 10 Min. köcheln lassen. 1 kleine Dose Tomatenmark hinzufügen. ¼ Tl. Salz. Dann 50 g Butter in kleinen Mengen hinzufügen. Die Butter schmelzen lassen und vermischen, indem man den Topf behutsam schwenkt. Nicht aufkochen lassen.

Das ist eine Abwechslung – um nicht zu sagen ein brutaler Wechsel.

Es gab Frühlingssalate und Salate für den Sommer und im Herbst nicht nur Batavia und Romana, sondern eine Unzahl von verschiedenen Gemüsen, die roh und gekocht angerichtet werden konnten. Unter allen Frühlingsgemüsen erwarteten wir besonders ungeduldig die ersten Tomaten. Gertrude Stein machte sich nicht viel aus Wurzelgemüsen, ebensowenig aus Spinatsalat, und ich auch nicht. Spinat und Sauerampfer gab es – dank ihrer Winterfestigkeit – früh zu ernten. Das zweite oder dritte Jahr in Bilignin grub ich das Beet mit dem Sauerampfer bis auf eine Staude um. Sauerampfer ist kein wohlschmeckendes Gericht, aber ein paar Blätter im gemischten Salat können ganz reizvoll sein; sehr fein gehackt auf kaltem Fleisch ist er auch am Platz. Eine Freundin, die sich die beiden Gärten in Bilignin anschaute, war überrascht, daß es in keinem von beiden Henri-IV-Spinat gab. Ich hörte zum erstenmal davon. Gehorsam pflanzte ich im nächsten Jahr Henri-IV-Spinat. Es war kein Unterschied zwischen ihm und dem üblichen Spinat – abgesehen davon, daß die königliche Gattung, wie wir sie dann nannten, an Stangen wuchs und man sich beim Ernten nicht zu bücken brauchte. Ansonsten war sie weniger ertragreich. Einige Jahre hindurch nährte sie Neugier und Lachlust unserer amerikanischen Freunde. Nach drei oder vier Jahren wurde der Anbau eingestellt.

Es gab noch eine andere Sorte Spinat, die im Hochsommer wuchs, ohne ins Kraut zu schießen; auf französisch heißt er *tètragone* (Tetragon), in dem einzigen amerikanischen Samenkatalog, der ihn führte, kam er als Neuseeland-Spinat vor.

In diesen Anfängen meiner Lehrzeit pflegte die gute Witwe Roux, wenn ich im Garten arbeitete, ihr Waschen und Bügeln zu unterbrechen und zu mir herauszukommen, um mir taktvoll Ratschläge zu erteilen. Von ihr habe ich alles gelernt. Erst während der Besatzungszeit hatte sie die Befriedigung, die Früchte ihrer Mühen zu sehen. Bezüglich des Tetragons erklärte sie, er brauche ziemlich viel Dünger, am besten die *crème de la crème*, und als sie sah, daß ich keine Ahnung hatte, wovon sie sprach, erklärte sie, das sei Schweinemist. Am nächsten Morgen kam sie mit einer großen Schubkarre voll in den Garten, und da sie noch eine zweite solche Ladung besorgt hatte, schufen wir eilends Platz für eine zweite Rabatte. Tetragon hat kleine dicke Blätter wie Efeu und die Neigung, zu kriechen und zu klettern. Im Bugey wächst er an kurzen Stangen, aber er ist unberechenbar. Gekocht ist er köstlich zart; am besten kocht man ihn, wenn er gewaschen ist, so, wie er ist, ohne Wasser. Zehn Minuten im zugedeckten Topf, dann abgießen, mit kaltem Wasser abspülen und wieder abgießen, das Wasser vollständig herausdrücken und den Tetragon zurück in den Topf tun – das ist die richtige Art, ihn zu kochen. Dann salzen und reichlich Crème fraîche oder Butter unterrühren. Ein halber Tl. Salz, dazu eine Prise gemahlener Muskat oder eine Prise gemahlener Ingwer oder beides ergeben den richtigen Geschmack. Nicht viele mögen Spinat, aber so zubereitet hat er etliche meiner Freunde für sich einnehmen können.

Aus den Vereinigten Staaten schickte mir eine liebe Freundin jedes Jahr ein kleines Paket Eßmais, den ihre Mutter zog und erntete. Für uns war das ein großer Genuß. Damals gab es noch keinen Tischmais in Frankreich. Die Franzosen bauten Mais als Tierfutter an – im Bugey für die Hühner. Als bekannt wurde, daß wir ihn anbauten und aßen, hielt man uns für Wilde. Niemand, den wir probieren ließen, fand etwas Besonderes an den jungen Kolben. Dagegen machten ihnen die riesigen Fleischtomaten großen Eindruck, nicht nur die roten, sondern auch gelbe und weiße und die sehr dicken runden chinesischen Auberginen, von denen eine jede über ein halbes Pfund Füllung faßte.

Nachdem ich Gumbo (oder Okra) in Méraude Guevaras Garten in Südfrankreich gesehen hatte, wurde Gumbo auch in Bilignin gesät. Die Pflanzen entwickelten sich prächtig, geradezu furchterregend. Wir konnten nicht einmal die Hälfte dessen essen, was ich erntete, und es überstieg bei weitem unsere finanziellen Möglichkeiten, so viele Hühner zu halten, daß wir sie damit hätten kochen können. Hummer und Krebs gab es nur selten in einer so weit vom Meer entfernten Kleinstadt wie Belley. So wurden sie mit Süßwasserfischen verarbeitet, mit Kalb und in Mischgemüsen – nicht weil ein Mischgemüse noch unbedingt eine zusätzliche dreizehnte Sorte benötigte, sondern weil sie, dem Rotationsprinzip folgend, sowieso am nächsten Tag an der Reihe gewesen wären.

In folgendes köstliche Gericht gehören eigentlich keine Okraschoten, aber man kann ¾ Tasse in dünne Scheiben geschnittene Gumbo und ¼ l heiße Bouillon hinzufügen.

Gemüse-Macédoine

Aus frisch geernteten Frühlingsgemüsen gekocht, ist dieses Allerlei ein erlesenes Gericht.

In ein feuerfestes Geschirr mit gut schließendem Deckel gibt man 3 El. Butter und 3 mittelgroße in Ringe geschnittene Zwiebeln. Wenn sie angebräunt sind, gibt man 6 Salatherzen, 2 Tassen enthülste Zuckererbsen, 2 Tassen Bohnen, 2 Tassen kleine runde Karotten, 6 runde Rübchen, 1 ½ Tassen kleine neue Kartoffeln, 2 Tassen Spargelspitzen und 200 g Butter dazu. Zudecken und über schwacher Flamme kochen. Den Topf oft schütteln und gelegentlich mit einem hölzernen Schieber oder Löffel sacht über den Boden fahren. Achtgeben, daß die Gemüse weder anbrennen noch ansetzen. Nach 1 ¾ Std. salzen, pfeffern und noch ¼ Std. kochen lassen, im ganzen 2 Std.

Dieses ist eines der besten Gemüsegerichte überhaupt.

Hier eine mächtige Version desselben:

Gemüse-Macédoine in Sahne

1 ¼ Tassen gestiftelte Karotten, 1 ¾ Tassen gestiftelte Rübchen, 1 ¾ Tassen Spargelspitzen in 1 l Milch kochen. 3 große Kartoffeln in Dampf kochen, pellen und würfeln. Keines der Gemüse darf zu lange kochen. In einem Topf über schwacher Flamme 2 El. Butter zerlassen, 1 El. Mehl dazugeben und mit dem Holzlöffel verrühren. Langsam die heiße Milch, die vom Kochen der Karotten, Rübchen und Erbsen übrig ist, daranrühren. Sorgfältig rühren, bis die Sauce völlig glatt ist. Unter ständigem Rühren 10 Min. kochen lassen, dann 200 g dicke Sahne hinzufügen. Zum Kochen bringen, mit den Gemüsen vermengen, salzen und pfeffern. Noch einmal zum Sieden bringen, vermengen, aber durch Rühren das Aufkochen verhindern. Vom Feuer nehmen und 2 El. Butter hinzufügen. Nicht rühren, sondern zum Vermischen den Topf schwenken. Sofort auftragen.

Ebenfalls ein vorzügliches Gericht.

Die Sommergemüse wurden oft einfach gekocht, aber gegen Ende August und im Herbst mit mehr Aufwand. Eine gewürzte und kräftigere Zubereitung schien dann angemessener. Oft wurden frische Kräuter mitgekocht oder gehackt den im Ofen überbackenen Gemüsen hinzugegeben. Ich habe eine ausgesprochene – nach Ansicht meiner Freunde eine übertriebene – Neigung zu Knoblauch, und zuviel Basilikum kann man nie an Gemüse, Fisch oder Fleisch tun. Das gilt für die ländliche Küche; die städtische Küche erlaubt solches Würzen nicht.

Italienische Kürbisse (Zucchini) und Eierpflanzen (Auberginen) kann man genauso zubereiten wie

Gefüllte geschmorte Paprikaschoten

100 g mageres Kalbfleisch und 100 g Schinken durch den Fleischwolf drehen. Gut vermengen mit 2 Eigelb, 2 El. frischem gehacktem Basilikum, 2 El. Weißwein, 1 El. feingehackter Petersilie, Salz und Pfeffer, 100 g gehackten, zuvor in 2 El. Butter und mit etwas Zitronensaft, Salz und Pfeffer geschmorten Champignons, 3 El. geriebenem Parmesan, ½ Tl. gemahlenem Kümmel und ¼ Tl. Safran. 3 rote und 3 grüne Paprikaschoten der Länge nach halbieren, die Samenkerne entfernen und die Paprika genau 2 Min. blanchieren. Abgießen und trockenreiben. Die Schoten mit der Farce füllen. 5 El. Butter in einem Topf mit gut schließendem Deckel zerlassen. Die gefüllten Paprikaschoten nebeneinander hineinlegen. Mit ¼ l heißer Hühner- oder Kalbsbrühe auffüllen. 2 Tassen zerkleinerte Tomaten hinzugeben. Zugedeckt bei mittlerer Hitze 20 Min. kochen lassen. Die Schoten herausnehmen, in den Farben abwechselnd auf einer Servierplatte arrangieren. Die Sauce kurz einkochen lassen, dann durch ein Sieb über die Schoten gießen und auftragen.

Diese Zubereitung bringt eine willkommene Abwechslung in das Einerlei der sonst üblichen überbackenen Gemüse. Die verschiedenen Aromen durchdringen einander gut.

Wir waren stolz auf die Artischocken, die der Garten hervorbrachte, zu stolz, als daß wir vor dem Spätherbst viel damit angestellt hätten. Dann aßen wir diese Variante von

Artischocken à la barigoule

Für 4 große Artischocken gibt man in einen Topf mit gut schließendem Deckel über mittlerer Flamme 5 El. Olivenöl, 1 gehackte Zwiebel und 2 Karotten in Würfeln. Darauf die Artischocken mit der Spitze nach oben stellen, salzen und pfeffern. Etwas vom Öl über die Artischocken gießen. Zudecken, gelegentlich durchrühren. Wenn die Karotten und Zwiebeln braun zu werden beginnen, ¼ l Weißwein, 2 Knoblauchzehen und 2 Zweige frischen Rosmarin oder 1 Tl. Rosmarinpuder zufügen. So lange über schwacher Flamme kochen, bis die Blätter sich mühelos herausziehen lassen. Heiß servieren, wobei man die Sauce über die Artischocken gießt.

Schwarzwurzeln, rote Bete und Topinambur lassen sich appetitlich, wenn auch niemals delikat zubereiten. Jedes Jahr wurden sie wieder angepflanzt, wenn man sich auch fragte, warum. Für die Topinambur sprechen ihre angenehme Konsistenz. Schwarzwurzeln haben keine Daseinsberechtigung: Sie zu säubern dauert ewig, sie haben wenig Geschmack und sind verdientermaßen unbeliebt. Ausnahmsweise rechtfertigt die Sauce den Zeitaufwand bei der Zubereitung von

Schwarzwurzeln in Weißweinsauce

4 El. Butter in einem Topf mit fest schließendem Deckel zerlassen. 100 g gewürfeltes rohes Kalbfleisch, 100 g Schinken, 1 in Würfel geschnittene mittelgroße Karotte, ½ feingehackte mittelgroße Zwiebel, 1 El. feingehackte Petersilie, feingehackten Estragon, feingehackten Kerbel darin leicht anbräunen. ⅛ l erhitzten trockenen Weißwein und ¼ l heiße Bouillon dazugießen. Aufkochen lassen. Mit 1 Prise gestoßenem Lorbeer und ¼ Tl. Pfeffer würzen. Zudecken und 2 Std. leise köcheln lassen. Die Schwarzwurzeln putzen und in Salzwasser fast weich kochen. Abschütten und wie Spargel zu Bündchen zusammenbinden. In den Topf geben und ½ Std. köcheln lassen. Den Saft 1 Zitrone hinzufügen. Vom Feuer nehmen und 3 El. Butter in kleinen Stückchen hinzufügen. Nicht rühren, sondern den Topf schwenken, bis die Butter zergangen ist. Den Faden um die Schwarzwurzeln aufschneiden, sie auf einer vorgeheizten Servierplatte hübsch anrichten, die Sauce darübergießen und gleich auftragen.

Knollensellerie kann man auf die gleiche Weise zubereiten. Sie brauchen nicht mehr als ¼ Std. Kochzeit, und man schneidet sie, nachdem man sie hat gut abtropfen lassen, zu Streifen wie Kartoffeln für pommes frites.

Rote Bete verdanken ihre Daseinsberechtigung der schönen Farbe, die sie blassen Gerichten verleihen. Als Gemüse verbinden sie in diesem Rezept das Dekorative mit dem Schmackhaften:

Rote-Bete-Püree

Rote Bete im Ofen gut weichbacken, pellen und mit dem Kartoffelstampfer durch ein Sieb treiben. Sahnesauce – ⅓ der Menge der pürierten roten Bete – hinzufügen. In einen Topf über schwacher Flamme geben, Salz und Pfeffer dazu. Kurz vor dem Aufkochen 1 El. in Stückchen zerteilte Butter auf 2 Tassen Püree zufügen. Nicht aufkochen lassen, nicht rühren, sondern den Topf hin und her bewegen. Das Püree leicht aufgehäuft in einer Servierschüssel mit gehackter Petersilie bestreut auftragen oder um einen Kalbs- oder Schweinebraten herum servieren.

Neben all den Gemüsen in beiden Gärten gab es die ganzen Früchte und Beeren. Neben all den Erdbeeren gab es die Himbeeren, die ab Ende Mai den ganzen Sommer hindurch bis in den Dezember trugen – nicht einmal der erste Schnee konnte sie davon abhalten. Sie wuchsen in einer geschützten Ecke wie Weinreben in der Lombardei und waren ein entzückender Anblick. An drei Reihen Draht festgemacht, durfte jeder Stock sechs Zweige treiben, drei zu jeder Seite. Wenn man nicht wußte, was es war, konnte man sich fragen, was das wohl für farbenprächtige Trauben waren. Mir kamen sie nie real vor, bedeuteten aber jeden Morgen eine neue und beglückende Überraschung. Jede Pflege, die sie brauchten – und es war wenig genug für all ihre Schönheit und für ihre unglaubliche Fruchtbarkeit –, war mehr Lohn als Mühe. Im Frühjahr wurden die Zweige an den Drähten aufgebunden und später noch einmal, damit die Zweige unter dem Gewicht der Beeren nicht abbrachen. Noch später gab es die neuen Triebe von der Wurzel aus, und die gesundesten davon behielt man fürs nächste Jahr. Die Stauden, die es gab, als wir kamen, trugen rote Beeren. Nachdem wir den Pachtvertrag hatten, pflanzten wir im oberen Garten 48 Stauden weiße Himbeeren. Sie gediehen nicht ganz so gut wie die roten. Da der obere Garten vom Wasseranschluß weiter entfernt war und es einer großen Anstrengung bedurfte, den Wasserschlauch bis dort hinzuschleppen, hatten wir ihn für die gewöhnlicheren Gemüse bestimmt – für Kartoffeln, Stangenbohnen und die Familie der Kürbis-, Zucchini- und Gurkengewächse. Im unteren Garten war kein Platz für weitere Himbeeren. Die weißen wurden neben den roten, weißen und schwarzen Johannisbeeren und den Stachelbeeren in Reihen gepflanzt. Zweifellos fühlten sie sich benachteiligt, und das zu Recht. Sie hatten den ganzen Tag über keine Sonne, und es wurde ihnen nicht dieselbe Aufmerksamkeit zuteil wie der roten Familie unten. Die Beeren waren viel kleiner, aber viel süßer. Nur Himbeeren anzubauen, was wäre das für ein glückliches Leben.

In Frankreich schenkt man den schwarzen Johannisbeeren ebensoviel Aufmerksamkeit wie den roten, und in jedem ordentlichen Garten gibt es auch ein paar Büsche mit weißen. Die schwarzen Johannisbeeren strömen einen starken, sehr angenehmen Geruch aus. Aus den Beeren macht man ein angenehmes Sommergetränk.

Likör von schwarzen Johannisbeeren

½ Pfd. Himbeeren und 3 Pfd. schwarze Johannisbeeren säubern und gut abtropfen lassen. Sie vollständig zerdrücken. Mit einem Tuch zudecken und an einem kühlen Ort 24 Std. stehenlassen. Am nächsten Tag fügt man eine Handvoll gewaschene und abgetrocknete schwarze Johannisbeerblätter hinzu und 1 l 90prozentigen Alkohol. Die Schüssel mit einem Teller zudecken und 24 Std. wegstellen. Am dritten Tag stellt man ein mit einem Leinentuch ausgelegtes Sieb über eine Schüssel. Man gießt Früchte und Alkohol hinein und zerdrückt sie mit einem schweren Stößel oder Kartoffelstampfer. In einem emaillierten Topf gibt man 3 Pfd. Zucker und ¾ l Wasser. Über schwacher Flamme rühren, bis es kocht. 5 Min. kochen lassen. Ganz auskühlen lassen. Dann den Sirup mit Beerensaft und Alkohol mischen. Mehrere Stunden stehenlassen. Ein Filterpapier in einen Trichter einpassen und den Likör in Flaschen füllen. Filterpapier bekommt man in jeder guten Drogerie. Dies ergibt 2 ¾ l.

Das wird nicht nur als Likör serviert. Im Bugey goß man es in mit geschabtem Eis gefüllte Gläser. Es war ein sehr erfrischendes Sommergetränk. Ein Mokka- oder Kaffeelikör wurde ebenfalls für ein geeistes

Singend auf der Gartenmauer in Bilignin, 1937.

Gertrude Stein, 27. Juli 1946.

Getränk verwendet. Banausen taten Schlagsahne obendrauf, das heißt *à l'américaine* – nicht gerade schmeichelhaft, muß man zugeben.

Die Stachelbeeren sind in Frankreich vier- bis fünfmal größer als die, die in den Vereinigten Staaten angebaut werden, und sehr viel süßer. Wir hatten eine himbeerfarbene Art angepflanzt. Sie werden angebaut wie Olivenbäume, die Schößlinge in der Mitte werden, wenn sie sich entwickeln, gestutzt, damit Licht und Sonne herankönnen. Jedes Jahr pflegten Hornissen im Stamm eines der Büsche ihr Nest zu bauen, und ich mußte es mit einem scharfen Messer herausschneiden. Wespen, Hornissen und Bienen stachen mich selten, obwohl ich immer aggressiv mit ihnen umgehen mußte. Gertrude Stein konnte sie nicht leiden, auch Spinnen nicht und Schneider und Fledermäuse. Draußen kümmerten sie sie weniger, aber im Haus rief sie um Hilfe. Sich ihrer zu entledigen brauchte es Entschlossenheit, Zeitungen, einen Besen und Zangen. Damit schaffte man es immer.

Eine entzückende Geschichte ehelicher Zuneigung ist von zwei Freunden von uns zu berichten. Sie war bemüht, ihrem Gatten Langeweile, Sorgen und Ärger zu ersparen. In der ersten Zeit ihrer Ehe machte sie ihn glauben, sie habe große Angst vor Spinnen. Wann immer ihn etwas zu beunruhigen schien, rief sie in klagendem Ton: Liebling, eine Spinne – da, Liebling, siehst du nicht? Sofort kam er mit einem Taschentuch herbeigeeilt, drückte es auf die angegebene Stelle, nahm die imaginäre Spinne weg und warf sie in den Garten. Die Ehefrau nahm dann die Hände vom Gesicht und seufzte: Wie gut und geduldig du bist, Liebster.

Im oberen Garten wuchs auch Rhabarber. Zwei bis drei Rhabarberkuchen im Frühjahr waren den Platz nicht wert, den er einnahm, und so wurde er ausgegraben und kam auf den Komposthaufen. Auch die Melonen wurden nach dem ersten Jahr aufgegeben. Sie brauchten zuviel Pflege, sie gehörten unter Glas, und die Ranken und Knospen mußten beschnitten werden. In Paris hatten wir einen kleinen Raum, den Gertrude Stein den *salon des refusés* nannte nach dem berühmten, in dem die impressionistischen Maler ihre Bilder gezeigt hatten, nachdem sie im regulären *salon* nicht zugelassen worden waren. In unserem befanden sich die Bilder, die Gertrude Stein verwarf – das heißt Bilder, die sie gekauft hatte, um herauszufinden, wie sie zu ihnen stand, und die dort landeten, wenn sie herausgefunden hatte, daß sie sie nicht interessierten. Im Garten war es einfacher. Wenn die *refusés* ausgegraben wurden und auf den Komposthaufen kamen, gab es bei niemandem böses Blut.

Wie alle Bohnen gediehen Stangenbohnen gut auf französischem Boden. Obwohl wir mit der Zeit weniger von ihnen pflanzten, gab es immer zuviel zu ernten. Zudem wuchsen sie zu hoch, nichts konnte sie aufhalten. Schließlich wurden die Spitzen gekappt. Sie zu ernten war schwierig, nicht wegen des Zeitaufwands, sondern auch wegen der schmalen Pfade zwischen den Reihen. Es war nicht sinnvoll, eine Trittleiter draußen herumstehen zu lassen, aber mit drei stabilen schmalen Weinkisten, eine auf der anderen, ein wenig versetzt und sorgfältig ausbalanciert, schien das Problem gelöst, bis wir eines Tages alle miteinander samt Bohnenstange und Behang auf dem Boden landeten! Eine Quetschung am Bein setzte dem Bohnenproblem bis auf weiteres ein Ende.

Der Ertrag bei den Früchten war weder so reich noch von so guter Qualität wie bei den Beeren. Als wir nach Bilignin kamen, gab es einen Birnbaum, einen Pflaumenbaum und einen Apfelbaum im Garten, und alle waren sehr alt. Mit Erlaubnis der Hausbesitzer wurde der Pflaumenbaum sofort gefällt. Alles wurde unternommen, um den Birnbaum mit den tiefrosa Früchten zu retten, aber erfolglos. So blieb nur ein großer ausgezeichneter Apfelbaum übrig. Für einen Obstgarten war das nicht viel – Gertrude Stein nannte ihn den Nukleus. Drei Jahre warteten wir, bis wir uns genehmigen ließen, Äpfel, Pfirsiche, Aprikosen und Nektarinen zu pflanzen. Die Franzosen pflanzen Obstbäume gern auf die altmodische Art an der Sonnenseite der Mauern. Es waren nur zwei solcher Mauern frei, und eine davon bedeckte zum Teil ein schöner alter Lorbeerbaum.

Der Lorbeer war Anlaß ständigen Entzückens. Es gab eine namenlose malvenfarbene Rose, die nach einer Umrandung durch Lorbeerblätter geradezu verlangte. Ein Sträußchen kam immer ins Schlafzimmer unserer jungen Gäste, Schriftsteller und Maler und gelegentlich Musiker, als Andeutung eines zukünftigen Kranzes. Nie hat einer von ihnen die Blätter bemerkt.

Die Pfirsiche, Aprikosen und Nektarinen schlugen nicht an – sie gingen nach drei Jahren ein. Der Boden oder das Klima bekam ihnen nicht. Das lernten wir nur langsam. Da die Äpfel gut gediehen, traten mehr von ihnen an die Stelle der von uns aufgegebenen Bäume. Der berühmte Calville-Apfel, aus dem der gleichfalls berühmte Calvados *nicht* gemacht wird, und der ihm ähnelnde Belles-Fleures-Jaune wuchsen schnell und gut. Aber Obstbäume an Mauern sind nicht ertragreich. Calville-Äpfel, die in Paris stückweise verkauft werden, gibt es nie mehr als vierzig an einem Baum. Wir mußten einen gewöhnlichen, unempfindlicheren Apfel finden und ihn frei stehend pflanzen – was die Franzosen, die den Tatsachen ins Auge sehen, allen Winden offen nennen. Und schließlich hatten wir einen Apfel-Obstgarten. Die Mistbeete kehrten in ihr geschütztes Zuhause an der Mauer zurück.

Wenn der Herbst kam, beschäftigte mich die letzte Ernte so sehr, daß ich darüber vergaß, an den Abschied vom Garten zu denken und an die Rückkehr nach Paris. Es mußten nicht nur die Wintergemüse eingeholt und einen Tag lang zum Trocknen hingelegt werden, ehe man sie verpackte, ihre Wurzeln oder Blätter mußten auf den Komposthaufen geschafft und mit Dung und Laub untergegraben werden. Der Tag, an dem die riesigen Körbe fertig gepackt dastanden, war für mich der stolzeste des ganzen Jahres. Die kalte Wintersonne schien auf die orangefarbenen Karotten, die grünen, gelben und weißen Kürbisse und Zucchini, die violetten Auberginen und ein paar letzte rote Tomaten. Darin war für mich mehr Farbe eingefangen als in jedem nachimpressionistischen Gemälde. Der bloße Blick auf sie ließ alle anderen Freuden verblassen. Gertrude Stein hatte eine pragmatischere Einstellung. Sie kam heraus in den nackten, kalten, nassen Garten und fragte mit einem Blick auf die Zahl der Körbe und Kisten, ob sie alle nach Paris geschickt werden sollten – wenn ja, werde uns die *expressage* ruinieren. Ihrer Meinung nach reichte das Gemüse für eine ganze Anstalt, und sie erinnerte mich daran, daß unser Haushalt aus nur drei Personen bestand. Unter ökonomischen Gesichtspunkten war diese Ernte gewiß eine Katastrophe, aber in Anbetracht der Befriedigung, die Arbeit und Schönheit bereiteten, war sie sublim.

Unser allerletzter, endgültiger Abschied von den Gärten kam eines kalten Wintertages, allzu angemessen unseren Gefühlen und dem Zustand der Welt. Einen Augenblick brach die Sonne durch und weckte die Erinnerung an all die Freunde und alle anderen Gäste, die sich in den Gärten ergangen hatten. Ach, es würde einen anderen Garten geben, dieselben Freunde, möglicherweise, oder nein, wahrscheinlich neue, und es würde andere Geschichten zu erzählen und zu hören geben. Und so verließen wir Bilignin auf Nimmerwiedersehen.

Und jetzt amüsiert mich die Erinnerung daran, daß ich das einzige vertrauliche Geständnis meines

Lebens zweimal, zwei Freunden gegenüber, im oberen Garten gemacht habe. Der eine erwiderte fröhlich: Das wird sicher köstlich.

Der andere fragte mit nicht geringer Besorgnis: Aber, Alice, haben Sie denn je zu schreiben versucht?

Als ob ein Kochbuch irgend etwas mit Schreiben zu tun hätte.

Verzeichnis der Rezepte

DIVERSES

Personenregister

Fotonachweis

S. 13: Foto: Arnold Genthe, University of California Berkeley, The Bancroft Library
S. 14: Agence Rapho, Focus
S. 19: The Baltimore Museum of Art, The Cone Collection
S. 23: Yale University, Collection of American Litterature, Beinecke Rare Books and Manuscript Library
S. 29: Keystone
S. 33: Foto: David Seymour, Magnum Photos, Focus
S. 35: Yale University
S. 39: Keystone
S. 49: Keystone
S. 53: Yale University
S. 57: Yale University
S. 59: Keystone
S. 60: Keystone
S. 69: Yale University
S. 75: Foto: Henri Cartier-Bresson, Magnum Photos, Focus
S. 77: Agence Rapho, Focus
S. 81: Foto: Robert Capa, Magnum Photos, Focus
S. 88: Keystone
S. 93: Yale University
S. 101: The Baltimore Museum of Art
S. 104: Archiv für Kunst und Geschichte, Berlin
S. 109: Yale University
S. 113: Keystone
S. 115: Keystone
S. 128: Yale University
S. 137: Foto: Cecil Beaton, Sotheby's, London
S. 149: Archiv für Kunst und Geschichte, Berlin
S. 161: Foto: Man Ray, Archiv für Kunst und Geschichte, Berlin
S. 167: Agence Rapho, Focus
S. 175: Foto: Henri Cartier-Bresson, Magnum Photos, Focus
S. 177: Foto: Robert Capa, Magnum Photos, Focus
S. 178: Foto: Robert Capa, Magnum Photos, Focus
S. 181: Keystone
S. 183: Agence Rapho, Focus
S. 185: Yale University
S. 197: Foto: Cecil Beaton, Sotheby's, London
S. 208: Foto: Cecil Beaton, Sotheby's, London
S. 213: Yale University
S. 221: Yale University
S. 222: Archiv für Kunst und Geschichte, Berlin